VON DER HUMANITÄT
... ZUR BESTIALITÄT

VON DER HUMANITÄT ... ZUR BESTIALITÄT

EINE BILANZ DER FRANZÖSISCHEN REVOLUTION

Band 2 der Schriftenreihe
MAXIMILIANA

Herausgegeben von Heinrich Schuschnigg
und Dieter Gutsmann

Amalthea

Die **IV. Österreichische Akademie**, aus der diese Beiträge hervorgingen, fand vom 3. bis 6. Mai 1989 im Stift Göttweig statt. Veranstaltet wurde die Akademie von der K.Ö.L. MAXIMILIANA und dem **Akademischen Bund Katholisch-Österreichischer Landsmannschaften.**

CIP-Kurztitelaufnahme der Deutschen Bibliothek:
MAXIMILIANA II: Von der Humanität ... zur Bestialität.
Eine Bilanz der Französischen Revolution.
Zitiervorschlag: Schuschnigg / Gutsmann (Hrsg.)
MAXIMILIANA II (1989)

Umschlag und Herstellung: Verlagsservice
Dr. Helmut Neuberger und Karl Schaumann, Heimstetten
Satz: Fotosatz Völkl, Germering
Gesetzt aus 10/12 Punkt Times
Druck und Bindung: Wiener Verlag, Himberg bei Wien
Printed in Austria 1989
ISBN 3-85002-285-4

Dem Gedächtnis der Opfer
der Französischen Revolution
und der dadurch inspirierten
Revolutionen gewidmet

Inhalt

ANHANG

Vorwort

Es ist eine verdienstvolle Tat des Akademischen Bundes Katholisch-Österreichischer Landsmannschaften, den Gedanken der »Österreichischen Akademien«, wie sie von ihm in den Kampfjahren gegen den Nationalsozialismus, beginnend im Juli 1936 in Salzburg, abgehalten wurden, wieder ins Leben zu rufen. Wenn auch heute die politischen Verhältnisse andere geworden sind und wir es nicht, wie damals, mit der Bedrohung der Existenz unseres Staates zu tun haben, ist es jedoch in einer Zeit, in der die europäische Entwicklung unaufhaltsam fortschreitet, von größter Wichtigkeit, die österreichische Idee in diesen Werdegang einfließen zu lassen. Wir haben durch Jahrhunderte im Donauraum den Gedanken des Zusammenlebens von Nationen in einem gemeinsamen Vielvölkerstaat vorgelebt. Es war dies die legitime Fortsetzung des Gedankens vom Römischen Reich.

In diesem Sinne war auch die I. Österreichische Akademie im Juli 1936 gestaltet, die sich u. a. mit grundlegenden Referaten über die Reichsidee und die Entwicklung des österreichischen Staatsgedankens befaßte. Ich erinnere mich noch sehr genau an viele Referenten dieser Akademie, die ich zum großen Teil persönlich gekannt und als hervorragende Wissenschaftler geschätzt habe. Alle hier zu nennen würde den zur Verfügung stehenden Raum sprengen. Ich fühle es aber als eine Dankespflicht, jenen Mann namentlich anzuführen, der wohl der Hauptinspirator der

»Österreichischen Akademie« des Jahres 1936 gewesen ist: Hochschulprofessor Dr. Hans Karl Frhr. von Zessner-Spitzenberg. Untadelige Österreichgesinnung hat er mit dem Gedanken der Akademie, die der Vorläufer der heutigen Salzburger Hochschulwochen genannt werden kann, der akademischen Jugend in besonderer Weise nahezubringen versucht.

Zessner-Spitzenberg, dem die Treue zum Vaterland und seiner Tradition über alles ging, hat seine Haltung als erster Österreicher im KZ Dachau mit dem Tode bezahlen müssen. Die Katholisch-Österreichischen Landsmannschaften sind aufgerufen, sich immer dieses Opfer- und Bekennergeistes bewußt zu sein und damit Träger seiner Gesinnung zu bleiben.

Mit Recht wurde der IV. Österreichischen Akademie das mahnende Motto gegeben »Von der Humanität durch Nationalität zur Bestialität«. Diese Entwicklung zu bekämpfen ist heute nicht weniger wichtig als zur Zeit der Französischen Revolution und ihrer Folgeerscheinungen oder des falsch verstandenen Reichsgedankens der jüngsten Vergangenheit. Die Österreichische Akademie der Katholisch-Österreichischen Landsmannschaften wird in diesem Sinne, fußend auf unserer Tradition, einen wichtigen Beitrag zu einer schöneren österreichischen Zukunft leisten.

Otto von Habsburg

Thomas Chaimowicz

Edmund Burke und die Französische Revolution

Im November des Jahres 1789 stellte Charles-Jean Depont, ein junger französischer Verehrer Burkes, der in diesem die Verkörperung britischen Freiheitssinnes sah, die Frage, ob Burke nicht ebenfalls hoffe, daß nun eine Zeit der Freiheit in Frankreich angebrochen sei. Dieser antwortete dem jungen Mann, an den auch später sein großartiger Kunstbrief, die »Reflections on the Revolution in France« (1790), gerichtet war: »Unsere Freiheit ist unser Erbgut ... Sie haben die Monarchie untergraben, die Freiheit jedoch nicht wiedererlangt.«

Damals hatten sich in Frankreich bereits Ereignisse zugetragen, die Burke, der weit über das Jahrzehnt der Revolution hinausblickte, ahnen ließen, daß mit dieser Revolution das Zeitalter der Tyrannen angebrochen war, und wenn er seine »Reflections on the Revolution in France« – ein Meisterwerk der englischen Prosa – mit einem furiosen Angriff auf die »Revolution Society« in England und deren Prediger Dr. Price beginnt, der bei der jährlich abgehaltenen Feier zur Erinnerung an die Glorreiche Revolution von 1688/89 feststellte, daß es keinen wesentlichen Unterschied zwischen den beiden Revolutionen gebe, hat dies einen besonderen Grund.

Abgesehen davon, daß für Burke die Glorreiche Revolution lediglich in der Übernahme der Krone durch eine Nebenlinie der Stuarts bestand, also einen »act of necessity« darstellte (Mary Stuart war die Tochter Jakobs II., dessen Thron man unter dem Vorwand für vakant erklärt hatte, daß er unter dem Druck von Verhältnissen floh, die ihn zu Recht eine Wiederholung des Märtyrertodes von Karl I. befürchten ließ, wobei man so weit ging, seinen katholischen Erben, der später von den Getreuen im Exil als Jakob III. verehrt wurde, als untergeschobenes Kind darzustellen), abgesehen davon, daß Burke hier eine rechtlich nicht ganz vertretbare Stellung zur sogenannten Glorreichen Revolution einnahm, griff er vehement die seinerzeit von Locke vertretene These an, daß sich im Falle eines Konfliktes mit der Krone »das Volk« eine neue Verfassung geben, daß der König vom Parlament abgesetzt werden könne. Burke, der durch viele Jahre das geistige Oberhaupt der Whigs im Parlament war, während der Zeit, in der der Marquis von Rockingham an der Spitze der Regierung stand, sogar als der heimliche Premierminister Englands betrachtet wurde, hat Locke nicht namentlich erwähnt. Auch im großen, zehnbändigen Corpus seiner Briefe bin ich nur einmal auf den Namen Locke gestoßen, in einem unmaßgeblichen Zusammenhang. Dies deutet darauf hin, daß Locke, den man noch heute fälschlicherweise für den geistigen Vater der Glorreichen Revolution hält, Thesen vertrat, die im Gegensatz zur englischen Tradition standen. Im Gegensatz zu Burke, der nur einen wahren Vertrag kannte, den des Schöpfers mit dem Geschöpf, in dem die Toten, die Lebenden und die noch Ungeborenen eine große Kette der Generationen bildeten, somit das Prinzip der Erblichkeit der Gesellschaft verkörperten, hatte John Locke in seinem Second Treatise on Government, bes. Ch. XIX ff., die Auflösungstheorie von George Lawson übernommen, wonach, wenn es berechtigte Verdachtsmomente gegen den Träger der Krone gab (etwa seine Sympathie mit dem Katholizismus), der Zustand des Urvertrages (einer rein logischen Fiktion, die bereits Aristoteles in seiner Politik widerlegt hatte) eintrat und der

König, der keine »Real Majesty«, sondern nur »Personal Majesty« besaß, nur eine Art Treuhänderschaft ausübte, wohl auf einer Ebene mit dem Parlament stehend, und von der »Community« seines »Amtes« enthoben werden konnte. Diese These setzt die Theorie des Gesellschaftsvertrages voraus, die im 17. und 18. Jahrhundert zu den Theorien Lockes, Hobbes' und Rousseaus führte (der sich als Fortsetzer Lockes betrachtete und zum Vater der totalitären Demokratie in Frankreich wurde).

Burke hält diese spekulativen Theorien für Lehren von Wahnsinnigen und hält seinem jungen Freund aus Paris, der später (ebenso wie ein Enkel Montesquieus) zu den Burkes als Flüchtling nach Beaconsfield kam, das großartige Gebäude der britischen Verfassung als einer gemischten Verfassung vor, in der der Staat nicht vom Glauben getrennt sei und in der es nicht die Suprematie des Parlamentes gebe (vor der bereits Montesquieu eindringlich gewarnt hatte), sondern die beiden Häuser des Parlamentes, die beide aufgrund ihrer moralischen Kompetenz und Begrenzung sich weder selbst noch gegenseitig aufzulösen berechtigt seien. Beide haben ihren Ausgangspunkt von der Krone zu nehmen, dem Eckpfeiler der Verfassung, dem Magneten der Loyalität, wie Sir Ernest Barker in seinen Essays über die britische Regierungsform in unserem Jahrhundert darlegte.

Kein Monarch könne daher im Namen der Monarchie abdanken, die Erbmonarchie bleibt bestehen, denn sie ist der Garant der Erblichkeit, der Freiheit und des Besitzes, für weitblickende Menschen eine Garantie gegen die Beeinflussung des Staates, sei es durch die King's friends (George III. fürchtete Burke bis zu dem Moment, als die Krone durch die Jünger des Predigers Dr. Price angegriffen wurde) oder durch eine dem demokratischen Teil innewohnende Tendenz zu einem solchen Druck.

»Wäre es nicht besser gewesen«, schreibt Burke an seinen Pariser Freund, »zu bedenken, daß Ihr in Eurem König Euer Land verehrt?«

Schon Montesquieu, den viele aufgrund der ersten Kapitel seines »De l'Esprit des Lois« für einen »Republikaner« hielten, weil er an die bei Livius oder Dionys von Halikarnass anzutreffende frühe Römische Republik der Tugend glaubte, die es in dieser Form nie gab, wie Livius uns in der Praefatio zu seinem Werk ja indirekt andeutet – er habe die Frühgeschichte als Trost für die Greuel des ausgehenden Freistaates geschrieben –, schon Montesquieu warnt in seiner Darstellung der Gewaltentrennung davor, in einer geordneten Monarchie die Unverletzbarkeit (Sacrosanctitas) und das unbeschränkte Vetorecht des Königs anzutasten, ihn vor Gericht zu stellen, ins Exil zu schicken, da durch einen solchen Akt eine »République non libre«, eine *unfreie Republik,* entstehen würde. Selbst der gelehrte Marxist Althusser hält, ähnlich wie der Abbé Dedieu zu Beginn dieses Jahrhunderts und der Biograph Montesquieus Shackleton in unseren Tagen, den Republikanismus Montesquieus für eine Lächerlichkeit. Als Burke hörte, daß sich die Revolutionäre (dies wiederholte sich ja auch 1918) von Paris auf Montesquieu beriefen, meinte er lakonisch: »Die Herren haben ihn entweder nicht gelesen oder nicht verstanden.« In unseren Tagen dürfte wohl beides der Fall sein. Man studiert Rechtsphilosophie anhand von Skripten, man liest Montesquieu nicht mehr, nicht einmal in der guten, aber anfechtbaren Übersetzung Forsthoffs.

Burke, der ein gelehrter Kenner der Antike war – sein Gegner, der Literaturpapst und Tory Dr. Johnson, nannte ihn den gelehrtesten Mann Englands –, der jeden Abend ein halbes Buch der »Aeneis« im Original las, was damals ganz und gar nicht unüblich war, nimmt nicht aus der »Aeneis«, sondern aus den »Georgica« Vergils jenes Symbol der Erblichkeit der Krone und der menschlichen Gesellschaft

»at genus immortale manet, mutlosque per annos stat fortuna domus, et avi numerantur avorum«

(Georg. IV., 208–209),

das für ihn den Geist der britischen Verfassung darstellt.

Dieser Staat ist nicht durch die menschliche RÄSON, nicht um des Nutzens willen, zu einem historisch gar nicht faßbaren Zeitpunkt wie eine Aktiengesellschaft entstanden, die man eben jederzeit wieder auflösen, aus der man durch Verkauf seiner Aktien austreten kann, sondern (das Beispiel aus den Georgica Vergils ist dem Bienenstaat entnommen), wie es Aristoteles bereits in seiner »Politik« 1279[a] gesagt hat, weil der Mensch, von der Natur her (wir würden sagen von der Schöpfung her) zum Leben in der POLIS bestimmt, ein ZOON POLITIKON ist, ein ANIMAL SOCIALE, weil der Staat wohl um des Lebens willen vorgegeben ist mit den ersten Menschen, jedoch um des EU ZEN, um des »bene vivere« willen, besteht (»Politik« 1252[b], um des GUTEN LEBENS WILLEN [des sittlich guten Lebens willen]). Als Maßstab für das »gute Leben« – ich darf dies als lange in der Wirtschaft Tätiggewesener wohl sagen –, ist sicherlich nicht der Lebensstandard gemeint. Das gleiche Beispiel des Bienenstaates, in dem die Bienen ihre Waben nicht aus Gründen des Nutzens bauen, sondern weil sie von der Natur dazu veranlagt sind, findet sich bei dem von Burke hochverehrten Werk des Cicero »De Officiis« 1, 157 wieder:

»ut apium examina non fingendorum favorum causa congregantur, sed cum congregabilia natura sint, fingunt favos, sic homines ...«

Burke meint, man sollte über den Ursprung des Staates einen »heiligen Schleier« breiten, und er hat damit wohl recht, denn unsere wissenschaftsgläubige, der Weisheit und dem Glauben an die Allmacht Gottes abgewandte Zeit meint in ihrer Überheblichkeit, die bereits Locke zeigte, daß alles, aber auch alles »wissenschaftlich« erforscht werden kann, bis zu dem Punkt, wo man mit dem heiligen Augustinus sagen kann: »Stulti facti sunt«, »Sie sind dabei verdummt.«

Deswegen meint Burke, daß der Staat eines starken Glaubensfundamentes bedarf, denn der Mensch sei eben nicht nur ein ZOON Politikon, sondern auch ein »religious animal«.

Die Welt Europas habe bis zum Ausbruch der Französischen Revolution, in der Burke die sonderbarste und bisher noch nie dagewesene Mischung von Wahnsinn und Verbrechen aller Art sieht, auf zwei Grundpfeilern gestanden: »The spirit of a gentleman and the spirit of religion.«

Wenn bereits der römische Philosoph und unglückliche Lehrer des Tyrannen Nero (vermutlich von der sogenannten Pisonischen Verschwörung als zukünftiger »Princeps« ausersehen) deutlich sagt: »Nemo sine Deo vir bonus«, »Niemand kann ohne die Gottheit ein guter Mensch sein«, so mußte dem gläubigen Whig Edmund Burke die neue Wissenschaft, die neue Freiheit ohne Gott als das Ende eines Zeitalters von Jahrtausenden erscheinen: »The age of chivalry is gone. That of sophisters, economists and calculators has succeeded and the glory of Europe is extinguished forever.«

Wie können diese »Rationalisten der Neuzeit«, wie ich sie nennen möchte, jemals begreifen, was sie aus der Freiheit, aus der Wissenschaft und ihrer vielgepriesenen Humanität gemacht haben?

»Their liberty is not liberal. Their science is presumptuous ignorance. Their humanity is savage and brutal.«

Er zitiert den größten Historiker der Alten Welt, Cornelius

Tacitus, der einen römischen Feldherrn (Hist. IV, 73–74) eine Rede an die aufständischen Trevirer halten läßt:

»Ceterum libertas et speciosa nomina praetexuntur; nec quisquam alienum servitium et dominationem sibi concupivit ut non eadem ista vocabula usurparet« (Noch nie hat jemand die Knechtung anderer und die Tyrannis für sich selbst begehrt, ohne auf die LIBERTAS und andere schöne Worte hinzuweisen).

Chaim Wirszubski, der wahrscheinlich längst emeritierte Ordinarius für Latinistik an der Hebräischen Universität Jerusalem, hat in seinem großartigen Buch »Libertas as a Political Idea at Rome« (Cambridge 1960) gezeigt, welchen Gebrauch und Mißbrauch es in den politischen Machtkämpfen in der Anwendung des Libertas-Begriffes gab. Das »rem publicam in libertatem vindicare«, den Staat von der Herrschaft einer FACTIO befreien, ist nur ein Teil dieser erschreckenden Fülle, die nur die Zeit bis Tacitus und dessen Freund, dem Jüngeren Plinius, umfaßt. Sind nicht 1933 die Deutschen von dem leider 500 Meter zu weit östlich geborenen, Österreich zutiefst hassenden Adolf Hitler »befreit« worden? Dann wurde aus dem Rest des altehrwürdigen Österreich eine »befreite Ostmark« bzw. befreite »Gaue Unter- und Oberdonau« mit dem grauenhaften Vernichtungslager Mauthausen. Dann wurde die Welt vom Osten her »befreit«.

Burke stellt deshalb die Frage: »What is liberty without wisdom and without virtue?«, d. h.: Was ist die Freiheit ohne sittliches Fundament? Eine Frage, die heute, in der Zeit der angeblichen Selbstverwirklichung, bis zur staatlich anerkannten Tötung ungeborenen Lebens geht, ein Mord, den man für den Ausdruck der »Freiheit« hält.

Für Burke war es Europa, das sich selbst tötete, weil jede Generation, jeder Mensch seine eigene selbstgenügsame (autarke) »Räson« besaß, die man als Göttin der Vernunft in Notre-Dame anbetete.

Wie kam es zu dieser folgenschweren Säkularisierung des Ratio-Begriffes? Die RATIO war, um ein Beispiel herauszugreifen, in der STOA, einem theologisch-philosophischen System, der göttliche Geist (LOGOS).

So lesen wir z. B. bei Seneca, Ad. Luc. 66,12:

»Ratio autem nihil aliud est quam in corpus humanum pars divini spiritus mersa.«

Oder:

Ad Luc. 41,2:

»sacer intra nos spiritus sedet, malorum nostrorum observator et custos ... Bonus vero vis sine Deo nemo est.« (In uns wohnt ein heiliger Geist, der Gutes und Böses, das wir tun, beobachtet ... Niemand kann ohne Gott ein guter Mensch sein.)

Diese Ratio hat also einen sakralen Charakter, sie allein ist autark, nicht der Mensch an sich. Noch in Justus Lipsius' (gest. 1606) »Manuductio ad Stoicam philosophiam« ist sie vorhanden. Doch um diese Zeit, als die Menschen sich der Spekulation über den angeblichen Urzustand und die mathematisch zerlegbaren und zusammensetzbaren Fundamente des Staates hingaben, mußte die Ratio zur individuellen und selbstgenügsamen RÄSON des einzelnen werden, weshalb, so sahen es die Revolutionäre, keine Generation die nächste binden durfte, schon gar nicht in Fragen des Staates. Wer konnte damals, in dem Paris »run mad by pettifoggers« – das Amok lief unter dem Einfluß obskurer Advokaten (seither wohl ein typisches Merkmal der Politik) –, noch an eine andere Ratio glauben, an die stoische RECTA RATIO, die über den positiven Rechten der Menschen stand?

Die neue RÄSON betrachtet den Menschen als ein mündiges, Gottes und der Gnade nicht bedürfendes Wesen, das, sich mit anderen verbindend, einen Vertrag oder eine ganze Reihe von Verträgen geschlossen hatte, die natürlich von einer zeitlich eindimensionalen Mehrheit aufgelöst werden konnten. Es gibt unter diesem Aspekt keine KONTINUITÄT mehr, die Burke im Prinzip der Erblichkeit verwirklicht sieht.

Für Burke ist all dies nichts Neues: Bereits in der Zeit der Sophisten wurde der »Homo mensura«-Satz geprägt, der Mensch sei das Maß aller Dinge, ein Satz, den ein früherer Bundespräsident der Bundesrepublik einmal stolz vor irgendeinem Internationalen Gremium von sich gab und dafür Beifall erntete.

Was bedeutet dieser Satz jedoch wirklich? Daß das Recht vom Menschen ausgehe, nicht von Gott, weshalb wir heute immer wieder von den Menschenrechten sprechen hören, die ja ebenfalls (vom Vorbild der Bill of Rights von Virginia angeregt) bezeugen, daß es kein höheres Recht mehr gibt, keinen Dekalog, nicht mehr jenes von Juden, Christen und in irgendeiner Form sicherlich auch von den Mohammedanern aufgenommene großartige Wort Ciceros (De re publica, 3,33, über Laktanz zu uns gelangt): »Est quidem vera lex recta ratio, naturae congruens, diffusa in omnes, constans, sempiterna ...« Kein Senat, keine Volksversammlung, weder in Rom noch in irgendeinem anderen Teil der bewohnten Welt können diesem Gesetz, dessen Urheber DEUS, Gott, ist (daher RECTA RATIO), seine Gültigkeit nehmen. 1765 übernahm der englische Jurist Blackstone in seinen »Commentaries on the Laws of England« diesen Text fast wörtlich, zu einem Zeitpunkt, als Burke Herausgeber des ANNUAL REGISTER, einer gelehrten Jahresschrift, war und dieses vierbändige Werk besprach.

Ein Jahr vor dem Ausbruch der Französischen Revolution sagte er in dem Verfahren gegen den menschenfeindlichen Gouverneur der East Indian Company, Warren Hastings (Impeachment-Verfahren):

»We are all born – high as well as low … governors as well as governed – in subjection to one great immutable, preexisting law, a law prior to all our devices and all our conspiracies … This great law does not arise from our combinations and compacts; on the contrary, it gives them all the sanction they can have. Every good and perfect gift is of God: all power is of God; and He who has given the power, and from whom alone it originates, will never suffer it to be corrupted.«

Bitte beachten Sie, daß sowohl die Stoiker als auch Juden und Christen, die im Laufe der Zeit diese Definitionen übernommen, sich zu eigen gemacht haben, unter *Natur* die Schöpfung und nicht blind durcheinanderwirbelnde Atome verstehen, und unter Naturrecht aus dem gleichen Grund jenes Recht, das von Gott ausgeht, für uns vom Dekalog.

Von diesem Recht ausgehend bekommt jeder Staat überhaupt erst seine moralische Existenzberechtigung, denn ein rein laizistischer Staat ist eine Contradictio in adiecto.

Es gibt, dies bleibe nicht unerwähnt, auch für Burke einen Vertrag, auf dem jede menschliche Gesellschaft, somit auch der Staat, beruht:

»Society is indeed a contract … but the state ought not to be considered as nothing better than a partnership agreement in a trade of pepper and coffee … or some other such low concern, to be taken up for a little temporary interest, and to be dissolved by the fancies of the parties, it is to be looked upon with other reverences; because … it is a partnership in all science; a partnership in all art; a partnership in every virtue and in all perfection.«

Da eine solche Partnership nur in einer langen Zeit, in vielen Generationen entstehen kann: »it becomes a partnership between those who are living, those who are dead, and those who are to be born.«

Die gewachsenen Institutionen des Staates (das Parlament benötigte Jahrhunderte, um das zu werden, was es ist, KEINE VERSAMMLUNG VON ABGEORDNETEN, sondern von freien Männern im House of Commons, etc.) haben, von der Krone ausgehend, eine höhere Sanktion. Was letztere betrifft, hat Shakespeare sie in die wunderbaren Worte Richards II. gekleidet, der, bereits entmachtet, die Worte spricht (Richard II; 3.2,55):

Not all the water in the rough rude sea
Can wash the balm off from an anointed king,
The breath of worldly men cannot depose
The deputy elected by the Lord.«

Wie sehr erinnert uns das an Grillparzers warnende Worte von der Notwendigkeit des Kaisertums des Hauses Österreich, vom Prinzip der Erblichkeit, ohne das es keine Dauerhaftigkeit der Freiheit geben kann. In Grillparzers »Bruderzwist in Habsburg« ist mehr politische Weisheit enthalten als in den gesamten Handbüchern der politischen Wissenschaft. Nicht umsonst nannten die Römer einen Dichter auch einen VATES, einen SEHER.

Einer von ihnen, Österreichs größter Erzähler der Zwischenkriegszeit, Joseph Roth, veröffentlichte 1934 in Amsterdam seinen bei uns wenig bekannten und wenig gelesenen »Antichrist«. In dieser Sammlung prophetischer Erkenntnisse nennt er den modernen Turmbau zu Babel nicht einen solchen, in dem sich die Sprachen verwirren; es sei kein vertikaler Bau, sondern der moderne Turmbau zu Babel müsse als ein horizontaler gelten, in dem alle die gleiche Sprache sprechen, sich jedoch die Begriffe verwirren und das gleiche Wort bei verschiedenen Menschen eine ganz andere Bedeutung hat. Der galizisch-jüdische Erzähler Joseph Roth hat, fast am Ende seines vom Schicksal schwer geforderten Lebens, in seiner »Kapuzinergruft« ein Loblied auf das alte Österreich verfaßt, das unlängst, bei der Beisetzung unserer Kaiserin Zita, wieder so manchem in Erinnerung gekommen sein dürfte: Als das »Gott erhalte«, unsere wahre österreichische Hymne, die Volkshymne, von einer Menge von Tausenden mit Ergriffenheit gesungen wurde, war das kein Protest, kein feindseliger Aufschrei, kein Moment einer nostalgischen Welle, sondern Ausdruck des Wissens um die Kontinuität eines Österreich, das für die Welt unentbehrlich ist.

Hans Crepaz, Im Sumpf stehen oder der Druck des Berges

Hermann M. Görgen

Französische Revolution und christliches Menschenbild

Eine Flut von Büchern und Kommentaren ist zum 200jährigen Gedächtnis der Französischen Revolution in zahlreichen Ländern erschienen. Die Diskussion um die Bedeutung und den Sinn dieser Revolution zeigt nach wie vor schärfste Kontraste und die gegensätzlichsten Meinungen. So findet der Streit seine Fortsetzung, der schon die Zeitgenossen über den Sinn der französischen und der europäischen Geschichte hat uneins werden lassen. Zwischen der rein nationalen französischen Betrachtung der Ereignisse und den apokalyptischen Weltendinterpretationen – beide Betrachtungen voller Vereinfachungen und Abstraktionen – blieb die Frage für 200 Jahre offen und wird es weiterhin bleiben: Wie ist die Wirkung dieser Revolution auf ganz Europa und späterhin die ganze Welt zu erklären?

Die treibende Kraft war zweifelsohne der Klassenkampf des Dritten Standes, der alle revolutionären Gefühle, Meinungen und Aktionen zusammenfaßte, die Religion beseitigte und die Vernunft als Quelle und Ursprung aller Grundlagen der Gesellschaft und der Vereinzelung des Individuums auf den Thron setzte.

Alle Revolutionen wollen eine neue Gesellschaft und einen neuen Menschen schaffen. Allen Revolutionen haftet die Distanzierung von jeder Art von Religion und schließlich deren Vernichtung an. Der »neue Mensch« der Französischen Revolution blieb ohne Bindung an ein Jenseits und zerstörte die vorhandene Bindung. Die Französische Revolution hat mit der Verwirklichung der Lehren von Rousseau, Danton und Robespierre den neuen Menschen zu schaffen versucht. Voltaire, d'Alembert, Diderot, Montesquieu und andere Philosophen lieferten die philosophischen Grundlagen für das Werk der Zerstörung des Glaubens.

Revolution ist aktiver Widerstand gegen bestehende Strukturen, Menschenbilder, gesellschaftspolitische Konstruktionen, und vor allem gegen die bestehenden Staats- und Gesellschaftsordnungen. Revolution wendet sich vor allem gegen die bestehende Rechtsordnung und bedeutet somit aktiven und gewaltsamen Widerstand. Revolution hat eine entscheidende ideologische Komponente: Die bisherigen Auffassungen von Mensch und Gesellschaft sollen radikal beseitigt und durch neue Auffassungen und Strukturen ersetzt werden.

Die Reformbedürftigkeit der gesellschaftlichen Institution ist stets Gegenstand der Auseinandersetzungen um die neue Gesellschaft und den neuen Menschen. Niemand zweifelte daran – auch die Feudalschichten nicht, die die traditionellen Strukturen beherrschten –, daß eine Reform der Gesellschaft notwendig sei. Über zwei Jahrhunderte – seit 1614 – waren die Reichsstände nicht mehr einberufen worden, die Parlamente waren ohne politische, soziale und wirtschaftliche Einflußmöglichkeiten.

Das Privilegienwesen vernichtete das Rechtsbewußtsein. Drei Klassen, streng voneinander getrennt, bildeten die Gesellschaft: Adel, Klerus und das gewöhnliche Volk. »Der Klerus besaß 10 Prozent, der Adel, an die fünfzigtausend Familien umfassend, rund 30 Prozent von Grund und Boden. Der Hauptstock dieser Klasse bestand aus dem immer mehr infolge von Untätigkeit und Bequemlichkeit verarmten Landadel, dessen Existenz auf der Arbeit der Gutsuntertanen beruhte. Mit seinen 26 Millionen war Frankreich immer noch das erste Land des Kontinents –

die Hauptmasse der Bevölkerung gehörte zum Dritten Stande, der schon lange keine soziologische Einheit mehr war: Ein Geld- und Titelpatriziat hatte sich als oberste Schicht ausgebildet.«[1)]

Die sozialen Mißstände haben in Verbindung mit den politischen Ideen der Aufklärung das revolutionäre Klima geschaffen, aus dem dann die Französische Revolution einen grundlegenden Wandel im Staatssystem ganz Europas und im traditionellen Menschenbild hervorgerufen hat. Das Menschenbild, das der hierarchisch gegliederten Vorrevolutionärenzeit zugrunde lag, wurde durch diese Revolution strukturell geändert. Liberale und demokratische Entwicklungen bahnten sich an, aus denen der soziale Umbruch des 19. Jahrhunderts entstand. Kriege und die Zerstörung des europäischen Denkstils und des Staatensystems waren die Folge. Neue militärische Taktiken und Strategien stellten den Beginn der modernen Militärgeschichte dar.

Zunächst schien alles eine friedliche Entwicklung zu nehmen. Die Generalstände traten am 5.5.1789 zusammen und eröffneten ihre Beratungen mit einer Heiligen Messe. Die revolutionäre Zusammensetzung dieser Generalstände zeigte indes schon den Weg in die Revolution vor. Während Adel und Klerus über je dreihundert Deputierte verfügten, wurden dem Dritten Stand durch königliche Verordnung sechshundert Deputierte zugeordnet und damit die Abstimmung nach Köpfen und nicht nach Ständen eingeleitet.

Am 17. Juni wurden die Generalstände zur verfassunggebenden Nationalversammlung konstituiert. Dies war die Einleitung zum Zusammenbruch des alten Regimes, die am 14. Juli mit dem Sturm auf die Bastille vollendet wurde. Die feudalen Privilegien und Rechte wurden aufgehoben und durch die Menschenrechte ersetzt, deren Verkündigung den eigentlichen Einbruch in die alte Denk- und Staatenwelt und die Vernichtung des christlichen Menschenbildes bedeutete. Die Radikalität der Änderung des Menschenbildes zeigte sich in der Beschlagnahme des Kirchenguts, in der Einführung der Zivilehe, in der Beseitigung der Klöster, der Schaffung eines staatlichen Volksschulwesens und schließlich in der Zivilkonstitution für den Klerus (12.7.1790). Es wurde die Wahl von Richtern und Bischöfen durch das Volk angeordnet. Damit war der Kampf gegen die Kirche und das christliche Menschenbild, die Herrschaft und Hierarchie der christlichen Werte eröffnet, dem Hauptthema der Französischen Revolution.

Die Greueltaten waren nur eine logische Folge der Ereignisse. Die Feudalen versuchten, das Ausland gegen die Republik zu mobilisieren. Die Folgen des Sturms auf die Bastille waren eine allgemeine Mordwelle, die Erstürmung der Schlösser, die Verbrennung der Archive und der Feudaltitel des Ancien Régime. Die Bauern bemächtigten sich des Bodens und zwangen die Herren des Regimes zur Flucht in das Ausland.

Im Januar 1793 wurde König Ludwig XVI. enthauptet, der Terror begann das Menschenbild der Vergangenheit total zu beseitigen. Der Ausbruch aller Erbsündigkeit beherrschte das Leben des einzelnen und der Gesellschaft. Alle Kapitalsünden breiteten sich aus, der radikalste Bruch mit Hierarchie und christlichem Humanismus beherrschte die politische Landschaft. Die Rechtsordnung wurde total zerbrochen, die Revolutionstribunale ließen keinerlei Berufungsmöglichkeiten zu. Die Jakobiner entwickelten »das erste große Beispiel einer von einer revolutionären Minderheit diktatorisch beherrschten radikalen Demokratie«.[2)]

Die Ersetzung des Christentums durch den Kult der Vernunft führte zu einer Schreckensherrschaft ohnegleichen in der Geschichte Europas, die geschätzte Zahl der guillotinierten Opfer geht von 35000 bis 40000 (ebenda). Die

Bestie Mensch in ihrer ganzen erbsündhaften Sündenfähigkeit offenbarte sich und zerstörte die christliche Tradition des Menschenbildes. Aus vielen wohlgemeinten Reformversuchen der vorrevolutionären Zeit entstand ein Chaos der Gewalt. Ein erbarmungsloser Bürgerkrieg zwischen den einzelnen Volksgruppen breitete sich aus. Krieg im Innern und nach außen wurde von demselben Prinzip der Zerstörung menschlichen Lebens, aller geistigen und materiellen traditionellen Werte beherrscht. Die Gesamtheit des Lebens bis in alle einzelnen Äußerungen wurde von der Revolution durchdrungen. Die Ideen des Jean-Jacques Rousseau über den Menschen und die Demokratie bildeten fortan die entscheidenden Voraussetzungen für jede europäische Revolution, insbesondere auch die der marxistischen Revolution von 1917.

Nicht nur neue Staaten, sondern auch neue Menschenbilder sind fortan von jeder Revolution in Europa und der Welt geschaffen worden. Die Zerstörung des christlichen Menschenbildes geht weit in die Kirche hinein. Der Klerus war ja kein einheitlicher Stand. Die Pfarrer kamen aus dem Bürgertum, die Bischöfe aus dem Adel. In beide Klerikerkreise waren die Gedanken der Aufklärung gedrungen. Auch das Freidenkertum hatte sich bis in die höchsten Adels- und Klerikerkreise festgesetzt. Trotzdem hing die Mehrheit des Volkes am katholischen Glauben fest, und nur so war es zu erklären, daß die Generalstände, als sie einberufen wurden, zwar wesentliche Verbesserungen auf der Grundlage des christlichen Menschenbildes verlangten, aber die Aufhebung der Orden und eine Zivilverfassung für den Klerus nicht vermeiden konnten. Die Kleriker selbst waren bei der Abfassung von Verbesserungsvorschlägen stark beteiligt. Aber der Klerus stimmte auch der Abschaffung des Kirchenzehnten zu und zwang die Konstituante im Gegenzug die Besoldung der Priester und des Armen- und Schulwesens künftighin zu sichern. Selbst die

Verstaatlichung des Kirchenbesitzes fand einen zerstrittenen Klerus vor, der den Beschluß durch ein Mindestjahresgehalt kompensierte, das den Pfarrern in Höhe von 1.200,– livres gewährt werden sollte.

Aber die wirkliche Zerstörung des christlichen Menschenbildes zeigte sich bei der Frage der Klostergemeinschaften. Die Mehrheit der Abgeordneten war der Meinung, daß Ordensgelübde mit Menschenrechten nicht vereinbar seien. Und so wurden diese Gelübde am 13. Februar 1790 durch Dekret verboten. »Zugleich wurden sämtliche Orden, die nicht im Kranken- oder Armendienst tätig waren, aufgehoben. Mönche und Nonnen hatten die Wahl, entweder ins bürgerliche Leben zurückzukehren und eine Staatspension zu beziehen, oder aber bis zu ihrem Tod in einer klosterähnlichen Gemeinschaft weiterzuleben. Mit diesem Beschluß überschritt die Versammlung erstmals die Grenze zu den rein innerkirchlichen Angelegenheiten, weshalb denn auch viele Priester dagegen protestierten. Während von den Mönchen recht viele austraten, blieben die Schwestern in der Mehrzahl ihren Gelübden treu.«[3)]

Das Verbot der Ordensgelübde bedeutete die Zerstörung eines ursprünglichsten Menschenrechtes: des Bekenntnisses des einzelnen zu Gott im Leben der Ordensgemeinschaft. So hat die Französische Revolution nicht nur die Religion auf Jahrzehnte zerstört, sondern auch mit der Ermordung Tausender von Geistlichen und der Trennung von Kirche und Staat die Zukunft des katholischen Glaubens und des gesellschaftlichen Lebens in Frankreich auf Jahrhunderte entscheidend negativ beeinflußt. Gewiß konnte man »Freiheit, Gleichheit und Brüderlichkeit«, wie Papst Johannes Paul II. es tat, als im Grunde christliche Gedanken bezeichnen. Dies wirft das Problem des Verhältnisses von Demokratie und Kirche auf, das Gegenstand des 30. Deutsch-Französischen Treffens katholischer

Publizisten in Toulouse 1989 war. Aber gerade die Diskussion während dieser Tagung bewies, daß sich Religion und Revolution noch immer nicht ausgesöhnt haben.

Aus dem Einverständnis zwischen Kirche und Ständeversammlung, das 1789 anläßlich der Einberufung der Generalstände noch bestand, war ein grausamer Kirchenkampf entstanden, in dem jede Kritik der Guillotine schon als Angriff gegen die von der Revolution verkündeten Menschenrechte angesehen wurde. Der Zerfall der gewachsenen Sozialordnungen führte zur Zerstörung der Einheit der Rechte Gottes und des Menschen. Ein laisierter christlicher Idealismus beherrschte das Ideengut der Französischen Revolution, das Chesterton eine »verrückt gewordene christliche Idee« nannte.

Die Entstehung eigener revolutionärer Kulte und die Zivilverfassung, die dem Klerus aufoktroyiert wurde, haben eine Verbindung von Christentum und Demokratie von vorneherein zerstört.

Die moderne Diskussion wird von den Gemeinsamkeiten, die zwischen christlicher Lehre und revolutionären Menschenrechtsideen bestehen sollen, beherrscht. Nach wie vor aber ist eine theologische Annäherung nicht festzustellen, wenn auch die Gemeinsamkeit der Zwänge im politischen Bereich zu Annäherungen geführt hat. Nach wie vor sind das laizistische Frankreich und die liberale europäische Gedankenwelt von christlichen Menschenbildern weit entfernt. Nach wie vor beherrscht selbst in christlichen Denkräumen ein laizistisches Menschenbild die Diskussion. So mag manchem die These als annehmbar erscheinen, daß es doch nicht zu einem totalen Bruch zwischen Kirche und Staat, zwischen dem Menschenbild der Vergangenheit der Französischen Revolution und neuerem christlichen Humanismus gekommen sei. Denn die Kirche hat sich heute zum Verteidiger der Menschenrechte durchgerungen, was aber keineswegs die Aussöhnung mit der Französischen Revolution und ihrem Menschenbild bedeutet. Die christlichen Ideen von Gleichheit, Brüderlichkeit und Freiheit sind nicht die der Französischen Revolution, wenngleich sie das christliche Menschenbild mitformen. Ihr Ursprung stammt aus der Synthese, die der Glaube über den Sinn und die ewige Bestimmung des Menschen liefert. So wird Zwiespalt zwischen dem Menschenbild der Französischen Revolution und dem des christlichen Glaubens immer bestehen bleiben, und der Versuch, Freiheit, Gleichheit und Brüderlichkeit in das christliche ideologische Gedankengut einzuführen, wird immer von den grauenhaften Begleitumständen der Französischen Revolution und der Entfesselung aller Erbsündigkeit in den handelnden Akteuren bestimmt bleiben.

Anmerkungen

1) Veit Valentin, Weltgeschichte, Amsterdam 1939, S. 238.
2) Brockhaus Enzyklopädie 1968, VI. Band, S. 531.
3) Martin Meier, Die Kirche in der Französischen Revolution I, Schweizerische Katholische Wochenzeitung Nr. 32, 11.8.1989.

Hans Crepaz, Haupt voll Blut und Wunden

Ludwig Igálffy-Igály

Zwei österreichische Juden und ihr Weg zur Guillotine

Es ist meist schwierig, das Leben wenig bekannter Personen aus einer Zeit nachzuzeichnen, in der alles in Bewegung war, neue Ideen aufbrachen und Gesinnungen sich von einem Tage auf den anderen änderten. Der bekannte Historiker Prof. Adam Wandruszka unternahm es, das Leben Leopolds II., der als konstitutionsfreundlicher Herrscher sowohl in der Toskana wie auch in den österreichischen Ländern allzu revolutionären Tendenzen buchstäblich den Wind aus den Segeln genommen hatte, so darzustellen, daß alle Mutmaßungen über einen unnatürlichen Tod von selbst verblassen.[1)] Leopold starb am 1. März 1792 am hitzigen Fieber, besser gesagt an einer Lungenentzündung, aber keineswegs an einer von Freimaurern oder Jakobinern initiierten Vergiftung, zumal er beiden unvoreingenommen gegenüberstand und auch keinerlei Kriegspläne gegen Frankreich hegte. Sein Sohn, Kaiser Franz II., hingegen bezog, als sich die Dinge in Frankreich nach Leopolds Tode zum Schlimmsten wendeten, eine feindliche Position, und es kam zu Anklagen gegen vermeintliche Verschwörer, bekannt als die Jakobinerprozesse. Von den ehemaligen Vertrauten Leopolds wurde Martinovics hingerichtet, Gotthardi und Riedel erhielten jahrzehntelange Freiheitsstrafen.[2)] Franz Thomas von Schönfeld und sein Bruder Emanuel, zwei Brünner Juden, der erstere besonders schöngeistig veranlagt, gehörten sicherlich jenen Kreisen an, aus denen man notorische Freigeister vor den

Richter schleppte, waren aber zu klug, um sich fangen zu lassen, und suchten samt ihrem Vermögen das Weite. Bevor ich berichte, wie sie in die Mühlen der Französischen Revolution gerieten, will ich über ihre Herkunft erzählen, danach, wie Franz Thomas mit Kaiser Josef II. und dem berühmten Literaten Abbé Michael Denis am Theresianum bekannt wurde.[3] Sie beherrschten die französische Sprache ohne Zweifel fehlerfrei, welcher Umstand sie aber in den Wirren des Jahres 1794 nicht davor bewahrte, zur Auslandspartei gezählt zu werden, ebenso wie der bekannte Abenteurer Friedrich Freiherr von der Trenck, ein Vetter des Pandurenobersten (1711–1794), der seine Memoiren 1789 in Straßburg in französischer Sprache publizierte. Er unterhielt enge Beziehungen zu den Schönfelds – er war 1791 nach Paris gekommen –, die ihm später schadeten. Robespierre ließ Trenck als Agenten des Auslands am 25. Juli 1794 guillotinieren, bald nach den Schönfelds.[4]

Zu den Männern, die mit Kaiser Josef philosophische Gespräche führen durften, gehörte Franz Thomas Edler von *Schönfeld,* der, wie ich vermute, durch Sonnenfels mit dem Kaiser bekannt wurde und in kurzer Zeit dessen Gunst erlangt hatte. Er war als Moyses *Dobruszka* am 12.7.1753 in Brünn als Sohn des galizischen Tabaksgefällennarrendators (Tabaksteuerpächter) Salomon Dobruszka (1715–1774) und der Schöndl Herschl, alias Jakobi (1731–† 1791 Wien), geboren und war ursprünglich bestimmt Rabbiner zu werden.[5] Er war das zweite von zwölf Kindern und wurde, weil intelligent, vom reichgewordenen Vater in das Löwenburgische Konvikt in Wien gesteckt, das damals hauptsächlich Söhne aus dem Beamtenadel aufnahm[6]; die anderen Söhne wurden in die Militärakademie geschickt. Danach ging Moyses nach Prag und studierte Poetik an der dortigen Jesuitenuniversität, wo Franz Expeditus Edler von Schönfeld, SJ, später als Exjesuit Domherr, dieses Fach lehrte. Moyses veröffentlichte

1773 »Etliche Gedichte zur Probe« und 1774 einige Schäferspiele[7] nach der damals üblichen Art. Er lernte damals auch Johann Ferdinand Edlen von Schönfeld, den jüngeren Bruder seines Professors, kennen, der in Wien und Prag eine Buchdruckerei, die die Familie schon lange besaß, betrieb und artistisch-technische Museen in Prag und in Wien einrichtete.[8] Moyses publizierte 1774 in Prag auch ein hebräisches von Rabbinern approbiertes Buch: »Sefer Hascheschwi« (Buch des Vergnügens). Es war wohl sein Nahverhältnis zu seinem Poetiklehrer, das seine Konversion zum katholischen Glauben 1775 bewirkte. Er wurde am 17.12.1775 in Prag getauft, zugleich mit ihm seine Schwester Güttl (hernach Maria Theresia), und nahm den Namen seines Gönners, vermehrt um den des ungläubigen Thomas, an: Franz Thomas Schönfeld. Wie dann noch der »Edle« hinzukam, werden wir bald erfahren. Unseren jungen Poeten, der seine Vorliebe für Philosophie und Metaphysik im Buch des Vergnügens, das einen Kommentar zu Jedaja Peninis philosophischem Werk darstellt, zu erkennen gegeben hatte und der schon in jungen Jahren über eine erstaunliche Beredsamkeit verfügte, zog es 1776 nach Wien, obwohl er in Prag an Joachim (1790 Edler v.) Popper einen steinreichen Gönner hatte, dessen Adoptivtochter Elke (später Wilhelmine) Joss er zur Gattin bekam.[9] Sein Professor, der schon erwähnte Jesuitenpater Franz E. v. Schönfeld, welcher neben Reden geistlichen Inhalts auch Gedichte auf Maria Theresia und Kaiser Josef schrieb, wie der von ihm verehrte Denis in Wien, von dessen lateinischen Gedichten er einiges ins Deutsche übertrug, dürfte ihm ein Empfehlungsschreiben an Denis oder an den Kaiser mitgegeben haben.[10] Denn unser junger Dichter machte sich erbötig, Abbé Denis in der Garellischen Bibliothek zu helfen. Denis, der damals im rückwärtigen Bibliothekszimmer lebte und arbeitete – eine nun verlorene Büste über der Tür erinnerte daran – war in jeder Hinsicht überfordert, da er täglich drei Stunden Deutsch unterrichtete, die Bibliothek betreute und die Jugend in der Bibliothek mit Lektüre versah, zu jedem Ereignis etwas dichten oder schreiben sollte und sich auch seinen wissenschaftlichen Interessen widmen wollte, wie aus seinen eigenen Angaben hervorgeht.[11] Schönfeld wird später als Günstling Kaiser Josefs bezeichnet[12], doch bleibt ungewiß, von wem seine Betätigung im Theresianum eigentlich ausgegangen war. Er dürfte hier oder in der Nähe gewohnt haben und ließ später Diverses bei Johann Ferdinand Edlem von Schönfeld drucken, der in der Taubstummenanstalt, die unmittelbar an das Theresianum angebaut war, eine Druckerei betrieb.

Schon 1776 nahm sein älterer Bruder Karl – und danach auch die jüngeren Brüder – den Namen Schönfeld an.[13] Innerhalb von zwei Jahren bewog Franz Thomas den Kaiser, mit Brief und Siegel ihm und seinen Brüdern das »Edle von« zu verleihen. Und so wurden d. d. Wien 25.7.1778 der U. Ltn. Carl, Franz Thomas, Mitvorsteher der Garellischen Bibliothek, der Fähnrich Josef, die Kadetten Maximilian und Emanuel und die Schwester Maria Theresia in den erbländischen Adel erhoben.[14] Franz Thomas gab sich, wie später in Paris, mit Geldgeschäften ab, und es ist fraglich, ob er sich nach 1778 noch mit der Garellischen Bibliothek befaßt hat, da über seine Tätigkeit hier nie etwas aufgefunden wurde und die wichtigsten Autoren, wie Hradil, Schwarz, Cicalek, Guglia, Gemmell u. a. ihn nie als Bibliothekar erwähnt haben, wie er auch im sehr genauen Verzeichnis von 1783/84[15] aller im Theresianum befindlichen Personen nicht genannt ist. Zu den bevorzugten Freunden Denis', der ihn als Dichter weit überragte, gehörte er sicher nicht, sonst hätte sich wohl im riesigen Nachlaß desselben irgendein Hinweis auf ihn gefunden oder einer dem anderen ein Epigramm gewidmet.

Franz Thomas Edlen von Schönfelds literarisches Schaffen nahm in der Folge ab, sein Reichtum nahm zu. Im Jahre 1777 wurde ein Schauspiel, »Das weiße Loos«, in Wien uraufgeführt, 1780 erschien das Gedicht »Auf den Tod Theresiens«.[16)] Welche Position Schönfeld nach Josefs Regierungsantritt hatte, wissen wir nicht. 1788 erschien bei Schönfeld in Wien ein Buch, betitelt »Davids Kriegsgesänge«, dem Heere Josefs gewidmet, mit einem Anhang »An die Vertrauten der heiligen Muse«. Der 1. Teil war eine Übersetzung von 30 davidischen Psalmen aus dem hebräischen Grundtext, der 2. Teil eine Anklage an Frankreich, verbunden mit einem Aufruf an die bekanntesten Dichter Deutschlands, die gerechte Sache zu unterstützen. So lesen wir auf Seite 128:

> Aus Galliens Schoß / riß sich das Weltverderben los ...
> Religion und sanfte Tugend / Euch rissen seine zerstörenden Fluten nieder ...

Nur wenige Jahre später jedoch war es eben dieses Frankreich, für dessen Revolution unser Dichter zur Feder griff.

Der unnötig entfesselte Balkankrieg fand noch seinen Niederschlag in einem Schlachtgesang, »Der Sieg bei Fockschan«, der 1789 herauskam.[17)] Als Josef starb, endete auch der Krieg. Schönfeld schrieb danach eine Ode auf den »Herrschereinzug Leopolds II.«, Wien 1790, im Taubstummeninstitut, doch erfüllte der neue Herrscher scheint's nicht die Erwartungen des Dichters. Ob er sich an der Jakobitenverschwörung beteiligte, wissen wir nicht, er behauptete jedenfalls später, als es ihm in Paris an den Kragen ging, er und sein Bruder Emanuel seien in Wien in effigie gehenkt worden, und sie seien echte Revolutionäre, wie Kisch berichtet. Eine Anekdote jedenfalls zeigt, daß die Schönfelds in Wien nicht beliebt waren.[18)] Franz und sein zehn Jahre jüngerer Bruder Emanuel verließen Wien und reisten über Pillnitz, wo ein Fürstentag stattfand, nach

Straßburg, wo sie Ende April 1792 ankamen und nicht vergessen hatten, ihr Vermögen in bar mitzunehmen. Franz hatte seine Gattin Elke mit zwei Söhnen in Wien zurückgelassen und sollte sie nie wiedersehen, wohl aber seine Schwester Esther, die nun Leopoldine hieß[19] und 21 Jahre alt war, sowie einen Sohn namens Josef mitgenommen. In Straßburg entstand eine Anzahl von revolutionären Aufrufen und Gedichten, die über verschiedene rheinische Gazetten verstreut herauskamen und derzeit gesucht werden.[20] Die Brüder machten in Straßburg bald von sich reden, kauften sich um 500 Louisdor in den Jakobinerklub ein, stiegen für den von den Klerikalen angeklagten Thibault de Laveaux, einen Sprachphilosophen und Biographen Friedrichs II. von Preußen, aufs Rednerpodest und ließen, als er freigesprochen wurde, eine Medaille schlagen.[21] Sie zogen in Lothringen umher, warben für die Revolutionsarmee und den Konvent, gaben sich als Freigeister und Atheisten, jetzt unter einem neuen Namen: Junius und Emanuel *Frey.* Mit Laveaux kommen sie 9. August desselben Jahres in Paris an, wo eben die Tuillerien gestürmt wurden. Sie lassen sich bestätigen, am Sturm teilgenommen zu haben. Junius Frey schließt Freundschaft mit François Chabot und feiert den Tag in der Schrift »Der Antiföderalist«. Beim Antrag, sie zu Ehrenbürgern und Befreiern Frankreichs zu erklären, fallen sie im Konvent durch, wo man ihnen mißtraut. Mit dem Fluidum, österreichische Barone gewesen zu sein und viel Geld zu besitzen, wächst einerseits ihr Einfluß, andererseits das Mißtrauen, und man munkelt, sie seien Spione. Um dem entgegenzutreten, machen sie sich beim Kriegsminister Lebrun erbötig, die Allianz Österreichs und Preußens durch ihren Einfluß zu brechen und die beiden Mächte in einen gegenseitigen Krieg zu verwickeln, doch man schenkt ihnen keinen Glauben. Sie kaufen ein schönes Haus in der Rue d'Anjou und betätigen sich als Bankiers. Im Vestibül steht eine Büste des Junius Brutus, eine Freitreppe führt in den ersten Stock, wo der Hausherr, mit Morgenrock und Jakobinermütze, in der Bibliothek zwischen Stapeln von Büchern den Besucher empfängt. In diesem Jahre (1793) erscheint seine Schrift »La philosophie sociale« in französischer Sprache.

Um sich besser zu etablieren, bewegen sie François Chabot, sich von seiner langjährigen Freundin zu trennen und ihre Schwester Leopoldine zu heiraten, was schon vor deren Verlobung am 3.10.1793 Mißbilligung hervorruft, geschürt von der Geliebten Chabots. Tags darauf brachten die »Annales de la République française« eine sicher von Junius eingebrachte Notiz des Inhalts, daß die liebenswürdige Leopoldine auf dem Fondsgut Schomberg geboren sei, welches die selige Kaiserin Marie Therèse ihrem Großvater als Abfindung für zwei Millionen Gulden, die sie ihm schuldete, geschenkt habe, daher der Reichtum der Familie, die aus altem chassidischem Stamme sei, u. a. m. Der Konvent ließ aber trotzdem die Bank der Brüder Frey sperren, um zu ergründen, wieso aus armen Flüchtlingen plötzlich reiche Bankiers geworden waren. Doch da half Schwager Chabot: Er läßt die Siegel abnehmen und die Bank öffnen, verliert jedoch das Vertrauen des Konvents. Um diese Zeit nämlich beginnt das gefährliche Spiel um den Besitz der französischen Ostindienkompanie, die man gerade der Korruption beschuldigte.

Das abgekartete Spiel begann am 8. Oktober 1793 mit einer Rede gegen die Indische Compagnie, die Delauney, ein bestochenes Subjekt, hielt und die damit endete, daß er die Selbstauflösung derselben forderte. Der Antrag ging durch, doch wurde das Dekret ohne den entscheidenden Passus (den Frey wünschte) ausgestellt, der der Gesellschaft den Verkauf der Aktien frei gestattet. Die Freys wollten die durch die Auflösung entwerteten Aktien kaufen und dann die Kompanie wieder aufleben lassen, was sie zu

Millionären gemacht hätte. So wurde der Passus einfach in das Dokument hineingefälscht, was schließlich zur Aufdekkung der Affäre und zur Verhaftung Chabots und der Brüder Frey führte. Die Meinung, die Robespierre von ihnen hatte, fand sich in seinen nachgelassenen Papieren: »Seit den ersten Tagen der Revolution leben in Paris zwei Schurken, deren vollkommene Verstellungskunst sie zu geeigneten Werkzeugen der Tyrannei gemacht hat.« Mehr bei Kisch: »Ich teile dieses harte Urteil nicht. Ich glaube, daß Moyses als Philosoph und Poet Beweise edler Gedanken lieferte, als Bankier aber nicht über den eigenen Schatten springen konnte. Im Frankreich der Revolutionszeit jedoch verstand man keinen Spaß, wenn es um Volksvermögen ging. Die schönen Lügen über ihre Vergangenheit zerrannen im Laufe der Untersuchung, die sich lange hinzog.« »Utinam philosophus, utinam bibliothecarius mansissem«, soll er oft gesagt haben. Chabot nahm Gift, wurde aber entdeckt. So hatten die Brüder Frey die Ehre, zusammen mit Chabot, Desmoulins und Danton am 5. April 1794 zum Richtplatz gefahren zu werden, wo sie einander vor der Hinrichtung brüderlich umarmten. Alle fünf wurden dann am Friedhof Errancis in eine Grube geworfen. So endete ein Leben, das vielversprechend begonnen hatte.

Quellen und Anmerkungen

1) Leopold II., 2 Bde. (Verlag Herold), Wien-München.

2) Ebd. S. 380–382.

3) Vgl. Jahresbericht der Theres. Akademie 1978/79, S. 20–35, aus meiner Feder: Die Entwicklung freiheitlicher Gedanken in der Theresianischen Akademie. 1848 und die Folgen. – Über Michael Denis vgl. meine Arbeit (samt Abb. dess.) ebd. über das Werden des Theresianums in Jg. 1979/80, S. 24–25.

4) Daten nach Brockhaus. Vgl. P. Bart, L'arrestation de

Trenck, Annales Historiques de la Révolution Française VII, S. 101, und Olivier Blanc, La dernière lettre, deutsch von Brigitte Petzold, Der letzte Brief, Paul Zsolnay, Wien-Darmstadt 1988, S. 85.

5) Früher wurde irrig Prag bzw. Breslau, wo seine Mutter herstammte, als Geburtsort angesehen. Als erster befaßte sich Wurzbach in seinem Biogr. Lexicon mit seiner Person, Max v. Portheim sammelte viel Material um 1930 (Portheim-Katalog, Wiener Stadtbibliothek), auf welchem fußend Leon Ruzicka in »Die österreichischen Dichter jüdischer Abstammung«, Wien 1930, sich mit Moyses und seinem Bruder David befaßte, bis schließlich Egon Erwin Kisch im »Prager Pitaval«, Gesamtausgabe seiner Werke, Bd. I., S. 113–132, Aufbau-Verlag, Berlin 1952, eine auf den in Paris befindlichen Dokumenten basierende Darstellung seines späteren Lebens gab, zu welcher ich nun einiges aus seiner früheren Zeit hier beitragen möchte.
Vgl. auch »Jüdische Familienforschung«, Jg. 6, Heft 3, Berlin 1929, S. 282 ff.

6) Es handelt sich um jenes Konvikt, welches Kaiser Josef II. nicht mit dem Theresianum vereinigen wollte (1781, vgl. Guglia, »Das Theresianum«, S. 47), um eine Schule zu erhalten, die auch Minderbemittelten offenstand. Über dieses Konvikt vgl. Johann Nep. E. v. Savageri, Chron. Sammlung aller bestehenden Stiftungen, Brünn 1832, bei Rohrer.

7) »Die zwo Amaryllen«, »Telymon und Thyrse«, bei W. Gerle, Prag und Leipzig, Wr. Stadtbibl. Sign. A 95322, o. J.

8) Diese Familie besaß einen von Rudolf II. herrührenden (1594) Adelsbrief, der dem Johann Ferdinand, 15.3.1787, als Edlem von Sch. bestätigt wurde, doch nannte er sich in der Folge Ritter von Sch., um sich von den 1778 geadelten Dobruszka-Brüdern zu unterscheiden, und erreichte endlich 1814 die Anerkennung dieses Ritterstandes sowie 1816 das Inkolat als Grundbesitzer (vgl. Doerr, Der böhm. Adel, und Frank, Standeserhebungen). Er brachte 1812 aus dem »von Schönfeld'schen Museo in Wien« Materialien zur diplomat. Genealogie des Adels (1. Band, Böhmen) heraus, welches Buch sein Sohn Ignaz m. p. dem Theresianum widmete (Sign. 14867), zumal Ignaz 1797 als Zögling in unser Haus

eingetreten war und 1799 hier maturiert hatte (vgl. BT, S. 187, Prüf.). Ignaz brachte in Fortsetzung der Arbeit seines Vaters 1824/25 den Adelsschematismus des österr. Kaiserstaates in zwei Bänden heraus, in welchen er die damals bedeutendsten Familien der Zeit aufnahm, darunter auch viele, die hohe Stellungen im Theresianum bekleidet hatten, so z. B. die Auersperg (I., 3 und 46 ff.), die Saurau (I., 99 ff. und II., 161 ff.), die Colloredo (II., S. 151 ff.) und die Migazzi (II., 161 ff.). Des Ignaz Großvater hieß Anton Johann und ist über dessen Abstammung im tschech. Konv.-Lexicon Ottův slovník, Prag 1905, 23. Bd., S. 37, nachzulesen, wo auch die kulturelle Bedeutung der Familie dargestellt ist. Sein Vater Johann Ferdinand war geb. in Prag 20.7.1750, starb in Wien 15.10.1821, war der Zeit entspr. Freimaurer, heir. vor 1781 Johanna Lehnert, die ihm die Söhne Franz, Ignaz, Jakob u. a. Kinder schenkte, worüber bei Roman Procházka, Meine 32 Ahnen, Leipzig 1928, bei Spohr, S. 389, 409, 411, nachzulesen ist. Ferdinand publ. auch etwa 25 Schriften technischen und populärwiss. sowie bibliophilen Inhalts (Samml. Portheim, vgl. Anm. 5), über die Publ. seines Bruders Franz vgl. Anm. 10 unten. Das Schönfeldsche Museum in Wien, 1792 eröffnet, enthielt insbes. die aus Prag mitgebrachten genealogischen Sammlungen, Wappen und Urkunden, darunter viele aus aufgehobenen böhm. Klöstern, worüber in der Einleitung zu dem obgen. 1812 erschienenen Buch berichtet wird.

9) Sie war geb. 1757, starb in Wien 16.11.1801. Popper war der Vorsteher der böhm. Judenschaft, wurde 1790 von Josef II. geadelt und starb kinderlos 1795 in Prag, seine Gattin war Reizl Joss, vgl. ausf. bei Kisch, S. 131.

10) Er war geb. Prag 7.3.1745, starb Reichstadt in B. 27.8.1807, ein sehr fruchtbarer Schriftsteller, vgl. Wurzbach, Bd. 31, S. 149, und Portheim-Katalog. Stadtbibl. Wien. 1775 erschien »Der Tod Oskars, Karaths Sohn«, aus dem Lat. des M. Denis. Es mag von Interesse sein, anzumerken, daß 1979 eine Übersetzung von Denis' Palatium rhetoricae von F. Keller erschien (Die österr. Lit. und ihr Profil an der Wende vom 17. zum 18. Jhdt., Graz, Akad. Verl.).

11) M. Denis: Meine 25jährigen Beschäftigungen im There-

sianum (beg. 1.10.1759 ff.), aus dem Nachlaß hg. v. Josef Retzer, Bd. I., S. 57–61. Es schließt mit dem Distychon:
Parva mei cordi mihi sint monumenta laboris,
At populus tumido gaudeat Antimacho!

12) Lt. Kisch gemäß den Pariser Prozeßakten.

13) Semigotha, 1912, inkorrekt, weil die Namensänderung nicht von Carl zuerst ausging. Dort auch Wappenbeschreibung.

14) Akt im österr. Verwaltungsarchiv, publ. bei Karl Friedr. v. Frank, Standeserhebungen, Senftenegg 1973, 4. Bd., S. 267.

15) Namentl. Verz. der adel. Jugend samt ihren Präfekten ... u. Personal in der k. k. Ther.-Savoyischen Akad. 1783, Sign. 3799 der Bibl. Ther.

16) Sign. A 13265 bzw. E 99908 der Wiener Stadtbibl.

17) Bei Schönfeld (Joh. Ferd.) in Wien bzw. bei R. Gräffer in Leipzig, Sign. A 9122 d. Wr. Stadtbibl. – Fockszan: Sign. 101959 ebd. – Unter dem Namen Emanuels (der sonst nichts schrieb) erschien 1790, Wien, im Taubstummeninst., ein Gedicht »Josefs Tod«. Emanuel wurde 17.3.1766 in Brünn als David Dobruszka geboren, war ein Jahr Fahnenkadett, trat dann aus und dürfte sich als Volontär in einer Bank betätigt haben. Er starb ohne Nachkommen zusammen mit seinem Bruder.

18) Bei Kishon? Etwa folg. Inhalts: Der Kammerdiener erscheint u. meldet einen Besucher: Franz Edler Schönfeld. Der Hausherr: Werf' er die drei Juden hinaus. – Diese Geschichte gehört in das Kapitel des jüdischen Witzes und beruht sicher nicht auf Wahrheit, ist aber typisch für die damalige Haltung neugeadelten Juden gegenüber.

19) Geb. Brünn 1771 als letztes Kind, getauft Wien 10.1.1791, † vermutlich in Paris, wo auch ihre Schwester Theresia 1808 starb. Vgl. Kisch, Pitaval, S. 132.

20) Prof. Arthur Mandel in Berkeley, Kalif., USA, ist dzt. bemüht, sie ausfindig zu machen und zu publizieren. Div. Gedichte finden sich in W. Beckers »Taschenbuch und Almanach zum gesell. Vergnügen« (bis z. Jg. 1794).

21) »Zur Feier des von den Jakobinern über die Feuillants errungenen Sieges« (lt. Angabe von Kisch).

Hans Crepaz, Die Erfindung des Gurkenhobels oder die Errungenschaften der Revolution

Erik von Kuehnelt-Leddihn

Sade, Robespierre und die Folgen

200 Jahre Französische Revolution

In diesem Jahr wird das 200jährige Jubiläum der Französischen Revolution ganz zweifellos in vielen Ländern gefeiert. Schon im Jahre 1880 hatte man in Frankreich damit begonnen, am 14. Juli den Tag des Falls der Bastille mit allerlei Lustbarkeiten zu begehen, denn damals waren die letzten Zeugen der Revolution schon längst gestorben. Man war auf Historiker angewiesen, die dieses einschneidende Ereignis in unserer Geschichte hemmungslos idealisierten, wozu es allerdings, wenn man die Tatsachen kennt, höchster taschenspielerischer Geschicklichkeit und erstaunlicher Unehrlichkeit bedarf. Mit der Französischen Revolution wurde die Demokratie wieder belebt, nachdem sie durch den Mord an Sokrates, dem Opfer seiner Demokratiefeindlichkeit, moralisch gestorben war. Über 2000 Jahre war er von allen bedeutenden Geistern als grausige Ungeheuerlichkeit betrachtet worden, doch wer kennt heute noch die wahre Ursache dieses Justizmords an Sokrates? I. F. Stone, ein führender Kopf der amerikanischen Linken, hat in seinem neuen »antisokratischen« Buch Sokrates als fanatischen Antidemokraten hingestellt, doch in den Schulbüchern steht es anders. Natürlich kommt bei Stone auch Plato sehr übel weg, aber Allan Bloom hat in seinem so erfolgreichen *»Closing of the American Mind«* uns endlich gestanden, daß alle großen Denker Europas stets dem rechten Lager angehört haben.

Allerdings kam die Französische Revolution nicht als Blitz aus heiterem Himmel. 140 Jahre vorher war Karl I. in Whitehall von religiös-politischen Fanatikern hingerichtet worden, und wie uns Jean Lacroix überzeugend dargestellt hatte, beruht die Republik auf dem »Mord des Vaters«; nur durch den Vatermord kann anscheinend die Brüderlichkeit mitsamt der Gleichheit verwirklicht werden. Die Anregung zum Wandel in Frankreich kam ja nicht nur aus der Schweiz, sondern auch aus der Anglomanie und einer völlig falschen Auslegung der Ereignisse in Amerika: das erste große euroamerikanische Mißverständnis! Doch sagte Gouverneur Morris, amerikanischer Gesandter in Paris, dem eingebildeten Lafayette am Anfang der Revolution: »Ich bin gegen Ihre Demokratie, Monsieur de Lafayette, da ich für die Freiheit einstehe«, und 1815 begann er eine Rede mit den Worten: »Die Bourbonen sind auf ihren Thron zurück: Europa ist wieder frei!«, was nach vielen Jahren schulischer Verblödung heute noch kaum ein Amerikaner verstehen würde.

Die Vulgärinterpretation der Französischen Revolution (jener der russischen Revolution nicht unähnlich) gründet in der Theorie des »Pendelausschlags in der entgegengesetzten Richtung«. Ein verarmtes und gequältes Volk, geführt von hochintelligenten Idealisten, schüttelt die unerträglich drückende Herrschaft von Monarchen, Aristokraten und Priestern ab, schafft sich eine neue Ordnung, in der Freiheit, Gleichheit und Brüderlichkeit verwirklicht werden. Nun aber hat uns schon Goethe verraten, daß Gesetzgeber und Revolutionäre, die Freiheit und Gleichheit zugleich verkünden, Phantasten oder Scharlatane sind. Gibt es doch keine »natürliche Gleichheit«, und sie kann nur durch rohe Gewalt herbeigeführt werden! Eine Hecke »auf gleich gebracht«, bedarf der Gartenschere. Gleichheit, ein *linkes* Ideal, ist aber eng verbunden mit der Nämlichkeit *(identity)*. 100 Pfennig sind gleich einer Mark, aber jede Mark eines bestimmten Jahrgangs ist identisch mit jeder anderen Mark derselben Ausgabe!

Nun hatte die erste Phase der Französischen Revolution, die sich in einer wirtschaftlichen Hochkonjunktur, wenn auch zur Zeit einer staatlichen Finanzkrise, aber fortwährender liberaler Reformen abspielte, einen vorwiegend aristokratischen Charakter. Die »neuen Ideen« der ersten Aufklärung – der mißverstandene amerikanische Unabhängigkeitskrieg, die Anglomanie, die Visionen Rousseaus, die Religionskritik Voltaires (der das einfache Volk verachtete) und der immer noch schwelende Jansenismusstreit – hatten die Gemüter der obersten Schichten verwirrt. Eine wichtige Rolle spielte in diesem Wandel auch die aus England eingeschleuste Freimaurerei, wobei es aber möglich ist, daß selbst Ludwig XVI. ein Freimaurer war. Zweifelsohne war er ein eifriger Leser der *Encyclopédie.* Es bestand also damals ein Glaubensvakuum, das mit großer Schnelligkeit durch eine radikale linke Ideologie ausgefüllt wurde und alsbald breite Bevölkerungssegmente infizierte. Eine linke »Intelligenzija« wirkte als Eisbrecher der Revolution, wobei aber die Monarchie selbst anfänglich kaum in Frage gestellt wurde, jedoch Adel und Klerus freiwillig abdankten und sich mit dem Bürgertum »vermählten«.

Das Signalereignis der Französischen Revolution war aber nicht so sehr die Verbrüderung der Stände nach der Zusammenkunft im *Jeu des Paumes,* als die Erstürmung der Bastille, in der ein Mann eine entscheidende Rolle spielte, der für den Gang der Dinge eine ebenso große Bedeutung hatte wie Rousseau: der Marquis de Sade. Er ist zumeist nur als der Namengeber des »Sadismus« bekannt. Doch in seinen endlosen pornographischen und sehr langweiligen Schriften gibt es lange philosophische und politische Abhandlungen, in denen der »göttliche Marquis«, ein bisexuelles Ungeheuer, sich als rabiater linksdralliger, materialistischer Atheist ausweist. Er war aber auch für den Sturm auf die Bastille weitgehend verantwortlich, denn auf Bitten seiner Schwiegermutter wurde er dank eines *lettre de cachet* in der Bastille gefangengehalten – zusammen mit sieben Geldfälschern, Falschspielern, Narren und Schuldenmachern. Von dort hetzte er aus einem Trichter brüllend die Leute im *quartier* auf, ihm und den anderen dort unschuldig Schmachtenden zu Hilfe zu kommen und sie zu befreien. Der Gouverneur der Bastille, de Launay, war hilflos. Er wagte es nicht, den Gefangenen in eine Zwangsjacke oder in den Keller zu stecken, und bat den König, ihn von diesem Häftling zu befreien. Deshalb wurde Sade am 4. Juli 1789 in das Spital für kriminelle Geisteskranke in Charenton abgeschoben, aus dem man ihn 1791 entließ. Er wurde dann Vorsitzender der revolutionären *Section des Piques,* in der der »Citoyen Sade« sich als radikaler Jakobiner betätigte, sich aber dann mit Robespierre zerstritt und schließlich wieder ins Spital für wahnsinnige Kriminelle zurückgebracht wurde. Mit dem masochistischen Neurotiker Rousseau, der pädagogische Romane schrieb und seine Kinder in Waisenhäuser abschob, ist er der wahre Erneuerer der Demokratie und natürlich auch ein Heros unserer Linksintellektuellen.

Doch schon der Sturm auf die Bastille am 14. Juli und seine unmittelbaren Folgen zeigten, worum es sich in der Französischen Revolution grundsätzlich handelte: um die Folgen eines von der linksdralligen Schickeria vorbereiteten moralischen Zusammenbruchs. De Launay verhandelte mit dem Mob, der ihm und der winzigen Besatzung, die aus Invaliden und Schweizer Söldnern bestand, einen freien Abzug versprach. Doch kaum waren die Verteidiger im Freien, überfiel sie das Gesindel und ermordete sie auf die viehischste Weise. Vor allen wurden die Invaliden, die nicht fliehen konnten, in Stücke gerissen. Vergeblich versuchte man de Launay zu köpfen: Die Messer waren zu stumpf. Man holte einen Fleischerburschen, *qui savait faire les viandes,* um endlich dem toten Gouverneur den Kopf, der dann im Triumph in der Stadt herumgetragen wurde, vom erkalteten Leib zu trennen. Dann wurde die Bastille, ein gemütlich-luxuriöses Gefängnis für den Adel (!), vom »siegreichen Bürgertum« demoliert.

Die Versuche, die Monarchie konstitutionell umzugestalten, mißlangen. Die identitären und egalitären Triebe, von Neid und Haß zur Siedehitze gebracht, bewahrheiteten die Worte Benjamin Constants: »In gewissen Epochen muß man den ganzen Kreis des Wahnsinns durchlaufen, um wieder zur Vernunft zu kommen.« Alles Anderssein wurde verdammt und verfolgt. Der Konformismus feierte Orgien.

Nur der Sturz Robespierres im Juli 1794 verhinderte die Ausführung weiterer Nivellierungspläne, die aber Babeuf mit aller Wahrscheinlichkeit nebst anderen Ungeheuerlichkeiten realisiert hätte: So plante Robespierre, nicht nur alle Franzosen und Französinnen in eine Uniform zu stekken (die »blauen Ameisen« Maos!), sondern auch alle Kirchtürme als »undemokratisch« abzutragen: Sie waren höher als die anderen Gebäude und fielen so durch ihr »aristokratisches« Gebaren auf. (In Straßburg bereitete man sich schon auf diese barbarische Verstümmelung des Münsters vor.) Ein anderes zu lösendes Problem war aber die Sprache der Elsässer, *qui ne parlent pas la langue républicaine,* also das Französische. Es wurde der Vorschlag gemacht, den Elsässern und Deutschlothringern die Kinder wegzunehmen oder auch die gesamte deutschsprechende Bevölkerung über ganz Frankreich zu zerstreuen; das aber waren kostspielige Pläne, und deshalb wurde auch eine praktischere Lösung ausgeheckt: die guten Elsässer samt und sonders auszurotten, abzuschlachten. Wie man sieht, wurde in der Französischen Revolution nicht nur durch den braven Docteur Guillotin an den technologischen Einsatz zum mechanischen Massenmord, sondern auch an den Genozid gedacht, der aber nicht im Elsaß, sondern auf einem anderen Gebiet der *République Une et Indivisible* zum Einsatz kam.

Die Französische Revolution wurde von den meisten Autoren zu vordergründig als politisches, soziales oder (unter marxistischem Einfluß) sogar als wirtschaftliches Ereignis gesehen. Zwar stellten Burke, Young, Rush und auch andere britische und amerikanische Besucher Frankreichs vor der Revolution dem Adel, dem Klerus und dem Großbürgertum ein glänzendes Zeugnis aus, doch gab es, was entscheidend war, schwere Einbrüche der Skepsis und der Gottlosigkeit bis in die höchsten Kreise hinauf, und es existierte im Klerus auch das, was Spengler den »Priesterpöbel« nannte. (Wir würden eher von linkskatholischen »Progressisten« reden.) Ja, die Zensur in den Händen der Vorläufer der Liberalen, die an einem Modernitätssnobismus litten, begünstigte die Linke und verfolgte die Rechte, um ja nicht um des lieben Himmels willen als »reaktionär« angeprangert zu werden. Das alles beeinflußte allmählich auch die mittleren und unteren Schichten.

Anders kann man sich die alptraumhaften Umstände bei der Abschlachtung der Princesse de Lamballe kaum erklären. Diese Freundin der Königin wurde verhaftet, weigerte sich aber im Gefängnis, einen Eid auf die Verfassung abzulegen, worauf man sie einer tobenden Volksmenge überantwortete. Sie wurde nicht nur umgebracht, geköpft und ausgeweidet, nein, man machte aus ihren Geschlechtsteilen ein grausiges »Arrangement«, das durch die Gassen getragen wurde, ihr Kopf aber wurde auf einer Stange Marie Antoinette hohnlachend präsentiert. Das geschah knapp vor den Septembermorden des Jahres 1792, liebevoll von Danton, einem »gemäßigten« Republikaner, organisiert, wobei die Akteure des Gemetzels große Mengen Weins und je sechs Livres für ihre Mühewaltung bekamen.

Die Gefängnisse wurden in wahrem Mordrausch geleert, wobei man aber nicht nur politische Gefangene, sondern auch Dirnen und jugendliche Kriminelle abschlachtete, oft halbe Kinder. Szenen, die an die *Desastres de la Guerra* von Goya erinnern, spielten sich in Bicêtre und in der Salpêtrière ab. (Die Ausrottung der Prostituierten wurde auch von den Liebkindern der Linken, den spanischen Republikanern, erbarmungslos betrieben, wohingegen aber die Verbreitung von Geschlechtskrankheiten unter den wackeren Verteidigern der Demokratie das Motiv der »Antifaschisten« war.) In das Jahr 1792 fiel auch die Erstürmung der Tuilerien durch den Janhagel, bei der die Schweizer Garden, treu ihrem Eid, bis zum letzten Mann kämpften. Die Schweizer, die lebend in die Hände des Mobs fielen, wurden verstümmelt und zerstückelt, ein Küchenjunge, der sich an der Verteidigung des Herrscherpaares beteiligt hatte, wurde in Butter eingewickelt und dann lebendig verbrannt.

Vor solchen und ähnlichen Ereignissen sieht man aber etwas sehr deutlich: Rein quantitativ waren die Untaten der roten und braunen Sozialisten bedeutend ärger als jene der Französischen Revolution, aber qualitativ sieht die Sache anders aus. Die Verbrechen der National- und der Internationalsozialisten wurden größtenteils in Konzentrationslagern und Kellern von einigen ausgebildeten Schergen begangen, jene der französischen Republikaner unter dem Schlagwort von Freiheit, Gleichheit und Brüderlichkeit zu sehr gutem Teil vom lieben Volk oder zumindest begleitet vom Applaus vergnügter Zuschauer ... alles am helllichten Tag mit gewollter Publizität. Dafür aber wurden später die Veranstalter und Organisatoren recht glimpflich behandelt. Im Jahre 1830 kehrten sogar die *régicides,* die Königsmörder, völlig legal unter dem »Bürgerkönig« Louis Philippe zurück (»vergeben und vergessen«).

Das aber war nur ein Anfang orgiastischer Greueltaten.

Auch die Guillotinierungen waren nicht immer einfache Volksfeste, sondern raffinierte sadistische Veranstaltungen, bei denen man (nur um ein Beispiel anzuführen) einem unter dem Fallbeil gefesselten Adeligen langatmig und ironisch die Siege der republikanischen Armee in allen Einzelheiten vorlas, damit er sie im Jenseits seinen Ahnen mitteilen könnte. Auch die völlig natürliche Hinwendung der Demokratie zum Sozialismus, von der politischen zur finanziellen Gleichheit, begann schon damals. Es ging ja nicht nur gegen den Adel, sondern auch gegen die Reichen, die man oft nur dank ihres Vermögens *notre chère mère la guillotine* überantwortete. (Tatsächlich waren nur acht Prozent der Guillotinierten von Adel, über 30 Prozent waren Bauern.) Übel ging es auch »Gemäßigten«. Städte, wie Lyon, Toulon und Bordeaux, die sich, von Girondisten geführt, gegen die Jakobiner erhoben, wurden zum Teil dem Erdboden gleichgemacht und die Einwohner dezimiert. Das Guillotinieren ging zu langsam vor sich, so ertränkte man die einen und richtete die anderen durch Schrotbüchsen hin, um sich an ihrem langsamen Ausbluten zu weiden. (Napoleon, ein Jakobiner, der eng mit dem Bruder Robespierres befreundet war, errang seinen ersten Sieg bei der Einnahme des »unbotmäßigen« Toulon.)

Zur geradezu gigantischen sadistischen Sexorgie wurde die Französische Revolution erst bei der Niederwerfung der Aufstände in der Bretagne und in der Vendée, deren historische Aufarbeitung schon in den Büchern von Walter und Crétineau-Joly begann, aber jetzt dank der drohenden Verherrlichung der Revolution einen neuen Antrieb erhielt. Da müssen vor allem die Bände von Reynald Secher (eines davon eine Doktoratsthese in der Sorbonne) wie auch die Arbeiten in der Monatsschrift *Anti-89* erwähnt werden. Wer diese Schilderungen liest, tut einen Blick in die Hölle.

Man muß sich dabei vor Augen halten, daß dies ein Bauernaufstand war, der den Adel mitriß. Die Führung der *Chouannerie* war teilweise bäuerlich (Cathelineau), teils adelig (Larochejacquelein), auch Charles Armand Tuffin, Marquis de la Rouërie, ein Freund Washingtons, ging in diesem Kampf zugrunde. (Sein ausgegrabener Leichnam wurde noch nachträglich geköpft.) Die Schrecken dieses gewollten Genozids wurden durch die Greueltaten in Paris, besonders aber durch die ausgedehnten Friedhofs- und Grabschändungen vorangekündigt, denn wer gegen die Toten wütet – gegen Könige, Adelige, aber auch Heilige –, der wird den Lebenden gegenüber keine Hemmungen haben. (Ich muß allerdings gestehen, daß das, was ich an republikanischer Leichenschändung in Spanien gesehen habe – vor allem der Friedhof von Huesca –, der französischen würdig zur Seite steht.) In seinem Vorwort zu Reynald Sechers *Le génocid franco-français* sagte Professor Jean Mayer, daß *der Autor sich sehr zurückgehalten habe und das Fürchterlichste hier gar nicht geschildert werden konnte.* Die Wahrheit ist noch viel entsetzlicher.

Die deutsche Revolution, die mit dem Jahr 1933 anhebt, ging auch durch eine noch relativ humane Phase, doch der 30. Juni 1934 war ein flammendes Warnungszeichen, und dem folgte wie in einer griechischen Tragödie ein steiles und unausweichliches Crescendo in die Hölle der totalitären linken Tyrannis. Die Weichen dazu waren aber, wie in der Französischen Revolution, schon von Anfang an gestellt. Auch in Rußland war es nicht anders. Während es in Frankreich die Schriften der Enzyklopädisten, Morellys, Rousseaus, Diderots und Sades, in deutschen Landen die Haeckels, Chamberlains und Rosenbergs als auch Hitlers und Goebbels' waren, so waren es in Rußland Marx, Plechanow, Tschernyschewski und Lenin gewesen, die dank der letzten Schlußfolgerungen aus ihren Werken die politische Entwicklung bestimmt hatten. Was in der Französischen Revolution, vor allem aber in der Vendée, in der Bretagne, in Anjou geschah, war in strengster Logik die Verwirklichung der großen materialistischen Gottlosigkeit der ersten Aufklärung. Hier also standen wir (und stehen auch heute noch) der unverrückbaren Feststellung Dostojewskis gegenüber: »Wenn es Gott nicht gibt, dann ist alles erlaubt!«

Nun brauchte man vielleicht nicht unbedingt die Vendée zu besuchen, um die schauerlichsten Schrecken der Revolution zu sehen. Schon in Arras, wo der Jakobinerhäuptling Lebon mit seiner lieblichen Gattin von einem Balkon die massenhaften Guillotinierungen beobachtete, wurden die geköpften Leichen von Männern und Frauen entkleidet und in obszöne Stellungen als *batteries nationales* zusammengelegt, was den Zuschauern ein diabolisches Vergnügen bereitete. Manen aus Sades *120 Nächte von Sodom!* Ähnliches wurde auch in den *Noyades* in der Loire praktiziert, wobei lebende Männer und Frauen nackt zusammengebunden als »republikanische Hochzeit« in den Strom geworfen wurden, und wenn nicht genug Frauen und Mädchen aufgetrieben wurden, hat man diese »Eheschließungen« päderastisch gestaltet. Carrier, der schließlich auch unter dem Fallbeil endete, führte hier die Regie. Er nannte diese Untaten *Le flambeau de la philosophie,* ein Ausdruck, der von Sade stammte. Es versteht sich aber von selbst, daß bei diesen von Männern verübten Greueltaten die Frauen (einschließlich deren Kindern vor ihren Augen) die Hauptopfer waren. Die Misogynie wurde sadistisch auf die Spitze getrieben.

Die von den Jakobinern in den »girondistischen« Städten verübten Untaten sind noch nicht genügend aufgearbeitet worden, dafür aber wissen wir mehr vom Pandämonium in der Vendée und den ihr benachbarten Regionen. Hier dachten die Republikaner (wobei Girondisten wakker mittaten) an eine echte Ausrottung der Bevölkerung, wobei man aber auch offen in Kauf nahm, daß sich unter den Opfern »Patrioten« und deren Familien befanden, doch wollte man nicht wählerisch sein. Eine ganze »verräterische« Landschaft mit allen ihren Bewohnern sollte vom Erdboden verschwinden. Dabei aber ging es nicht nur um ein Genozid wie unter den russischen Internationalsozialisten und den deutschen Nationalsozialisten, sondern auch um die Befriedigung pervertierter Sexuallust. Und darin wurde mit teuflischer Gründlichkeit vorgegangen. Saint-Just hatte erklärt (10.10.1793), daß nicht nur die »Verräter«, sondern auch die Gleichgültigen ausgerottet werden müssen. Danton hatte gesagt, daß Adelige und Priester schuldig wären, weil sie durch ihre Existenz die Zukunft in Frage stellten, und Robespierre wollte eine »schnelle, strenge und unbeugsame Justiz als Ausfluß der Tugend und Konsequenz des demokratischen Prinzips«. Und das alles richtete sich gegen die Vendée, deren Namen offiziell in Vengée (»gerächt«) umgeändert wurde.

General Westermann berichtete schließlich dem Wohlfahrtsausschuß: »Es gibt keine Vendée mehr, meine republikanischen Mitbürger. Sie ist unter unseren Säbeln gestorben mitsamt den Frauen und Kindern. Ich habe sie gerade in den Sümpfen und Wäldern von Savenay begraben. Im Sinne eurer Befehle wurden die Kinder unter den Hufen der Pferde zertrampelt, die Frauen abgeschlachtet, damit sie keine Briganten mehr in die Welt setzen. Die Straßen sind voller Leichen; mancherorts bilden sie ganze Pyramiden. In Savenay finden Massenerschießungen statt, denn es kommen immer wieder Briganten, die sich ergeben. Wir nehmen keine Gefangenen, denn man müßte ihnen das Brot der Freiheit geben, doch das Erbarmen hat nichts mit dem Geist der Revolution zu tun.« Westermann aber erreichte die Nemesis, und nicht viel später wurde er mit seinem Freund Danton guillotiniert.

Ganz grauenhafte Szenen spielten sich in Le Mans ab, wo man den Frauen, Greisen und Kindern, die sich in den

Häusern dieser großen Stadt versteckt hatten, nachspürte, ihnen dann unter den Augen von Barbotte und Prieur mit Säbeln und Bajonetten die Kleider vom Leib herunterfetzte, die Frauen und Mädchen notzüchtigte und, da deren für die »Blauen« nicht genügend da waren, auch noch die Leichen schändete. Diese zum Teil nekrophile Orgie endete dann damit, daß man zum Gaudium der Regierungssoldaten aus den Kadavern nach dem Vorbild von Arras »republikanische Batterien« zusammenbaute. In Angers hingegen köpfte man die Gehenkten und verlangte von den Ärzten, daß sie die Köpfe präparierten, um sie auf den Zinnen der Stadtmauern aufzupflanzen. Da aber die Ärzte zu langsam arbeiteten, köpfte man schnell noch einen Haufen von Häftlingen, darunter eine 82 Jahre alte, sehr heiligmäßige Äbtissin. Man gerbte die Häute der Ermordeten und machte aus deren Haut sowohl Büchereinbände als auch Reithosen. (Männerhäute eigneten sich aber dafür besser als die Haut der Frauen.) Als die Vendée erobert wurde, übersiedelte man die Menschenhautgerberei von Mendon nach Pont-de-Cé. Die NS-Lampenschirme hatten demokratische Vorgänger ...

In Avranches und in Fougères (Normandie) fanden in den Spitälern höllische Szenen würdig des Pinsels eines Brueghel statt. Dort lagen auch kranke Frauen von *Chouans,* die geschändet und langsam zu Tode gequält wurden. Einen besonderen Spaß fanden die »Blauen« darin, ihnen Schießpulver in die Scheiden einzuführen und es dann zur Explosion zu bringen, eine Praxis, der man auch bei spanischen »Loyalisten« in Andalusien wiederbegegnen konnte.

Ein großes Vergnügen bereitete es den *Bleus,* die sich selbst *colonnes infernales* nannten, Frauen und Kinder in Backöfen schmoren zu lassen. Um den sadistischen Genuß jedoch auf die Spitze zu treiben, wurden die Opfer in die kalten Rohre gepreßt, die erst dann geheizt wurden. Ein

General, der diese Unterhaltung seiner Soldaten nicht verhindern konnte, Mergeau-Desgraviers, wurde schwermütig und war froh, 1796 im Kampf gegen die Österreicher zu fallen. Dem General Turreau schrieb man, daß sich seine Soldaten ärger aufführten als die Kannibalen, er selbst aber hatte den Befehl gegeben, alle Häuser niederzubrennen (was auch ausgeführt wurde), und überall sah man die aus Leichen bestehenden *batteries nationales*. Turreau, der Leiter dieser *promenades* (wie die Vernichtungszüge genannt wurden), machte aber Karriere, er war 1803–1811 französischer Gesandter in den Vereinigten Staaten (wo er die Allianz gegen England vorbereitete) und wurde auf der Ostseite des Arc de Triomphe verewigt.

Die Girondisten waren, wie wir schon sagten, an diesen Schreckenstaten nicht viel weniger beteiligt als die Jakobiner. Barère, der anfänglich ein Girondist war, erklärte, daß er aus der Vendée einen Friedhof machen wolle. Es sind aber besonders die Einzelheiten, die man in den letzten Jahren zutage gefördert hat, die den vollen Charakter der Revolution enthüllen, bei der ein Sadist und ein Masochist Pate gestanden hatten. Gerade weil die Männer der Vendée im Kampf standen, mußten die Frauen und Kinder *für sie* büßen – auch die Kleinsten. (Im Prinzip taten die Briten dasselbe im Burenkrieg mit ihren *Concentration Camps*.) In der Vendée aber war es ein besonders beliebter Sport der *Bleus*, die Kinder aus dem Fenster zu werfen, um sie dann mit dem Bajonett aufzufangen. Sehr populär war auch das Aufschlitzen, bei dem man die Opfer an zwei Baumästen aufhängte und von oben nach unten aufzuschneiden versuchte. Den *Bleus* mangelte es eben nicht an Phantasie. Auch phantasievoll war ein progressiv-linkskatholischer Abbé Morellet, der freilich auch den Eid auf die Verfassung abgelegt hatte. Dieser machte den reizenden Vorschlag, eine von Louis David entworfene *boucherie nationale* bauen zu lassen, in der man die Leichen der Guillotinierten zu kulinarischen Zwecken verkaufen und an Nationalfeiertagen als »patriotische Eucharistie« anbieten sollte. Dieser hochwürdige Kannibale wollte also eine »gastronomische Demokratie« in die Wege leiten, ein Ausdruck, den wir aus Zartgefühl für die Länder der Dritten Welt gerne anwenden. (Idi Amin Dada war ein solcher Feinschmecker.)

Rückblickend sieht man das ganze Ungemach, das unendliche Leid, das die »fortschrittlichen« Menschenhändler, Grabschänder und Kirchenschänder über Frankreich und schließlich über ganz Europa gebracht haben. (Das Innere alter französischer Kirchen und Kathedralen zeigt bis auf den heutigen Tag, was diese viehischen Barbaren verbrochen haben!) Ein Glück noch, daß es nicht Babeuf, dem unmittelbaren Sohn dieser Revolution, gelungen war, alle Macht an sich zu reißen. (Der rote Mussolini verherrlichte ihn noch in einem Gedicht!)

Was an *Positivem* hinterließ die Französische Revolution der Nachwelt? Doch nichts als das metrische System, das freilich der demokratischen Mentalität des ewigen Messens und Zählens entsprang. Man komme uns aber nicht mit der *Déclaration des Droits de l'Homme et du Citoyen.* Das war ein rein anthropozentrisches Dokument, ein typisch deklamatorisches Produkt der ersten Aufklärung, das 1789 konzipiert und endgültig 1793 der Verfassung einer Sadistenrepublik einverleibt wurde. Von der Periode des Terrors steht in einem Schulbuch geschrieben: »La Terreur était terrible mais grande!« Dabei kamen sehr viele »Gemäßigte« unter das Messer. Sie hatten es geschichtlich verdient, weil sie es sich nie überlegt hatten, was geschehen würde, wenn man die alte Ordnung zerstörte. (Denselben Vorwurf machte Katkow auch Kerenski, der als »Trudowik« ein heimlicher Anhänger der Sozialrevolutionäre und geradezu sagenhaft naiv und dumm war.) Charlotte Corday d'Armont, eine enthusiastische Girondistin, ermordete den blutrünstigen Marat und wurde hingerichtet; André de Chenier, der große liberale Lyriker, starb am Schafott; der Marquis de Condorcet, Chefideologe der »Gemäßigten«, verübte Selbstmord, um der *chère mère* zu entkommen; Madame Roland de la Planière, ebenfalls eine Girondistin, rief vor ihrer Hinrichtung aus: »Oh Freiheit, was für Verbrechen werden in deinem Namen begangen!« (Metternich hingegen meinte, daß, wenn er einen Bruder hätte, er ihn jetzt lieber Vetter nennen würde.) Besonders tragisch war das Schicksal von Chrétien de Malesherbes, einem königstreuen, höchst aufgeklärten Liberalen, der Ludwig XVI. verteidigt hatte und mitansehen mußte, wie man seine Tochter, den Schwiegersohn und die Enkelkinder köpfte, bevor das Fallbeil seiner Verzweiflung ein Ende bereitete.

Man vergesse doch nicht, daß manches, was uns heute positiv erscheinen mag, uns doch schon vorher der liberale höfische Absolutismus gebracht hatte – Freiheitlichkeit, Intellektualität, Humanität –, während die Französische Revolution gerade diese Worte im Munde führte, in der Tat aber brutal auslöschte. Man erinnere sich da nur an die Reaktion Caffinhals, der auf den Aufschrei des Verteidigers von Lavoisier: »Sie verurteilen da einen großen Gelehrten zum Tod!«, ihm kaltblütig antwortete: »Die Republik braucht keine Gelehrten!« Der gute Mann hatte natürlich recht, denn seit der Französischen Revolution gelten nur die Quantitäten, die Ziffern und Zahlen. Elitäres Reden wird kaum noch geduldet.

Seit der Französischen Revolution leben wir im Zeitalter des »G« – der Guillotinen, Galgen, Gefängnisse, Gestapoverhöre, Geisteskrankenhäuser, Gaskammern, Genickschüsse und Gulags. Wenn man Crane Brintons *The Jacobins* liest, ein Buch, das 1930 erschien, bekommt man von diesem Werk eines Harvard-Professors den Eindruck, daß er vorausahnend uns ein getreues Bild des Dritten

Reichs gegeben hat. Tatsächlich brüstete sich Goebbels damit, daß der »Umbruch« das deutsche Gegenbild zur Französischen Revolution bilde, und Hitler äußerte sich in ähnlicher Weise. Max Horkheimer, dem niemand einen extremen Rechtsdrall andichten wird, schrieb im Sommer 1939, daß die Ideen der Französischen Revolution *notgedrungen* zum Nationalsozialismus führen mußten. Jules Romain schrieb im 15. Band seines *Hommes de Bonne Volonté:* »... la dictature du type nazi est un cancer tardif qui a bourgeonné sur la Révolution Française.« Es ist auch offensichtlich, daß, wie Harold Laski uns belehrt hat, der Sozialismus die *logische* (wenn auch nicht unausweichliche) Schlußfolgerung der Demokratie ist. Es gäbe Marx und Engels nicht ohne die Männer von 1793 und 1794. Lenin ehrte die Jakobiner, und die zwei größten Schlachtschiffe der Sowjetunion wurden 1918 auf die Namen *Danton* und *Marat* getauft.

Die Französische Revolution war rein intellektuell ein Sammelsurium von nicht durchdachten, aber fanatisch geglaubten Ungereimtheiten, aber sie zeigte eindeutig – wie so viele andere Revolutionen – den wahren Charakter der großen Mehrheit des *Genus humanum.* In dieser Katastrophe sieht man, wie Georges Bernanos recht hatte, als er sagte, daß die Menschheit eigentlich ein Schleim, ein Brei, ein Magma sei und, wenn es die Helden und die Heiligen, die Heiligen und Helden nicht gäbe, man das Wort »Mensch« kaum in den Mund nehmen dürfe. Vielleicht aber hatte sich Alexander Hamilton präziser ausgedrückt, als er Washington sagte: »The people, Sir, your people is a great beast!« Was man in dieser Revolution und auch bei ihren Ablegern im 20. Jahrhundert wieder sah, war der »salaminische« Charakter der Moderne. Die klassische Salami bestand bekanntlich aus Esels- und Schweinefleisch, also Dummheit und Niedertracht wohl gemischt. Da müssen wir uns erinnern, daß die Leichen vom Bastille-Sturm kaum kalt waren, als der Erzbischof von Paris eine Messe mit Tedeum zelebrierte, und die Zeitschrift *Anti-89* fragt nun ernstlich verschiedene Bischöfe, ob sie die Französische Revolution »feiern« werden, obwohl in ihren Diözesen damals Tausende Priester, Mönche, Nonnen und fromme Laien auf die gemeinste Weise abgeschlachtet wurden – als wahre Blutzeugen des Glaubens. Werden diese obersten Seelenhirten ihren weltlichen Konformismus im Sinne von Römer 12, 2 bewältigen, oder werden sie sich fürchten, als »schlechte Patrioten« oder gar als reaktionäre Antidemokraten angeklagt zu werden?

Freilich, nur große Völker können tief fallen. Frankreich, die älteste Tochter der Kirche, die Deutschen, Volk des Heiligen Römischen Reiches, die Russen, Kinder der heiligen Mutter Rußland, und die Spanier, Untertanen der katholischen Könige, sind zeitweise satanischen Mächten verfallen. (Bei Holländern und Dänen wäre Ähnliches nicht zu erwarten gewesen. Um die kümmert sich der Böse auch viel weniger.)

Wissen das alles die Franzosen, die seit über 100 Jahren den Fall der Bastille lautstark feiern? Die *Pars maior et sanior* natürlich nicht. Schließlich sind (wenn wir schon bei Vergleichen mit dem Tierreich bleiben wollen) unsere Zeitgenossen Papamäleons, also Kreuzungen zwischen Papageien und Chamäleons. Doch gibt es in Frankreich auch eine Minderheit, die es mit der Wahrheit todernst nimmt. Schon im Oktober 1986 hat ein französischer Abgeordneter im Europaparlament, Bernard Antony, eine lange und höchst eindrucksvolle Rede gehalten, in der er seine Kollegen warnte, anno '89 ja nicht die Französische Revolution zu feiern, die sich nicht nur infernalischer Ungeheuerlichkeiten schuldig gemacht habe, sondern auch eine volle Schuld an der russischen und der deutschen Revolution, an 1917 und 1933, trage. Sie sei die Urwurzel allen Übels in unserem Zeitalter. Tatsächlich ist es so, daß die Französische Revolution mit ihrer Ideenwelt uns eine geradezu unheimliche Analogie zur Syphilis bietet, bei der es ein primäres, ein sekundäres und ein tertiäres Stadium gibt. Bei uns war 1817 das Wartburgfest, auf dem das Rot der Revolution den schwarzgoldenen Reichsfarben beigefügt wurde, Bücher verbrannt und der erste deutsche Politmörder, Karl Sand, und Jan Kollár, der Gründer des Panslawismus, mit Enthusiasmus erfüllt wurden, das erste Gefahrensignal. Es sollte dort der 300. Jahrestag der Reformation gefeiert werden, doch der Geist Luthers glänzte durch seine völlige Abwesenheit. Was da folgte, war von Übel. Das ukrainische Bauernlegen, Katyn, Auschwitz und Dresden kamen nicht von ungefähr ...

In der Französischen Revolution hat der geistige und moralische Abschaum Frankreichs in einem Blutrausch dem Bösen Tür und Tor geöffnet. Marat, der große »Volksfreund«, forderte nicht nur 100000 Hinrichtungen, sondern auch (die Untaten schwarzer Terroristen vorwegnehmend) abgeschnittene Nasen, gespaltene Zungen und Scheiterhaufen. Charlotte Corday beendete die irdische Laufbahn dieses basisdemokratischen Ungeheuers, wir aber produzierten ganz andere junge Damen. Man erinnere sich da an Ulrike Meinhof, die vor dem Gericht Auschwitz enthusiastisch verteidigte, starben ja dort ihren Worten nach »nur kapitalistische Geldjuden«. Die Linke ist nun einmal grenzenlos blutrünstig.

In unserer Zeit einer geradezu elektronischen Verblödung wird aber sicherlich trotz aller Mahnungen die Ungeheuerlichkeit der Französischen Revolution orgiastisch gefeiert. Der Durchschnittsmensch klammert sich eben stets verzweifelt an seine Klischeebilder. Nimmt man ihm aber diese weg, so müßte er forschen, denken, überlegen und neu anfangen. Dieses elitäre Tun kann man aber dem armen Wicht anscheinend nicht zumuten. Wen die Götter verderben wollen, den berauben sie seines Verstands.

Man muß sich stets vor Augen halten, daß die Weltgeschichte anders ist, als sie sich der »Bildungsbürger« (gibt es den überhaupt noch?!?) vorstellt. Die Französische Revolution hat aber nicht nur die russische und die deutsche Revolution auf ihrem Gewissen, sondern auch die Demokratisierung Amerikas, die nach demokratischen Dshihads zum Aufstieg Hitlers und zur Magistratur Stalins führte. Die Gründerväter der Union haßten die Demokratie, wie uns Charles Beard verriet, mehr als die Erbsünde. Worte wie Demokratie oder Republik kommen weder in der Unabhängigkeitserklärung noch in der Verfassung vor! (Die Gleichheit wird von Jefferson, einem Sklavenhalter, in der *Declaration* lediglich als Argument gegen die Herrschaft der Briten über die Amerikaner verwendet.) Doch im Jahre 1828, nach Henry Adams eine Wasserscheide in der amerikanischen Geschichte, wird zum erstenmal ein Mann, der sich als Demokrat bezeichnet, ins Weiße Haus gewählt. Damit endet die Herrschaft des Jean Calvin aus Genf in den Vereinigten Staaten, und er wird durch einen anderen Genfer, Jean-Jacques Rousseau, ersetzt. Und nun beginnt die psychopolitische Herrschaft Frankreichs über Amerika, ein Land, von dem William Dean Howells sagte, seine Ideale seien Freiheit und Ungleichheit. In Rußland aber herrschen seit 1917 zwei Deutsche – Marx und Engels. Diese Fremdherrschaften sind schwer abzuschütteln, denn der Sklave will seine Sklavenschaft sich und anderen nur ungern eingestehen. Ohne Selbsterkenntnis gibt es aber keine Befreiung!

Der Zweite Weltkrieg war nichts anderes als der Bruderkrieg der drei Revolutionen, die ideologisch keine Feinde, sondern bloß Konkurrenten waren. Alle tranken sie aus derselben grausigen Pfütze eines gottfernen heidnischen Titanismus und schlachteten einander erbarmungslos ab. *Ira de irmãos, ira de diabos,* sagt ein portugiesisches Sprichwort, »Haß von Brüdern, Haß von Teufeln«.

Bibliographie

Die eher linksdralligen Werke von Albert Mathiez und Alphonse Aulard über die Französische Revolution; H. Taine, *Les origines de la France contemporaine;* A. E. Taylor, *Socrates* (Garden City 1953); G. Rude, *The Crowd in the French Revolution* (Oxford 1959); Gilbert Lely, *Vie du Marquis de Sade* (Paris 1952, ²1957); derselbe (edit.), Marquis de Sade, *Œuvres complètes* (Paris 1962 sq.); Pierre Gaxotte, *La Révolution Française* (Paris 1947); A. Cabanès & L. L. Nass, *La névrose révolutionnaire* (Paris 1924); Gérard Walter, *Histoire des Jacobins* (Paris 1946) und *La guerre de Vendée* (Paris o. J.); M. de Lescure, *Mémoire de la guerre de Vendée* (Paris 1977); Reynald Secher, *La Chapelle-Basse-Mer. Village Vendéen* (Paris 1986) und *Le génocide franco-français* (Paris 1986); Clarence Crane Brinton, *The Jacobins* (New York 1930); Pierre Grosclaude, *Malesherbes, témoin et interprête de son temps* (Paris 1961); Louis Blanc/Jacques Crétineau-Joly, *La guerre de Vendée* (Paris o. J.); Hoffman Nickerson, *The Armed Hordes* (New York 1940); Otto Flake, *Marquis de Sade* (München 1966); Peter Gay, *Voltaire and Politics: The Poet as Realist* (New Haven-London 1988); Arthur Hertzberg, *The French Enlightenment and the Jews* (New York 1968, ²1970); François Furet, *Penser la Révolution Française* (Paris 1978); Jean Tulard/Jean-François Fayard/Alfred Fierro, *Histoire et Dictionnaire de la Révolution Française, 1789–1799* (Paris 1987); Michel Vovelle, *La mentalité révolutionnaire* (Paris 1985); derselbe, *La Révolution contre l'Église* (Paris 1988); François Furet/Demis Richet, *La Révolution Française* (Paris 1965, ²1973); Ernst Schulin, *Die Französische Revolution* (München 1988); Simon Schama, *Citizens. A Chronicle of the French Revolution* (New York 1989); *Droits* (Sondernummer), No. 8. Edit. Stéphane Rials (Paris 1988); George Guisdorf, *Les révolutions de France et d'Amérique* (Paris 1988); Gerard Belloin, *Entendez Vous ... dans nos mémoires. Les Français et leur Révolution* (Paris 1988); Claude Guillon, *De la Révolution 1789* (Paris 1988).

Beim vorstehenden Text handelt es sich um den vom Verfasser im Rahmen der IV. Österreichischen Akademie 1989 gehaltenen Vortrag, der in erweiterter Form als Teil des im Karolinger-Verlag, Wien, in diesem Jahr erscheinenden Buches von Erik v. Kuehnelt-Leddihn, »Die rechtgestellten Weichen«, veröffentlicht wird. Der Abdruck hier erfolgt mit freundlicher Genehmigung des Autors und des Verlags.

Hans Crepaz, Wo bleibt da der glatte Schnitt?

Mario Laserna Pinzon

Die Zerstörung des Bonum commune durch den Individualismus

Unter den diversen Interpretationen, die man der Deklaration von einigen Menschen- und Bürgerrechten gibt, findet sich eine, die speziell in der institutionellen Post-Befreiungs-Geschichte Lateinamerikas war und die sich als von größtem Nachteil für die Existenz des Bonum commune erwiesen hat. Die für die institutionelle Ordnung richtungweisende Inspiration, die aus der Abschaffung des bourbonischen Rechtssystems resultierte, entstammt den von der revolutionären Bewegung von 1789 propagierten Prinzipien und sozialen Modellen, die auf der erwähnten Deklaration basieren. Diese sind nicht nur indifferent, sondern auch anfällig gegenüber einer Interpretation, die der Existenz von Rechten, die sich aus der Gemeinschaft ableiten, mit Ablehnung gegenübersteht.

Verschwindet die Gemeinschaft als moralische, juridische und biosoziale Instanz, aus der sich die Leistungen für den einzelnen, der ein Teil derselben ist, ergeben, so verschwindet aus dem täglichen Leben eine Quelle des qualitativen und des quantitativen Wohlstandes. Das soziale Modell, das aus dem Individualismus entstanden und der Deklaration inhärent ist, setzt alle Rechte auf das einzelne Individuum, welches somit dem Staat gegenübersteht und den Schutz verliert, den ein Bonum commune bietet, z. B. durch die kommunalen Formen der öffentlichen Dienstleistungen oder des öffentlichen Besitzes, die dem Gebrauch und Konsum durch den Bürger freistehen, ohne die zu benützenden Instrumente persönlich erwerben zu müssen.

Die Europäer, gewohnt, in einer Gesellschaft zu leben, in der die Gemeinschaft eine Vermittlerfunktion zwischen dem einzelnen und gewissen Konsumbedürfnissen erfüllt, können nicht ermessen, was das Verschwinden des Bonum commune in Lebensansprüchen wie Gesundheit, Schule, Ausbildung, Unterhaltung, Freizeit, Kinderbetreuung oder generell die Unterstützung der Schwachen durch Dienstleistungen der Allgemeinheit bedeutet, ohne daß es notwendig wäre, diese durch den Staatsapparat zu steuern. Notwendig ist jedoch das Recht auf den Konsum der Leistung, ohne daß man unbedingt der Besitzer sein muß. Erforderlich ist lediglich eine einfache *Gebrauchsgebühr.* Die ausschließliche Betonung der Rechte des *einzelnen* und des *Eigentums* ist das Bestreben, das Gebäude der Gesellschaft nur auf *zwei* Säulen zu verankern: dem Individuum und dem Staat, unter Ausschluß des Gemeinschaftlich-Organischen. In der gegenwärtigen postindustriellen Gesellschaft, besonders durch den ökologischen Faktor, werden die Mängel dieses Bestrebens in vergrößerter Form sichtbar. Prüfen wir an erster Stelle die konzeptionelle und theoretische Struktur der Deklaration mit ihrem universalistischen und rationellen Anspruch.

Eine universelle Deklaration beruht auf der Idee, daß die Vernunft allen Partikularismus zurückweist, indem sie Verhaltensnormen festlegt, seien es die der räumlich-zeitlichen Welt, seien es die des letzten Teils der Schöpfung, des Menschen. So wie der große Newton uns durch die universellen Gravitationsgesetze lehrt, daß Himmel und Erde, die subluneare Welt und die Welt der Himmelskörper wunderbar durch diese Prinzipien regiert werden können, so muß man das auch von der Weisheit des Allmächtigen in der historischen Ordnung erwarten. Vernunft und Universalität sind gleichwertige Begriffe. Die Pflicht des Menschen besteht darin, sie zu entdecken, um sein eigenes irdisches Leben gemäß den höchsten und ewigen Prinzipien zu ordnen. *Diese Prinzipien werden nicht im Namen eines demokratischen Consensus verkündet, sondern in dem Lichte der Vernunft, die in jedem Menschen gegenwärtig ist.* Die universellen Rechte erscheinen in ihrem Ursprung weder im Gegensatz zur Religion noch im Gegensatz zum Prinzip der Monarchie, obwohl sie selbstverständlich der Macht des Staates Grenzen setzen, wie auch immer seine Form und Struktur sein mag. Auch ist es kein gültiges Argument, das gegen sie spricht, daß es am Rund des Planeten Völker gibt, die sie noch nicht kennengelernt haben. Die Vernunft ist potentiell in jedem menschlichen Wesen, aber es sind bestimmte Umstände erforderlich, damit sie sich entwickeln und zu erkennen geben kann. Das Wichtige ist ihr objektiver Charakter, der ihre Universalität garantiert, während die vielen Völkern eigenen Besonderheiten (Partikularismen) verdunkelnde, eigenwillige Gesichtspunkte darstellen, die gegenüber rationellen Erfordernissen nicht gerechtfertigt werden können. So entsteht sowohl die Doktrin, die bestrebt ist, die Macht des Staates auf ein Minimum zu reduzieren, als auch die europäische Präpotenz, die anstrebt, ihren eigenen Modellen und Überzeugungen universellen Charakter zu verleihen, indem sie ihre Allgemeingültigkeit verkündet, so im Denken der »philosophes« des 18. Jahrhunderts. *Nicht nur durch kolonialistischen Willen und Auflage, sondern als universal verbindliche moralische Gültigkeit. Gegen die individualistische und rationalistische Tendenz, die so präsentiert wird, fällt der Kampf denjenigen schwer, die den universalistischen Gesang der Sirene »Vernunft« gehört haben.* Um diesen Konflikt hat sich die Geschichte der vergangenen 200 Jahre in den weitesten Umrissen organisiert.

Diese Einleitung soll zeigen, weshalb das Prinzip, das die Deklaration hervorgebracht hat, ein so großes Prestige genoß, bis zu dem Ausmaß, daß die Opposition gegen dasselbe einer Bloßstellung als minderes, irrationales und menschenfeindliches Wesen gleichkam.

Bevor ich zum Thema der Destruktion der Gemeinschaft im Gefolge der neuen Prinzipien komme, muß das historisch konzeptionelle Modell, das dieses Phänomen möglich macht, erklärt werden: Es geschieht nicht als bewußte Absicht einer politischen Aktion, sondern innerhalb eines gefährlichen Idealismus' – wie alle Abstraktionen, »terribles simplifications« – wie C. J. Burkhardt sie nennen würde. Es ist das Resultat der Übernahme einer neuartigen Philosophie des Sozialen, einer neuen Anthropologie, die mit allem Vorhergegangenen aufräumt; ganz besonders mit einem Element, das sich, da es der Existenz unmittelbar verbunden ist (connatural), nicht als Problem präsentierte, gleichwie die Luft, die uns umgibt und uns am Leben erhält, ohne daß es uns bewußt ist. Nur wenn sie fehlt, bemerken wir ihre Existenz. Es ist eine ähnliche Episode wie jene, die der kopernikanischen Astronomie gegenüber der ptolemäischen widerfährt, wo durch den Heliozentrismus jeglicher Rest einer anderen Rationalität zerstört wird, genauso, wie es auch in der Mannigfaltigkeit der Lebens- und Sozialisationsformen, die das große Werk von Montesquieu beinhaltet, vorkommt, der, vielleicht, ohne es zu wissen, mit aller Kraft eine *antiuniversalistische* Position verteidigt. Diese Polemik erleben heute die Länder der Dritten Welt gegenüber Amnesty International, einem Unternehmen, das den Anspruch erhebt, von London aus, ohne die Flotte des Imperiums, aber sehr wohl im Namen der Milizen der Vernunft und der Menschlichkeit, »Urbi et Orbi« die höchste Wahrheit zu lehren. Ein Umstand, der die asiatischen und andere Länder nicht wenig erstaunt, denn sie sehen darin, mit vollem Recht, denselben imperialistischen Tanz, mit anderer Musik, aber mit demselben vertrauten Europa als Kapellmeister.

Der Vorgang, der es erlaubt, zu den Deklarationen von 1789 zu kommen, durch einen Mechanismus voller rationaler Essenzen, die von den berühmten Modellen der rationellen Mechanik und der laplacianischen Kosmologie übernommen wurden, ist der Sozialvertrag. Unter der Gefahr, selbst zu einem »terrible simplificateur« zu werden, behaupte ich, daß dieser darin besteht, ein konzeptionell biohistorisches Szenarium zu schaffen, das in der Lage ist, dem individualistischen Sozialmodell Gültigkeit zu verleihen, indem man, wie es schon in der Kosmologie üblich war, gegen Aristoteles und das Mittelalter, was sich auf den natürlichen und ursprünglichen Charakter der Gesellschaftsfähigkeit des Homo sapiens bezieht, zu Felde zieht. Man muß bedenken, daß Aristoteles Physik und Kosmologie im Dienste der biologischen Wissenschaften und deren Vokabular und Prinzipien betrieben hat. Das war es, was die Zerstörung seiner Kosmologie, die auf den anthropomorphen Prinzipien und einer anthropomorphen Teleologie beruhte, möglich gemacht hat. Heute müssen wir jedoch erkennen, daß seine Biosoziologie kein abgeleitetes Produkt ist, sondern aus der direkten Beobachtung der Wirklichkeit entstanden ist, und *nicht aus einer Interpretation,* wie in der Physik und der Kosmologie. Das Zeitalter der Vernunft kehrt den Vorgang um: Es nimmt die Physik als Paradigma und projiziert sie auf die Soziologie, auf die Geschichte und die Politik. Diese Grundidee der Änderung, was die Methode betrifft, wurde in die soziopolitische Reflexion des Abendlandes durch Hobbes eingeführt. Er hat jedoch den *Inhalt* unverändert gelassen. Nicht so seine Nachfolger, die als Prinzip der Reflexion die neue von Galileo ausgehende Methode und die Mathematik übernehmen; sie verändern den Inhalt und erschaffen einen neuen Menschen, einen künstlichen, ein Produkt der Vernunft, und behalten nicht die vom Homo sapiens gelebte Erfahrung. Dieses war genug, damit einige Überlebende dieses Schiffbruches der Wirklichkeit auf der partikularistischen Seite von Montesquieu und der darwinistischen Lebensauffassung verweilten, gegenüber dem laplacianischen und deterministischen Universalismus der Illustration.

Die Theorie der politischen Gesellschaft, wie sie in der Newtonschen Mentalität dargestellt wird, besteht in der Bekräftigung, daß die Gesellschaft *nicht* etwas Ursprüngliches ist, das mit den Individuen koexistiert, sondern daß diese vor ihr, in einem präsozialen oder naturbelassenen Zustand, existieren. Das Leben in der Gesellschaft, mit seinem Netz von Rechten und Pflichten, erwächst aus einem Abkommen oder Sozialvertrag, den die Individuen abschließen, um die Mängel des Naturzustandes zu überwinden. Aber, und das ist grundlegend (essentiell) für die Errichtung des Sozialvertrages, dieser wird unter der Bedingung geschlossen, daß auf die dem Individuum im Naturzustand eigenen Rechte *nicht verzichtet werden kann.* Das heißt, daß der Staat sie zu respektieren hat, da die Erhaltung und Sicherung derselben das Grundmotiv (der Grundanlaß) für das Zustandekommen des Paktes ist. Der Artikel 2 der Deklaration besagt: »Der Zweck jeglicher politischen Vereinigung ist die Bewahrung der natürlichen, nicht vorschreibbaren Rechte des Menschen. Diese Rechte sind die Freiheit, das Eigentum, die Sicherheit und der Widerstand gegen die Unterdrückung.« Der Staat muß deren Unverletzlichkeit garantieren. So wird die Autorität des Staates als Leiter der Gemeinschaft, jedoch mit festgelegten und begrenzten Funktionen, anerkannt. Zu den natürlichen Rechten kommen jene, die sich aus der gemeinschaftlichen Existenz ergeben, d. h. die des Bürgers. Um besser verstehen zu können, wie dieses Schema das »Bonum commune« zerstört, muß man die Form, in der das soziale Leben in Beziehung auf den Konsum für die Aufrechterhaltung des Lebens, des körperlichen Wohlbefindens und der physischen Integrität organisiert ist, betrachten.

Innerhalb der aristotelischen Theorie ist es selbstverständlich, daß das erste Recht des einzelnen das des Konsums der »Gesellschaftlichkeit« ist. Deshalb war die höchste Strafe in der griechischen Stadt die Verbannung, denn durch sie verlor der Mensch seinen Charakter als solcher, und mit seiner Gesellschaftlichkeit verschwand seine Rationalität.

Vom Standpunkt der Methode werden in Wirklichkeit zwei Rechtspersonen postuliert: Eine davon ist der Mensch, der seiner Vernunft, den Variablen, die aus seiner sozialen Natur entstammen, beraubt ist. Dies erlaubt es, ihn innerhalb jeder Abstraktion, die durch die Methode der Physikwissenschaft erreicht wird, die so funktioniert, daß sie das Modell auf ideale Experimentsbedingungen vereinfacht, zu studieren; anschließend werden ihm dann die sozialen Variablen einverleibt. Die Frage besteht darin, zu wissen, ob es sinnvoll ist, einer reinen Abstraktion, die zum Zwecke der Analyse angestellt wurde, Rechte zuzuschreiben. Für Aristoteles gilt die holistische Einheit und nicht die einfach zusammengesetzte mechanische Pluralität.

Die Menschenrechte als Konsum

Jeder Organismus steht in einer Beziehung des Austausches mit Bezug auf Konsum und seine Umwelt, sei es der physische, der biosoziale, der kulturelle etc. Die Menschenrechte, wie auch immer ihr Inhalt sei, sind ein potentielles Konsumverhalten. Das Problem, die Rolle des Bonum commune zu erkennen, besteht darin, das zu quantifizieren, was dieses zum Konsum der einzelnen beiträgt.

Wir stellen die folgende Gleichung über den Beitrag der diversen Faktoren, die den Konsum eines Individuums ausmachen, auf:

IK:	(100%)	=	(IE)(%?)	+	(BG)(%?)	+	(BN)(%?)
	Konsum Individuum		Individuelle Einnahme		Bonum Commune der Gemeinschaft		Bonum Commune natura

Für ein Individuum variiert IK von Gesellschaft zu Gesellschaft und entsprechend seinem Alter, seiner persönlichen Kultur etc.

Die verschiedenen Strukturen bezüglich des Individuums und seiner Gemeinschaft werden nach dem Prozentsatz der einzelnen Faktoren IE, BG oder BN gemessen. Wird ein Faktor sehr niedrig, so verändert sich der Gesellschaftstyp. Im individualistischen Kapitalismus ist IE hoch, und BG und BN sind relativ niedrig. Im Staatssozialismus ist BG hoch und IE niedrig. In einer primitiven Gesellschaft ist BN sehr hoch.

Die gegenwärtige ökologische Krise ist daraus entstanden, daß in der Industriegesellschaft, sowohl in ihrem kapitalistischen als auch in ihrem sozialistischen Modell, BN mit seinen endlichen Ressourcen sehr hoch ist. Daher versucht man das neue Modell der ökosozialen Marktwirtschaft im Westen einzusetzen.

Der Konsum und seine wesentlichen Varianten

Nachdem wir jetzt unsere ideologische Richtung dahingehend festgelegt haben, daß das soziale Element oder dessen Nichtanwesenheit bei den bestimmenden Variablen der Formulierung der soziopolitischen Modelle des Konsums inbegriffen ist, muß zuerst mit »operativer Genauigkeit« der eigentliche Begriff des Konsums definiert werden. Diesen Begriff verstehen wir nicht nur auf die Dimension des Bruttonationalproduktes begrenzt, sondern er schließt auch den affektiven, den moralischen, biologischen und juridischen Konsum sowie den der sozialen Sicherheit, der nationalen Identität und der Geselligkeit ein, d. h. alles, was man unter allgemeinen menschlichen Ansprüchen verstehen kann. Wir wollen uns mit dem Subkonsum der gegenwärtigen ibero-amerikanischen Gesellschaft am Beispiel von Kolumbien befassen, wobei der Fall mit solchen Variablen beschrieben wird, daß er mehr oder weniger auch auf andere Länder Anwendung finden kann.

Der Fall Kolumbien weist die Besonderheit eines Subkonsums auf, der nicht nur die armen Schichten der Bevölkerung berührt. Auch in der Mittelklasse und sogar in den Kreisen der sogenannten Oligarchie erkennt man schwerwiegende Zeichen von Subkonsum, mit dem Ergebnis, daß praktisch keine der Bevölkerungsgruppen mit der Qualität und dem Angebot ihres Konsums zufrieden ist. Mit anderen Worten: Obwohl es beträchtliche und beunruhigende Ungleichheiten bezüglich verschiedenen Konsums gibt, stehen den sogenannten Oligarchien nicht immer alle jene Konsumgüter zur Verfügung, die diese beanspruchen und die in anderen Ländern sogar den unteren Klassen (clase media-media) zugänglich sind, wie zum Beispiel Sicherheit, Kultur, individuelle oder gemeinschaftliche Freizeitgestaltung (Erholung, Vergnügung) oder angemessene Transportmöglichkeiten.

Jeder Konsum knüpft sich an bestimmte Verhaltensformen und ist durch diese ausdrückbar, und jede Verhaltensform ist im Grunde eine Form des Konsums. Durch eine wirtschaftliche und monetaristische Auffassung ohne ökosoziale Fundierung hat man allerdings nur jene Verhaltensweisen Konsum genannt, die durch einen gewissen wirtschaftlichen interindividuellen Austausch gekennzeichnet sind. Dieses ist aber eine auf das Umfeld und die technologische Entwicklung begrenzte Sicht. Nehmen wir das Beispiel des Atmens oder des Schlafens oder ganz einfach des Genusses eines relativen Spielraums von Intimität und Ruhe – vollkommen animalische Funktionen – alles Fälle von wichtigem Konsum – wie sie in einer traditionellen ländlichen Gesellschaft anzutreffen sind. Als Gegensatz nehmen wir die moderne Stadt, wo die Wohnungen, die sich in einer ruhigen Gegend mit guter Luft befinden, im allgemeinen höhere Preise erzielen als diejenigen, die in einem luftverschmutzten, lauten Stadtteil liegen. So sehen wir, daß die Gesundheit oder das persönliche physische, affektive oder intellektuelle Wohlbefinden eine Art des Konsums darstellt, der irgendwann im Zuge der Produktions- und Verteilungsrationalisierung der derzeitigen industriellen Gesellschaft durch die städtebauliche Ordnung oder die Bekämpfung der chemischen, optischen oder akustischen Umweltverschmutzung die politischen Behörden zum Handeln zwingt. Eine maßgebliche Beschwerde der letzten Jahre besteht in der Erklärung, daß die institutionalisierte massive Arbeitslosigkeit ein Anzeichen dafür ist, daß das Konsumgut »Arbeitsplatz« oder die Teilnahme an der produktiven Tätigkeit der Gesellschaft nicht in ausreichendem Maße vorhanden ist. Es gibt außerdem auch Fälle des Subkonsums des Staatsbürgers auf dem Gebiet der Politik, der Unterhaltung (Freizeit), der Kultur oder der nationalen Identität. Es gibt deshalb heute Konsumarten, die das Bedürfnis der Teilnahme an den verschiedenen Dimensionen des gemeinschaftlichen Lebens befriedigen, die man in der traditionellen Gesellschaft nicht kannte, da man sie als etwas Natürliches, Instinktives und durch Steuerung, Manipulation oder Rationalisierung nicht Beeinflußbares innerhalb einer geldbedingten, auf Reichtum ausgerichteten Gesellschaft ansah. Als Beispiel kann man die derzeitigen Bewegungen zur Demokratisierung in den Ostländern Korea, China und UdSSR betrachten.

Einige dieser »instinktiven« Konsumformen werden im Katalog der Spektakel der touristischen Anthropologie angeboten, denn sie sind den »primitiven« Gesellschaften eigen, die noch im Besitz ihrer »Folklore« und ihrer Beziehung zum Ritus und dem Sakralen sind. Ohne daß der Tourist oder auch der Ethnologe die darin enthaltene Dimension des Konsums oder ihre Beziehung zur Verhaltensweise der technologisch weiter fortgeschrittenen Gesellschaften erkannt hätte, wo manchmal – in den Werbetechniken, die dem Verkauf dienen, wenn auch nur durch bloße Assoziation – primitive Formen des Konsums hervortreten. Daraus ergibt sich die Wichtigkeit der Ethnologie oder der Wissenschaft des phylogenetischen Verhaltens für unser Thema.

Angesichts der vorhergegangenen Unterscheidungen befassen wir uns nun damit, die Variablen zu kennzeichnen, die die Funktion-Verhaltensweise Konsum bestimmen, an die wir in einer beständigen Gesellschaft gewöhnt sind. Wobei wir das Adjektiv »beständig« weglassen können, da dieses dem Begriff »Gesellschaft« implizit ist, da wir weder von Individuen im Hobbesschen Kriegszustand noch vom Rousseauschen guten Wilden sprechen. Mehr noch, vielleicht wirft dieses ein Licht auf das Problem der Gesellschaft oder der Geselligkeit, wenn man diese als »eine Gruppe von Individuen, die sich unveränderlich selbst erhält (perpetua) und die über beständige Formen zur Befriedigung ihres Konsums verfügt« definiert. Die Stabilität ist das, was wir eine »institutionale Ordnung« nennen.

So kommen wir aus der Sicht des Konsums zur Formulierung eines Modells, an dem sich das Leben unserer Republiken zum Zwecke der Erhöhung des Konsums ihrer Einwohner orientieren kann. Die ökologische Krise besteht darin, daß wir viele Naturgüter konsumieren, ohne sie zu bezahlen! Es handelt sich eigentlich nur um ein vorläufiges Schema, das analysiert, erweitert, korrigiert oder auch konkreten Fällen angepaßt werden kann. Die größte Wichtigkeit besteht darin, daß in ihm sowohl die soziale und umweltbedingte Natur des Menschen als auch seine Individualität und sein Recht auf die Entwicklung seiner Persönlichkeit gewahrt bleiben, ohne jedoch *den gemeinschaftlichen Rahmen oder die staatsbürgerliche Solidarität zu zerstören.* In einer modernen Gesellschaft der stabilisierten Modelle des Konsums können wir die Funktion »Konsum« (IK) ableiten.

Es handelt sich jetzt darum, eine Typologie der soziopolitischen Modelle entsprechend dem Prozentsatz oder dem Anteil, den jeder dieser drei Faktoren zum gesamten Konsum beiträgt, zu erstellen. Daraus müssen auch die Kriterien zur Bestimmung des Grades und der Verteilungsform der Freiheiten (politischer Konsum), die jeder Gesellschaft zur Verfügung stehen, entspringen. Auf diese Art ist Konsum von sich aus ein neutraler Begriff ohne wertmäßige Bedeutung (Wertigkeit). Es kommt aber schon vor, daß gerade eine spezifische Kultur, z. B. der puritanische Calvinismus gegenüber dem Katholizismus innerhalb desselben Englands oder der Schweiz, sich dadurch auszeichnet, daß jener unter den möglichen verschiedenen und spezifischen Konsumgütern sowohl in der Qualität als auch in der Quantität sich einen charakteristischen Vorrang einräumt.

Die Existenz von IK heißt aber auch, daß, unter der Annahme der Gleichheit des Konsums bei Gütern wie Essen, Behausung und Gesundheit, seine Bedeutung sehr unterschiedlich sein kann, je nach der spezifischen Zusammensetzung von IK. In einer kapitalistisch-individualistischen Gesellschaftsform neigt der Beitrag von IE im Verhältnis zu BG und BN dazu, größer zu sein als in einer Gesellschaft der sozialen Grundsätze mit reichlichen öffentlichen Dienstleistungen, gegenüber dem Beitrag des Sozialismus und ganz besonders des marxistisch-leninistischen Modells. In einer primitiven Gesellschaft ist der Beitrag BN größer als in jeder kapitalistischen oder sozialistischen modernen Gesellschaft. Bei der Erhöhung von BN verringert sich das Individuelle und das sozial Rationalisierte, während ein biologisch-darwinistisches Niveau Gültigkeit behält. In den Gesellschaften, in denen der Winter eine Rolle spielt, verringert sich das Element BN, und es erhöht sich IE oder BG. Wir finden, grosso modo, als Folge der Modernisierung und Rationalisierung des Produktions- und Verteilungsapparates drei Gesellschaftstypen: den kapitalistisch-individualistischen, den sozialistischen und den natur- oder agrarprimitiven (von Marx als Primitivkommunismus bezeichnet), und jeder von ihnen stellt ein Konsummodell oder eine Regulatividee für das Überleben der entsprechenden Gruppe dar. D. h., jedes Modell soll für sich innerhalb eines selektiv-darwinistischen Rahmens des Überlebens betrachtet und beurteilt werden, in dem, unter Berücksichtigung des planetaren Aspekts im 20. Jahrhundert, parasitäre Organismen sowohl auf lokaler als auch auf internationaler Ebene existieren, ohne daß die Qualifikation »parasitär« irgendeine Wertung darstellt. Es handelt sich um einen deskriptiven und nicht um einen ethischen oder ästhetischen Begriff.

Es gibt außerdem bestimmte Gesichtspunkte, um die Interrelationen zu beurteilen, so daß man nicht eindeutig weiß, wer funktionell der Parasitäre ist: der Reiche oder der Arme. Wer ist also der Bösewicht? Der industrielle Norden oder der Süden mit dem größeren BN in wenig Übereinstimmung mit den Regeln des planetarischen Neo-Calvinismus, mit dem demokratischen Pluralismus und den individuellen Rechten (bezeichnend ist die Tatsache, daß von den elf Verfassungen, die von Professor Duverger für die afrikanischen Länder erstellt wurden, nur zwei in etwa Gültigkeit besitzen).

Es geht letztlich darum, Konsequenzen zu ziehen, um ein Konsummodell zu bestimmen, das gute Chancen hätte, die Lebensbedingungen der Menschen unserer ibero-amerikanischen Gesellschaft zu verändern. Die durchgeführte Analyse zeigt, daß es angebracht wäre, die Proportion des Konsums BG zu erhöhen. Niemand, der das gegenwärtige Leben der westeuropäischen Länder kennt, kann außer acht lassen, daß der hohe Lebensstandard größtenteils aus den Möglichkeiten eines hohen BG stammt, der durch die Wirksamkeit, Menge und Qualität der Dienstleistungen auf materieller, juridischer und kultureller Ebene, in der Freizeitgestaltung und der Selbstverwirklichung durch die Solidarität und Sicherheit der Gesellschaft geboten wird und der den Starken wie den Schwachen, den Kindern und den Alten, Männern und Frauen, Christen und Anhängern anderer Religionen gleichermaßen zugute kommt. Auf der anderen Seite ist es so, daß die Produktion sich in der Hand des Privatsektors befindet, und außerdem bedeutet die Tatsache, daß es sich um eine öffentliche Dienstleistung handelt, nicht, daß der Staat selbst diese anbietet.

Das Wichtigste ist, daß das Recht auf diese Leistung für den Verbraucher nicht den Besitz des Objekts erforderlich macht. Handelt es sich zum Beispiel um den Konsum der Lektüre von Büchern, des Hörens von Musik, der Ausübung einer Sportart oder das Hören eines Vortrages, so muß nur die Bibliothek, der Musiksaal, der Park oder ein Museum aufgesucht werden, in dem man das Buch oder die Schallplatte mieten oder ausleihen kann ohne die Notwendigkeit des Kaufes oder der Mitgliedschaft in teueren Privatclubs. Auf diese Weise steht jedes Objekt vielen Verbrauchern zur Verfügung, wodurch sich der Konsum verbilligt. D. h., die Produktionsarbeit der Allgemeinheit dient einer größeren Zahl von Verbrauchern. Man übt (praktiziert) Sozialismus, besser noch, man genießt die Privilegien eines Sozialstaates, in dem das Individuum *durch die Gesellschaft* geschützt wird. Dieses gilt für den Konsum, nicht für die Produktion, bei der sich die Unzulänglichkeit der öffentlichen Verwaltung erwiesen hat. So unlogisch es auch aus der Sicht der Gegenwart scheinen mag, so hat doch der geringe Konsum, als Konsequenz des Lockeschen Modells, in unserem Medium dazu geführt, daß viele Personen der Überzeugung sind, daß die einzige Lösung in der Verstaatlichung der Produktionsmittel existiert, da der Weg der Gemeinschaft innerhalb des Lockeschen Modells inexistent ist, wie der republikanische Urbanismus vieler unserer Städte beweist. Es fällt auf, daß die spanische Tradition größeren Respekt für die gemeinschaftlichen Räume (espacios) zum Ausdruck bringt.

Andererseits fördert das Modell – starker Staat, starker Privatsektor – die soziale Solidarität (den sozialen Zusammenhalt) in dem Sinne, daß *durch die bloße Tatsache der Mitgliedschaft in der Gesellschaft der Zugang zu bestimmten Konsumgütern gegeben ist.* Nicht alles unterliegt dem ermüdenden Wettbewerb untereinander, hervorgerufen durch schlechte öffentliche Transportmittel oder Mängel in öffentlichen Vergnügungsarealen, sei es in Stadtteilen mit geringem oder solchen mit hohem Einkommen. Die These, die Reichen zu »strafen«, wie es die Massenmedien in Kolumbien vorführen, in dem man ihnen keine öffentlichen Areale zugesteht, wird hervorgerufen durch das schlechte Gewissen, die Starken durch den Lockeismus bevorzugt zu haben. Sie hat sich jedoch für niemanden als vorteilhaft und für alle als nachteilig erwiesen. Der Sektor, auf dem ein solcher Wettbewerb zum Überleben gerechtfertigt und der Allgemeinheit nützlich ist, zumindest partiell, ist der Produktionssektor oder die Kreativität. Individualismus bei jedem Konsum zu fördern bedeutet meines

Erachtens eine falsche Anwendung des Subsidiaritätsprinzips der kirchlichen Soziallehre.

Was man sucht, ist schlußendlich das Positive in jedem System und nicht, wie es häufig vorkommt, daß man vom Marxismus den schwachen Privatsektor und vom Lockeismus den anämischen Staat nimmt, woraus Mangel, Konfusion und ständige Frustration erwächst. Sowohl das Gemeinschaftliche als auch das Individuelle soll verstärkt werden, jedoch auf verschiedenen Gebieten und Handlungsebenen, wodurch der elementare Widerspruch zwischen den individuellen Interessen und dem Allgemeinwohl, welcher auf den ersten Blick vorhanden ist, vermieden wird. Es ist jedoch klar, daß zwischen dem öffentlichen Sektor und dem Privatsektor funktionell keinerlei inhärenter Gegensatz besteht. Dieser Antagonismus entsteht innerhalb der Theorie und des Voranschlages des Sozialabkommens, und deshalb frustriert der Konsum von *liberté, égalité, fraternité* – eine Art Widerspruch, der oftmals vorkommt, etwa im marxistisch-leninistischen Modell.

Hans Crepaz, Das Fest der Vernunft

Clemens Anton Lashofer OSB

Die Französische Revolution und die Kirche: Einfluß der Kirche auf die Revolution – Einfluß der Revolution auf die Kirche

1. Der Zustand der Kirche in Frankreich um das Jahr 1789

Der Zustand der Kirche in Frankreich, aus der viele Mitglieder, besonders aus dem Klerikerstand, zu Wegbereitern und Helfern der Revolution wurden, war um das Jahr 1789 nicht zufriedenstellend. Zwar ist der Zustand der Kirche, was ihre menschliche Seite betrifft, niemals ein ganz guter, und die Kirche ist und bleibt eine »ecclesia semper reformanda«. Diese Tatsache darf jedoch nicht lethargisch oder selbstzufrieden machen. Den Zuständen ist ins Auge zu schauen, sie sind mit dem Evangelium zu konfrontieren, und es sind daraus die Konsequenzen der Umkehr, der Bekehrung zu ziehen (vgl. Mk 1,15).

Am Ende des Ancien régime war die katholische Kirche in Frankreich Staatsreligion, geschützt vom Königtum und daher auch von diesem stark abhängig, mit dem sie in vieler Hinsicht so verquickt und verbunden war, als wäre sie ein Teil des Staatsapparates. Dieser Status ermöglichte ihr bedeutende politische, juridische und vor allem finanzielle Privilegien.

Als erster von drei Ständen umfaßte der Klerus vor der Revolution vermutlich 0,5 % der französischen Gesamtbevölkerung (von ca. 25 Mio.), etwa 120000 bis 130000 Personen (18 Erzbischöfe, 135 Diözesanbischöfe, rund 900 Äbte, ca. 60000 Weltpriester – davon gehörten ca. 10000 dem sogenannten »höheren« Klerus an –, 20000 bis 25000 männliche Ordensangehörige und 30000 bis 40000 weibliche Ordensangehörige). Dieser Berufsstand, der Klerus, besaß 20% von Grund und Boden in Frankreich. Die statistische Aufzählung läßt die große Differenzierung innerhalb des Klerus ahnen und erklärt schon aus den Zahlen die vielfältigen Meinungen. Der Erste Stand war keine homogene Einheit und konnte sie auch nicht sein. Jedoch war der Klerus der einzige Stand, der in den diözesanen und ordenseigenen Strukturen bestens durchorganisiert war.

Die Delegierten des Ersten Standes traten alle fünf Jahre zu einer Generalversammlung zusammen, die ständig in Paris durch ihre Agence générale (Generalagentur) vertreten war, die in den Jahren nach 1780 auf Betreiben Talleyrands eine Art selbständiges Ministerium des Klerusstandes – wir würden heute sagen: Kultusministerium – bildete. Die Agenden dieser Generalagentur umfaßten alle Belange der Kirche. Sie übte auch eine eigene Gerichtsbarkeit aus, die jedoch den Staat, besonders den Fiskalanwalt, nicht hinderte, in die Angelegenheiten der Kirche, auch in die rein religiösen Fragen, einzugreifen.

Reformbedürftig war die Struktur der diözesanen Einteilung: Von den 135 Diözesen gab es in der Provence und im Languedoc fast nur winzige Bistümer, denen andere Großdiözesen gegenüberstanden; sieben Diözesen hatten ihren Sitz im Ausland (z. B. Tournai, Basel), die Diözese Straßburg gehörte zur deutschen Kirchenprovinz Mainz, während die Bistümer Metz, Toul und Verdun dem deutschen Metropolitanverband Trier angehörten. Schlimmer als diese strukturellen Ungleichheiten waren die Unterschiede in den Einkünften der Diözesen: Während im Süden die Diözesen jährlich nur zwischen 7000 und 14.000 Livres einnahmen, lagen die Einkünfte der großen Diözesen im Norden und im Osten um das 20- und Mehrfache darüber (Cambrai 200.000, Straßburg 400.000, die reichste bis zu 1 Mio.). Als Vergleich kann angeführt werden, daß La Fayette von seinem Vater 140.000 Livres Jahresrente geerbt hatte, während bürgerliche Bankiers mehrere Millionen jährlich verdienten, aber keinen Zugang zu öffentlichen Ämtern hatten.

Die Einkünfte der Kirche in Frankreich setzten sich zur Hälfte mit ca. 100 Mio. Livres pro Jahr aus dem Kirchenbesitz (Grund und Boden) und zur Hälfte mit ebenfalls ca. 100 Mio. aus dem Zehnten, den die Kirche einhob, der aber nach Gegenden wieder sehr verschieden war, zusammen. Talleyrand nahm im Jahr 1789 eine Schätzung vor, die für die beiden genannten Posten 70 Mio. (aus Kirchenbesitz) und 80 Mio. (aus dem Zehnten) angab. Die Einkünfte der Kirche waren – wie die des Adels – größtenteils steuerfrei, da der Klerus jährlich ca. 1 Mio. Livres, das sind 2,3 % vom Besitz, freiwillig an den Staat abführte.

Diese freiwilligen Abgaben, *dons gratuits,* wurden alle fünf Jahre anläßlich der Klerusversammlungen festgelegt. Der Klerus hatte – wie bereits gesagt – die einzige Standesvertretung im Ancien régime seit der letzten Einberufung der Generalstände im Jahr 1614 und konnte damit als Körperschaft gegenüber der Krone seinen Wünschen Ausdruck verleihen. 1788 wurde wegen des drohenden Staatsbankrotts eine außerordentliche Klerusversammlung einberufen. Die Krone wollte dabei 8 Mio. *dons gratuits,* die Versammlung beschloß lediglich 1,8 Mio. Livres.

Die Kirche hatte jedoch besondere budgetäre Belastungen zu tragen aufgrund der von ihr durchgeführten Sozial- und Armenfürsorge, der Spitalserhaltung, des Unterrichtswesens, der Betreuung der Waisenhäuser etc. Dies ohne staatliche Unterstützung. Die Einkünfte eines Pfarrers beliefen sich vor 1768 auf ca. 300 Livres jährlich, nach 1768 auf 500 und im Jahr 1786 auf 750 Livres pro Jahr. Vikare erhielten die Hälfte, während sich die Einkünfte der höheren Kleriker von 4000 bis zu 1 Mio. Livres jährlich beliefen.

Dies war eine krasse soziale Diskrepanz, wobei sich der höhere Klerus meist um die Entrichtung der Kopfsteuer drückte, so daß diese Steuerlast fast nur auf den niederen Klerus abgewälzt wurde.

Neben dieser Diskrepanz auf dem finanziellen Sektor sticht vor allem die krasse Dekadenz auf rein religiösem Gebiet ins Auge. Die »hohe« Geistlichkeit – ausnahmslos aus den Reihen des Adels rekrutiert – hatte sich mehr und mehr unter dem Einfluß der Aufklärung von althergebrachter religiöser Betätigung emanzipiert. In Frankreich hatte die Philosophie den Platz, den die Theologie früher innehatte, erobert. Die Geistesrichtung der Aufklärung apostrophierte die Sakramente der Kirche, ihre Dogmen und ihre Gebetsfrömmigkeit als lächerlichen Aberglauben und stellte die gesamte kirchliche Organisation in Abrede. Es wird eine »natürliche Religion« gefordert, die ausführt, »was im Menschenherzen beschlossen ist«, und die alle Meinungen toleriert. Die Bischöfe, die sich der neuen Geistigkeit verschrieben hatten, hielten sich – unter Vernachlässigung der Residenzpflicht – in der Nähe des Hofes von Versailles auf. Die Seelsorge war ihnen kein Anliegen. Von einigen Ausnahmen abgesehen, hatten die Bischöfe mit ihrem Klerus und mit ihren Diözesanen wenig Kontakt. Kein Wunder, daß ihnen der nötige Respekt versagt wurde. Manche von ihnen, wie der charakterlose Kardinal de Loménie de Brienne oder Kardinal de Rohan, Erzbischof von Straßburg, der sich durch die »Halsbandaffäre« kompromittierte, und der wendige Politiker Talleyrand, Bischof von Autun, ein »Schnittlauch auf allen Suppen«, erregten großes Ärgernis. Dieser eigentliche Hofepiskopat streute dem König und seinen Vertrauten, auch den korruptesten unter ihnen, ständig Weihrauch. Der Aufstieg der Bourgeoisie, deren Angehörige im Wirtschaftsleben die Schlüsselstellungen innehatten, jedoch nicht zu den dem Adel vorbehaltenen höchsten Ämtern zugelassen wurden, unterhöhlte das Ansehen dieses Episkopats. Der Schwund des Ansehens wurde dadurch beschleunigt, daß es in dieser besitzenden Gesellschaftsschicht von Skeptikern wimmelte, die sich in den Salons mit Spott über Religion und den Klerus unterhielten.

Der niedere Klerus wollte die gesellschaftliche, pastorale und theologische Lage der Kirche reformiert wissen. Viele darunter akzeptierten Richers ekklesiologischen Standpunkt, der in den Pfarrern die Nachfolger der 72 Jünger (vgl. Lk 10,1 ff.) sah, nämlich, daß »der echte kirchliche Körper lediglich ›corpus‹ der amtierenden Pastoren ist, der vom Bischof bloß präsidiert wird, und daß alles andere – Stiftsherrenpfründe, Abteien, Mensalgut oder Kollegien – das Resultat einer jahrhundertelangen Geschichte ist«.

Der niedere Klerus forderte die Wiedereinführung der Diözesansynoden, um in deren Rahmen Mittel zur Reform der Kirche im Sinn der Vergeistigung erörtern zu können.

Die verbreitete Kritik, ja sogar Abwendung von Kirche und Religion hat sich auch auf das Ordensleben ausgewirkt. Frankreich war das Land mit den meisten Ordenshäusern und war lange als theologisches und geistiges Zentrum für ganz Europa tonangebend gewesen. Nun wehte der Wind den Orden vom Zeitgeist her scharf entgegen. Die zeitgenössische Romanliteratur, z. B. Diderots »La religieuse«, ist gegen das Ordensleben eingestellt. Den Ordensleuten wird Bequemlichkeit, Unmoral und Habgier vorgeworfen. Verderblich war, daß viele Ordensleute von der Familie wie zum geistlichen Stand so auch zum Klosterleben bestimmt wurden, also keine innere Berufung und kein Interesse am religiösen Leben hatten.

Zum Ruin trug das unselige Kommenden(un)wesen bei. Von 740 Abteien wurden 1789 625 von Kommendataräbten geleitet, d. h. von geistlichen oder weltlichen Menschen, die, vom König nominiert, Inhaber der Einkünfte, ohne das Kirchenamt zu verwalten, waren. Sie waren von der Amts- und Residenzpflicht befreit. Zahlreich waren die Appelle von Mönchen an die Gerichtshöfe wegen Amtsmißbräuchen solcher Oberer, und mehr und mehr riß in den Klöstern die Disziplinlosigkeit ein. Bereits 1765 gab es ein Gesuch der Generalversammlung des Klerus an den König um eine umfassende Ordensreform. 1766 wurde eine Kommission eingesetzt, Commission des Reguliers, die aus zehn Kommissären (fünf Staatsräte, fünf Erzbischöfe) und acht Beratern (vier Advokaten, vier Theologen) bestand und zu der kein einziger Ordensangehöriger beigezogen wurde, so daß nicht zu verwundern ist, daß die Arbeit dieser Kommission den Orden nicht zum Nutzen, sondern zum Nachteil gereichte. Von den zehn Kommissären arbeitete in Wirklichkeit nur einer, der Erzbischof von Toulouse, Loménie de Brienne. Wer ihn kennt, weiß sofort, welch unheilvollen Einfluß die Kommission hatte.

Brienne zählte 39 Jahre, als er Vorsitzender der Kommission wurde. Als nachgeborener Sohn war seine Laufbahn vorgegeben: Er wurde für den Dienst der Kirche bestimmt. Schon als kleiner Schüler träumte er davon, »Minister zu werden«. Bischof geworden, spielte er den großen Herrn, ließ sich vom Ehrgeiz treiben, suchte die Freundschaft einflußreicher Personen und gierte nach Gewinn. Von Frömmigkeit und Ehrfurcht keine Spur! Als er einst zum Erzbischof von Paris vorgeschlagen wurde, verweigerte der König die Ernennung mit der Bemerkung: »Ein Erzbischof von Paris sollte doch wenigstens an Gott glauben.« Beim Beginn der Revolution war er einer der vier Bischöfe, die den Eid auf die Zivilkonstitution leisteten. Um dem Schafott zu entgehen, setzte er seinem Leben selbst ein Ende. Dieser »mit allen Wassern gewaschene, geborene Höfling, dieser ungläubige Erzbischof« wurde also

1766 beauftragt, das Ordensleben zu erneuern! Eine Ironie des Schicksals!

Die Kommission ließ nicht lange mit Dokumenten auf sich warten. Nach einer eingehenden Untersuchung veröffentlichte sie im März 1768 ein Edikt, das drei Briennes Ansicht nach geeignete Maßnahmen vorschrieb, um dem Zerfall des klösterlichen Lebens Einhalt zu gebieten: Die erste Maßnahme legte das Profeßalter für Männer auf 21, für Frauen auf 18 Jahre fest, und zwar unter der Strafe der Ungültigkeit. Die zweite ordnete eine vollständige Überarbeitung der Konstitutionen aller Orden an. Für nichtexemte Klöster sollten die Bischöfe, für exemte die Generalkapitel und die Obern diese Überarbeitung in die Hand nehmen. Ferner sollte kein einziger Konvent weniger als neun Chormönche zählen. Mindestzahl bei Klöstern ohne Kongregation: 16 Mitglieder.

Diese Bestimmungen waren sofort auszuführen. Zu diesem Zweck beriefen Laien die Kapitel der Ordensleute zusammen, auf denen königliche Kommissäre die Diskussionen leiteten. Erste Aufgabe der so zusammengerufenen Kapitel war es, die Umarbeitung und Anpassung der Ordenssatzungen (Konstitutionen) vorzunehmen. Die Klosterkommission legte – wie gesagt – die Zahlen fest, bei deren Unterschreiten ein Klosterleben nicht mehr sinnvoll sei. Einzelne Kommunitäten leisteten dagegen größten Widerstand.

Brienne aber kümmerte sich nicht um diese Argumente. Die Mönche mußten klein beigeben und selbst die Listen jener Häuser aufstellen, die nach dem Gesetz aufgehoben werden sollten, da ihre Kommunität nicht groß genug war. Daraufhin wurden verschiedene Mönche ausgewählt, deren Aufgabe es war, mit entsprechenden Vollmachten versehen die vom Gesetz betroffenen Häuser aufzuheben. Sie hatten freilich keinen leichten Stand, begegneten großen Schwierigkeiten und arbeiteten so langsam, daß bei weitem noch nicht alle Aufhebungen vorgenommen worden waren, als die Kommission 1780 aufgehoben wurde. Die Kommission erlaubte den Orden auch nicht, zu kleine Kommunitäten mit Mönchen aus stark besetzten Klöstern zu ergänzen. Wer die Gesinnungen Briennes kennt, hält es nicht für unwahrscheinlich, daß es ihm bei diesem Gesetz nur darauf ankam, auf bequemem Weg viele Klöster aufzuheben.

In der Tat wurden zahlreiche Klöster aufgehoben, sogar ganze Orden und Kongregationen. Im letzten Fall ergaben sich sehr heikle Fragen, denn die Auflösung ganzer Verbände hatte zur Folge, daß die Mönche säkularisiert und ihre Güter fremden Körperschaften ausgehändigt werden mußten. Handelte es sich dagegen darum, Klöster eines Ordens aufzuheben, der an sich noch weiterbestand, war das Vorgehen einfacher, indem die Mönche samt ihren Gütern einfach in ein anderes Haus übergingen.

An sich hätte die Aufhebung Hunderter von Klöstern die Zahl der Mitglieder einer Kongregation nicht vermindern müssen, da die Mönche in ein anderes Kloster ihres Verbandes übersiedeln konnten. In Wirklichkeit aber hatte die durch die rücksichtslosen Maßnahmen der Kommission geschaffene Verwirrung doch einen fühlbaren Mangel an Nachwuchs zur Folge. Bei den Cluniazensern z. B. ging die Zahl an Nachwuchs von 671 (im Jahre 1768) auf 301 (im Jahre 1790) zurück, wobei erst noch zu beachten ist, daß 134 von diesen 301 über 50 Jahre alt waren; bei den Maurinern sank die Zahl von 1956 (im Jahre 1766) auf 1652, wovon 768 die Fünfzigerjahre überschritten hatten. Wenn wir dazu noch die Mönche der Kongregation von Saint-Vanne und die nach Frankreich geflüchteten englischen Benediktiner rechnen, kommen wir auf folgende Zahlen: 1790, also 22 Jahre nach der Gründung der Kommission, haben allein die Benediktinerkongregationen, die nicht aufgehoben worden waren, 24% ihrer Mitglieder verloren; von den übriggebliebenen Mönchen waren volle 45 % mehr als 50jährig. Vergleichen wir diese Zahlen mit jenen anderer Orden, besonders jener, bei denen kein Kloster aufgehoben wurde, bemerken wir denselben Rückgang bezüglich des Klosternachwuchses. Somit ist der Nachwuchsmangel zum großen Teil eine Folge der allgemeinen Malaise, die durch die Kommission geschaffen wurde, weil sie die Regeln der weisen Ordensgründer durch ihre eigenen Vorschriften ersetzen wollte.

Das Werk der Klosterkommission war also die Aufhebung von 450 Klöstern und von acht Orden.

Die Krone hatte versprochen, die Güter der aufgelösten Klöster den Diözesen zur Verfügung zu stellen zur Dotation der Seminarien, die nur über sehr spärliche Einkünfte verfügten.

Trotzdem genoß die Kirche wegen ihrer Tätigkeit auf pädagogischem und sozialem Gebiet sowie wegen des religiösen Wandels und der Predigttätigkeit der Pfarrgeistlichkeit unvermindert die Achtung des Volkes – wie auch der Verlauf der Revolution selber erkennen läßt. Man darf also, trotz aller Mißstände, kein einseitig negatives Bild von der Kirche in Frankreich am Vorabend der Revolution entwerfen. Die Cahiers de doléance (Beschwerdehefte) zeugen trotz der Aufzählung der Mißstände in Formulierung und Motivierung der Beschwerden für eine allgemeine Achtung vor der Kirche wie vor der Religion.

Als Beispiel für viele andere sei ein Cahier der Priester von Notre-Dame des Accoules vom 27.3.1789 zitiert:

»Die Klasse der Vikare und Pfarrgeistlichen ohne Pfründe ist stets nützlich gewesen, hat aber nie über ein angemessenes Einkommen verfügt. Diese Situation, in der sie sich allgemein in ganz Frankreich befindet, ist in Marseille noch empörender und eine besonders schwere Beleidigung für die Würde des Priestertums.

In den Stifts- und Pfarrkirchen dieser Stadt beziehen die Vikare nur ein Gehalt von 400 Livres, und die übrigen Priester erhalten entweder eine feste Summe oder werden nach ihren Verrichtungen bezahlt.

Es ist offenkundig, daß diese verschiedenen Honorare angesichts der hiesigen Lebensmittelpreise nicht einmal für die elementarsten Bedürfnisse ausreichen. Die Befriedigung dieser Bedürfnisse und der für einen Geistlichen angemessene Lebensstil fordern somit eine Erhöhung auf einen angemessenen, dem Priesterstand eher entsprechenden Betrag.«

Daß gewisse Maßnahmen im Interesse der Kirche selber vorgeschlagen wurden, ist daher ebenso wahrscheinlich wie die Möglichkeit, daß eine rechtzeitige Verwirklichung solcher Bestrebungen schlimmeres Unheil hätte vermeiden können. Vielmehr dürfte die Uneinsichtigkeit des höheren Klerus und seine mangelnde Bereitschaft zu irgendwelchen Zugeständnissen das Unheil herbeigeführt haben. Die überwiegende Mehrheit des Volkes, auch in den Städten, hielt am katholischen Glauben fest. Die Toleranzideen konnten in dieser Klasse kaum Wurzel fassen. Kraft des 1516 zwischen Leo X. und Franz I. abgeschlossenen Konkordats war die gallikanische Kirche Staatskirche. Und doch war wohl die französische Nation – trotz des Beifalls, den die Aufklärung bei der gebildeten Schicht geerntet hatte – am Vorabend der Revolution für eine andere Betrachtung religiöser und kirchlicher Belange noch nicht reif. Bis 1787 war jeder Franzose verpflichtet, den katholischen Glauben zu bekennen und auszuüben. Nur in der Zeit von 1598 bis 1685 hatte das Edikt von Nantes eine – allerdings nur bedingt – freie Religions- und Kultausübung gewährleistet. Durch ein Edikt von Ende 1787, das Minister de Loménie de Brienne, Kardinal und Erzbischof von Toulouse, bei Ludwig XVI. durchgesetzt hatte, wurde die Gewissensfreiheit im Gesetz festgelegt. Die Gerichte erhielten die Befugnis, über die Geburten und Eheschließungen all derer Register zu führen, die gegen eine kirchliche Eintragung Bedenken trugen. Sogar gegen diese keineswegs radikale Toleranz erhob sich in mehreren Städten und Dörfern von Frankreich Protest. Es mag sein, daß dieser eher einer gefühlsmäßig konservativen Haltung als einer von Glaubenskenntnis getragenen Überzeugung entsprang. Das ganze französische Volksleben war katholisch, und auch diejenigen, denen das Prädikat »fromm« weder zukam noch länger etwas galt, konnten sich ein Leben ohne die Kirche mit ihrem vertrauten Kult kaum vorstellen. Weit davon entfernt, eine Trennung von Staat und Kirche anzustreben, dachten die Führer der Revolution vielmehr daran, die Beziehungen zwischen Kirche und Staat immer mehr zu festigen. Daraus darf man folgern, daß die Mehrheit der französischen Nation am Monopolcharakter der katholischen Religion festhielt, auch dann noch, als eine kleine entchristlichte Schicht, bestehend aus Vertretern der Bourgeoisie und der Intelligenz, die Not der Enterbten gegen die Kirche auszuspielen begann. Bedauerlicherweise war ein grenzenloses Unverständnis das einzige, was die französische Kirche der sich anbahnenden Situation entgegenzubringen vermochte.

2. Der Einfluß des Klerus auf die Revolution und die Etablierung des Dritten Standes

Der Einfluß des Klerus auf die Revolution ist nicht zu unterschätzen. Es ist heute gesichertes Forschungsergebnis, daß die Französische Revolution in ihrem Anfangsstadium keineswegs kirchenfeindlich war. Zu oft geht die popularisierende Geschichtsschreibung darüber hinweg, daß die Revolution weder ihrem Ursprung noch ihren Zielsetzungen nach gegen die Kirche, die Religion und den Klerus gerichtet war. Ihren Bannerträgern, auch denjenigen unter ihnen, die den Glauben an eine übernatürliche Ordnung verloren hatten, schwebte dafür die Verbesserung des irdischen Lebens als höchstes Ziel vor, und nicht in erster Linie der Kampf gegen die Religion. Die Einberufung der Generalstände im Frühling 1789 stand in keinem Zusammenhang mit den Wünschen, die man mancherorts in bezug auf Kirche und Religion hegte. Es erregte kein Befremden, daß der doch revolutionären Versammlung eine kirchliche Feier voranging. Die Feier begann mit einer Prozession, in der der Erzbischof von Paris, Mgr. de Juigné – unter Vorantritt der Deputierten, alle mit brennenden Kerzen, auch Mirabeau und Robespierre, gefolgt vom König –, feierlich das Sanktissimum umtrug; anschließend wurde ein Pontifikalamt »Missa De Spiritu Sancto« gefeiert, bei dem der Bischof von Nancy die Predigt hielt. Die Predigt rührte die Abgeordneten so sehr, daß die Deputierten die Sakralität des Kirchenraumes vergaßen und lebhaft applaudierten.

Wenn wir heute in solchem Pomp fast nur leere Äußerlichkeit erblicken (piété de convenance), wenn wir verblüfft lesen, daß Voltaire auf seinem Gut Ferney eine Kapelle bauen ließ, dort Messen stiftete und alljährlich durch Beichte und Empfang der heiligen Kommunion seine Osterpflicht erfüllte, so müssen wir im Interesse der Wahrheit feststellen, daß selbst die nachherigen Jakobiner an jenem 4. Mai 1789 keine destruktiven Absichten gegen die Kirche hegten. Auch hier muß wiederholt werden, daß nicht die Politiker oder Staatsmänner, sondern die *Theologen* jene Theorien entworfen haben, die die Französische Revolution in bezug auf Kirche und Religion zu verwirklichen suchte. Daß die Irrlehrer nur außerhalb der Kirche gestanden hätten, ist einer jener stereotypen Irrtümer, die die Geschichtsschreibung zu fälschen pflegen.

Einige Namen von Klerikern wurden bereits genannt: Brienne, Talleyrand ... Diese sind nicht zu den geistigen

Vätern der Revolution zu zählen, gehören aber zu deren Galionsfiguren:

Etienne Charles de *Loménie de Brienne*
* 9.10.1727 in Paris, seit 1763 Erzbischof von Toulouse, 1766 Leiter der Ordenskommission, wurde im Februar 1787 als Präsident der Notabelnversammlung berufen. Als Wortführer der Opposition gegen die von Ch. A. de Calonne betriebene Finanzreform wurde er am 1.5.1787 Generalkontrolleur der Finanzen. Nach dem Scheitern seiner Anleihepolitik trat de Brienne im August 1788 zurück. Sein Nachfolger wurde J. Necker. De Brienne wurde 1788 Erzbischof von Sens, leistete 1790 den Eid auf die Zivilkonstitution des Klerus und verzichtete auf die Kardinalswürde. 1793 während der Schreckensherrschaft gefangengesetzt und am 16.2.1794 hingerichtet.

Charles-Maurice de *Talleyrand-Périgord*
* 13.2.1754 in Paris, von seiner Familie zum geistlichen Stand bestimmt, 1779 ohne innere Berufung zum Priester geweiht, 1788 Bischof von Autun. Als Vertreter des Klerus 1789 in die Nationalversammlung gewählt, gab er durch seinen Antrag vom 10.10.1789 den Anstoß zur Enteignung des Kirchenbesitzes.

Zum ersten Jahrestag des Bastillesturmes (14.7.1790) zelebrierte er die Messe auf dem Marsfeld. Gehörte zu den sieben Bischöfen, die am 27.12.1790 in der Nationalversammlung den Eid auf die Zivilkonstitution des Klerus ablegten. Am 24.2.1791 weihte er die ersten vier »konstitutionellen« Bischöfe. 1792 legte er sein Bischofsamt nieder und ging in den diplomatischen Dienst. Unter dem Direktorium war er Außenminister (1797–99), ebenso nach dem Staatsstreich Napoleons I. (1797–1807). Nach dem Sturz Napoleons betrieb er die Rückkehr der Bourbonen und vertrat als Außenminister Ludwigs XVIII. Frankreich auf dem Wiener Kongreß.

Anders verhielt es sich mit dem seit 1780 als Generalvikar von Chartres amtierenden Emmanuel-Joseph *Sieyès:* * 3.5.1748 in Fréjus, gegen seinen Willen zum Priester bestimmt. Am Vorabend der Französischen Revolution griff Sieyès in den Flugschriftenkampf um die Zusammensetzung der Generalstände ein und forderte in seiner berühmten Broschüre »Qu'est-ce que le Tiers État?« eine seinem Anteil an der Bevölkerungszahl entsprechende Vertretung des Dritten Standes, womit er die öffentliche Meinung nachhaltig beeinflußte.

»Was ist der Dritte Stand? – Alles.
Was ist er bis jetzt in der politischen Ordnung gewesen? Nichts.
Was verlangt er? – Etwas zu sein.«

Man will den Dritten Stand, sagte er, daran hindern, Zugang zu den Ämtern zu haben, geehrt zu werden, und doch, »wer würde zu behaupten wagen, der Dritte Stand berge nicht alles in sich, was erforderlich ist, um eine Nation zu bilden? ... Nähme man den Privilegiertenstand weg, so wäre die Nation nicht *weniger,* sondern *mehr* ... Was wäre der Dritte Stand ohne die Privilegierten? *Alles,* und zwar ein wunderbar blühendes Alles. Nichts kann ohne ihn gehen, alles ginge unendlich viel besser ohne die anderen ... Diese (privilegierte) Klasse gehört schon wegen ihrer Faulheit ganz bestimmt nicht zur Nation.«

Sieyès war in den ersten Wochen der Revolution offenbar ein »geistiger Führer«. Er sah im Dritten Stand *die Nation,* er sollte die alleinige Souveränität innehaben. Er war der Theoretiker der »konstituierenden Gewalt«, die Seele der juristischen Revolution gewesen. Aber er war kein Redner, kein Mann der Tat, und es kannte ihn nur das Bürgertum. Nach dem 14. Juli fand er auch in der Versammlung bald kein Gehör mehr. Der gesellschaftliche Aspekt der vom Volk getragenen Revolution verschreckte ihn, und er verteidigte die Feudalrechte und die Kirchengüter. Er fürchtete die Demokratie und wird, um die Herrschaft der »Notabeln« endgültig zu sichern, nach den Jahren des Konvents und des Direktoriums die Fäden für Bonapartes Staatsstreich vom 18. Brumaire ziehen, so daß er durch eine seltsame Schicksalsfügung der Totengräber der politischen Freiheit wird, nachdem er als Pate an ihrer Wiege gestanden war. Sein Verstand war seltsam beschaffen: Er bemühte sich, aus dem Verfassungsrecht eine ganz und gar abstrakte Wissenschaft zu machen, und ersann in allen Einzelheiten ein kompliziertes Regierungssystem nach dem andern, schrieb aber wenig und wartete, daß man ihn um Rat anging. Wenn er handelte, geschah es über Mittelsmänner, so daß man ihm zwar stets die gebührenden Ehren erwies, ihn aber jeweils bald wieder seiner Einsamkeit überließ.

Sieyès und Talleyrand waren am Anfang der Revolution auch im sogenannten »Dreißigerausschuß« vertreten, einem privaten, aber äußerst einflußreichen Club, deren es eine ganze Reihe gab. Von den Pariser Wählern des Dritten Standes zu den Generalständen gewählt, hatte er maßgeblichen Anteil an der gesetzgeberischen Arbeit der Konstituante (1789–91). Die Verfassung von 1791 spiegelt weitgehend seine staatstheoretischen Überzeugungen. Als Abgeordneter des Nationalkonvents (1792–95) blieb er im Hintergrund. Nach der Einführung des Kultes der Vernunft legte er in aller Form seine Priesterwürde ab (10.11.1793). 1799 finden wir ihn im Direktorium und schließlich als Verbündeten Napoleons, der sich allerdings seiner nicht mehr bediente.

Noch ein weiterer, und zwar ganz überspannter Anhänger der Revolutionsideen, insbesondere auch der Zivilkonstitution, sei erwähnt: der Hofprediger Claude *Fauchet* (1744–1793).

Er feuerte durch seine Predigten als Hofprediger Ludwigs XVI. zum Sturm auf die Bastille an und nahm aktiv daran teil. Er predigte den »Mitbürger Christus«, das von der Revolution aufgegriffene Schlagwort »liberté« als Forderung des Evangeliums und reihte gefallene Bastillekämpfer unter die Märtyrer der Religion ein. Seiner Verkündigung nach sei das Evangelium der Garant für freiheitliche, politische und soziale Ordnung, daher bilden Kirche und Staat eine Einheit. Sein Ideal ist eine staatliche Ordnung, »die das Evangelium und die Gesetzgebung, die Kirche und den Staat, Sitten und Gesetze, die Tugenden und das Vergnügen, Gott selbst und die Menschen völlig miteinander mischt und vereint« (Erdmann-Maier).

Als Anhänger der Zivilkonstitution des Klerus wurde er zum »konstitutionellen« (schismatischen) Bischof des Departements Calvados gewählt, wo er aber vom Großteil der gläubigen Bevölkerung nicht angenommen wurde. Die Jakobiner verübelten ihm andererseits seinen Hirtenbrief, in dem er gegen Ehescheidung und Priesterehe Stellung bezogen hatte. Nach dem Königsmord näherte er sich den Girondisten. Am 31.10.1793 wurde er während der *terreurs* als angeblicher Komplize der Charlotte Corday, der Mörderin Marats, guillotiniert. Im Gefängnis widerrief er seine Irrtümer.

Weitere geistliche Personen werden uns im Lauf der Entwicklung noch begegnen.

Die Abdeckung des Riesenstaatsdefizits, zu dessen Ausmaß wesentlich die französische Unterstützung für den amerikanischen Freiheitskrieg beitrug, wollte Calonne mit Hilfe einer tiefgreifenden Steuerreform durchführen. Sowohl er als auch seine Nachfolger de Brienne und Necker konnten keine durchschlagenden Ergebnisse erzielen. Deshalb sollten die Generalstände am 1.5.1789 zusammentreten, um neue Steuern zu billigen bzw. eine Umstrukturierung der alten Steuern zu genehmigen. Im Jahre 1788 wurde der Streit der Meinungen über die Art der Zusammensetzung, über den Wahlvorgang und die dieser Volksvertretung zu verleihenden Rechte in einer Flut von Flugschriften ausgetragen, und am 5. Mai 1789 konnten – zum erstenmal seit 1614 – die Generalstände zusammentreten. Es geschah in der Salle des Menus-Plaisirs des Schlosses von Versailles, in dem sich fast 1200 Vertreter einfanden. Klerus und Adel waren mit je 300 Angehörigen vertreten; der Dritte Stand mit fast 600. Der Tagung war, wie erwähnt, ein feierliches Hochamt vorangegangen. Daß sich die Mehrheit des Klerus mit dem Dritten Stand solidarisch fühlte, das bewiesen nicht nur zahlreiche von seinen Angehörigen selber verfaßte Flugschriften, die für die Rechte des unterdrückten Volkes eintraten – wie u. a. die schon erwähnte von Sieyès mit dem programmatischen Titel: »Was ist der Dritte Stand?« –, sondern auch die durch Wahl zustande gekommene Zusammensetzung seiner Deputation: 208 Pfarrer, meist von Landpfarreien, gegen 47 Bischöfe und 35 Äbte. Dank diesem »demokratischen« Charakter des klerikalen Elements hat der Klerus den Ausschlag gegeben, als auch dem Lager des Dritten Standes vorgeschlagen wurde, gemeinsam – und nicht nach Ständen – zu beraten und nach Köpfen abzustimmen. Mit einem Stimmenverhältnis von 148 gegen 136 – 145 Pfarrer und drei Bischöfe gegen sämtliche übrigen Bischöfe, Äbte und Pfarrer – nahm der Klerus die beiden Vorschläge an. Vergebens versuchte der König, vom Adel gedrängt, den Beschluß aufzuheben. Nach dem berühmten »Eid im Ballhaus« fügte er sich der Forderung der Tatsachen und löste damit die Entrüstung der Reaktion aus; zu deren Dolmetscher machte sich der Edelmann und Pamphletist d'Antraigues mit den Worten: »Ce sont ces f … curés qui ont fait la révolution.« Indes, wie man darüber auch urteilen mag, steht fest, daß die Mehrheit des französischen Klerus nicht versagt hat, wo es für die Rechte des Volkes einzutreten galt. Angesichts der späteren Ereignisse verdient diese Haltung hervorgehoben zu werden.

Auch in der auf diese Weise zustande gekommenen Konstituante, in der Adel und Klerus auf Verlangen des Königs ihre Sitze wieder einnahmen, haben die Kleriker mitgewirkt; dafür zeugen ihre weitgehenden Konzessionen. Sie haben sich dabei – und das ist bezeichnend für die gallikanische Tradition – keinen Augenblick darum gekümmert, ob Rom diese Haltung billigen würde. Sie schienen sogar – einige Bischöfe gaben das Beispiel – von einem Wetteifer beseelt, auf die bisher genossenen Sonderrechte zu verzichten: teils feudale, wie das Zehnt- und das Jagdrecht, teils amtliche, wie die Stolgebühren (iura stolae). Daß sie die päpstlichen Annaten, d. h. die Einkünfte des ersten Jahres, welche ein neuernannter Bischof seit alters an Rom abzugeben hatte, abschafften, ist begreiflich; aber für die Eilfertigkeit, mit der die Geistlichen in jener stürmischen Nachtsitzung vom 4. August 1789 all ihre Rechte in die Hände einer so redlichen und edelsinnigen Nation wie der französischen – so formulierte es, tief bewegt, der Erzbischof von Paris – übergaben, dürfte schwerlich etwas anderes verantwortlich gewesen sein als *la grande peur,* jene panikartige Stimmung, die sich am Sturm auf die Bastille am 14. Juli genährt hatte. Man ließ diese berühmte Nachtsitzung mit dem Tedeum ausklingen. Etienne Dumonat, ein Augenzeuge aus Genf, schildert die Stimmung: »Eine Ansteckung der Gefühle hat die Seelen mitgerissen!« »Große und denkwürdige Nacht, man weinte, man umarmte sich! Welch eine Nation! Welch ein Ruhm, Franzose zu sein!« (Brief des Deputierten Duquesnay an seinen Wahlkreis.) Über Nacht hatte die Kirche sich selbst enterbt und der Klerus sich der Volksgunst auf Gnade und Ungnade ausgeliefert. Ende September wurde ein zweites Opfer gebracht, um dem schreienden Notstand der Staatsfinanzen einigermaßen abzuhelfen. Der Klerus erklärte sich einverstanden mit dem Vorschlag zur Ablieferung von Gold- und Silbergefäßen und Paramenten, die für den Gottesdienst nicht unbedingt nötig waren.

Die zum Teil durch Angst bedingte Opferbereitschaft des Klerus war den radikalen Elementen ein Ansporn zu weiteren Forderungen, namentlich seit die Konstituante Anfang Oktober den Sitz von Versailles nach Paris verlegt hatte und nun immer mehr dem Einfluß der Jakobinerklubs erlag. Die allmähliche Schwenkung nach links wurde dadurch gefördert, daß die Geistlichen immer häufiger den Sitzungen fernblieben; die Bischöfe und Äbte meist aus grundsätzlichen Erwägungen, die Pfarrer einfach deshalb, weil sie ihre Pfarreien nicht länger verwaist lassen wollten. So erklärt es sich, daß Talleyrand mit seinem am 10. Oktober 1789 eingebrachten Vorschlag zur Säkularisierung aller Kirchengüter durchdringen konnte. Diesmal aber stieß die Initiative Talleyrands auf Widerspruch, und die während drei Wochen geführten Debatten beweisen, daß die Begeisterung verrauscht und die Besinnung zurückgekehrt war. Allein das Rad der Entwicklung ließ sich nicht mehr zurückdrehen. Am 2. November wurde der Antrag Talleyrands mit qualifizierter Mehrheit (568 gegen 386 Stimmen) angenommen. Der Staat wollte für die Kosten des Kults und anderer kirchlicher Bedürfnisse aufkommen sowie die Pfarrer angemessen besolden; ihnen wurde ein Jahrgeld in Höhe von 2400 Franken zugesprochen, also das bisherige Durchschnittseinkommen. Für die einen bedeutete das eine Besserstellung, für andere hingegen eine Beschränkung ihrer Einnahmen. Bei der Beantwortung der Frage, wie es geschehen konnte, daß so viele, Geistliche sowohl als auch gläubige Laien, sich hinter diese riesige Enteignungsaktion stellten, ja zu ihrem Gelingen beitrugen, bleibt zu berücksichtigen, daß die französische Nation von jeher mit einem sehr weitgehenden königlichen Verfügungsrecht über alle Kloster- und Kirchengüter vertraut war: Das Konkordat von 1516 hatte ein Verhältnis geschaffen, als dessen natürliche Folge Talleyrands Antrag erscheinen konnte.

Aber damit eilen wir der Entwicklung schon voraus. Hier handelt es sich bereits um den Einfluß der Revolution auf die Kirche. Euphorisch war der Klerus mit am Werk, bei dem man Kirche und Staat nicht trennen, sondern zu einem harmonischen Miteinander verbinden wollte. Der Historiker Albert Mathiez hat dies knapp mit »le mariage de l'Église et de l'État« bezeichnet. Die bisweilen naiv vertretene Absicht, Kirche und Staat zu verschmelzen, ineinander aufgehen zu lassen, führte aber zur scharfen Gegenüberstellung, zur Konfrontation beider, die im Kampf und schließlich in absoluter Trennung endete.

Bereits am 20.7.1789 hatte Sieyès ein Grundsatzprogramm einer »wahren Verfassung«, die in 32 Artikeln der Grundrechte gipfelte, vorgelegt. Darin findet sich kein Hinweis auf Religionsfreiheit, denn im Zusammenhang mit der Erklärung der Menschenrechte hatte sich die Forderung auf Religionsfreiheit gestellt. Die Vertreter des Klerus verlangten, die Nationalversammlung solle die Existenz einer Staatsreligion, nämlich der katholischen, und die privilegierte, sogar obligatorische Religionsausübung dieser gesetzlich verankern. Toleranz sollte demnach in indirekter Form gewährt werden: »Kein Staatsbürger, der den bestehenden Kult nicht stört, darf benachteiligt werden.« Gegen diesen Vorschlag und besonders dessen Formulierung wandten sich Mirabeau und die protestantischen Deputierten. Es war in den Sitzungen lediglich von religiöser Meinungsfreiheit, nicht aber von Kultfreiheit die Rede. Die Staatsreligion blieb immer noch Voraussetzung.

Nach zähem Ringen kam am 26.8.1789 die Erklärung der Menschenrechte zustande (in Anlehnung an die amerikanische Virginia Bill). Liberté, Egalité, Fraternité (persönliche Freiheit, Rechtsgleichheit, Weltbürgertum) wurden proklamiert. Die bis heute gültige Fassung sagt in Artikel 10 über die Religionsfreiheit: »Niemand darf wegen sei-

durch die weiteren revolutionären Maßnahmen in ein völlig neues Licht gerückt.

b) Die Unterdrückung der Orden

Am 13.2.1790 wurde durch ein Dekret die Ablegung von Ordensgelübden generell untersagt und zugleich die Aufhebung aller Orden und Kongregationen angeordnet. Eine Ausnahme sollte noch bei solchen Gemeinschaften gemacht werden, die in der Krankenpflege oder im Unterrichtswesen tätig waren, d. h. bei den sogenannten für die bürgerliche Gesellschaft »nützlichen« Orden. Dieser gravierende Eingriff in das innerkirchliche Leben wurde damit begründet, daß sich Ordensgelübde nicht mit den Menschenrechten vereinbaren ließen und überdies der menschlichen Natur vollkommen widersprächen.

Die Mönche durften daher ihr Kloster verlassen und sollten eine ordentliche Pension erhalten, die für Mönche aus reichdotierten Orden je nach ihrem Alter 900 bis 1200 Livres betrug. Wer sich mit diesem Dekret nicht abfinden wolle, solle sich in jene Sammelhäuser – *maisons »de réunion«* – zurückziehen, die man ihnen anweisen werde. Auf das Gesetz vom 2. November 1789 zurückkommend, das die Kirchengüter der Nation zur Verfügung stellte, dekretierte die Konstituante am 17. März, daß alle Kirchengüter vom Staat den Gemeinden ausgehändigt werden müßten, die die Güter dann selber nach dem Entscheid einer Kommission an Einzelbürger verkaufen sollten. Das Gesetz vom 20. März ordnete an, daß durch Kommissäre in allen Klöstern die Güter und die Insassen aufnotiert würden; gleichzeitig sollten die Kommissäre die Mönche ausfragen, ob sie im Kloster bleiben wollten oder nicht. Es folgten noch mehrere Gesetze, die sich mit der Wegnahme der Güter befaßten, so daß im Oktober 1790 die Mönche nichts mehr zu verlieren hatten, weil ihnen alles verboten und alles genommen war.

Vergeblich wurden von allen Seiten Petitionen zugunsten der Ordensleute, besonders der Benediktiner, die man »Väter der Armen« nannte, eingereicht; vergeblich protestierten die Klöster, indem sie auf das Gute hinwiesen, das sie leisteten. Es war nichts zu erreichen. Das Urteil der Gesetzgeber war gefällt, und das der Menge sollte bald folgen.

Der Beutezug konnte beginnen. Die offiziellen Räuber ließen sich erst in einem Teil der Klöster nieder, in der Hoffnung, daß sie sich selber aufgaben. Dann nahmen sie ein Verzeichnis des Klostervermögens auf und fragten die Mönche aus, wie sie sich ihr weiteres Leben vorstellten. Ein Bericht über Saint-Germain-des-Prés: Die Kommunität zählte zu jenem Zeitpunkt 35 Patres und zwölf Scholastiker. Von diesen 47 Mönchen gaben 37 zur Kenntnis, daß sie ihren Gelübden treu weiterhin im Kloster bleiben wollten; von den andern zehn hielten die einen zurück mit der Antwort, da sie selber noch unentschieden waren über ihre Zukunft, während die andern den Wunsch äußerten, das Kloster zu verlassen. Überall wurden die gleichen Fragen gestellt; die Antworten waren freilich verschieden. Mehrere Kommunitäten weigerten sich einstimmig und mit Emphase, das Kloster zu verlassen. Kein Protest war feierlicher, energischer und stolzer als der der Abtei Maroilles (Diözese Cambrai), wo bei der Ankunft der Kommissäre die im Kapitel versammelten Mönche ihre Profeßformel vorlasen und zum Schluß energisch deren Unverletzlichkeit hervorhoben, indem sie sagten: »In Anbetracht, daß ein solches Versprechen uns unwiderruflich und unauflöslich an das Haus bindet, das wir uns zur Braut gewählt haben, und in Anbetracht, daß keine weltliche Macht uns das Recht geben kann, meineidig zu werden, und daß wir die Freiheit, die uns die Dekrete der Nationalversammlung gewähren, nicht benützen können, ohne uns in den Augen Gottes, der heiligen Religion und unseres Gewissens schuldig zu machen ..., erklären wir einmütig vor dem Himmel und der Erde, daß es unsere Meinung und unser Wunsch ist, unter der Regel zu leben und zu sterben, die wir in diesem Hause, dem wir durch das feierliche Gelübde der Stabilität innig angehören, kennengelernt und angenommen haben.« Besonders hartnäckig war der Widerstand in jenen alten Abteien, die ehemals zu Belgien gehörten und die Ludwig XIV. für Frankreich erobert hatte, sowie dort, wo das klösterliche Leben eifrig gepflegt wurde. Im allgemeinen jedoch waren die Antworten verschieden: es gab solche, und das war die Mehrheit, die im Kloster bleiben wollten; andere wünschten mit der Antwort noch zu warten oder verließen das Kloster.

In der Tatsache der Aufhebung der meisten Mönchsorden sah der Klerus jedoch noch keinen entscheidenden Streitpunkt zwischen Kirche und Staat. Auch unter der Bevölkerung löste dieser Schritt kaum Proteste aus, lag er doch im Rahmen des von der Aufklärung Geforderten und Praktizierten (vgl. Josephinismus). In Frankreich hatte zudem die Klosterkommission und ihr »Reformprogramm« bereits an diese Vorgangsweise gewöhnt. Hervorzuheben ist noch, daß die Ordensfrauen meist dem politischen Druck der Lokalbehörden weit ausdauernder standhielten als die Männer.

Trotz dieser einschneidenden Änderungen innerkirchlicher Strukturen glaubte die Mehrheit der Deputierten des Klerus noch immer daran, daß die »gallikanische Kirche«, nachdem sie gewissermaßen »gereinigt« worden sei, einen gewichtigen Platz im »regenerierten« Staat einnehmen werde. Diese Auffassung wurde auch u. a. durch eine Verfügung vom 23.2.1790 bestätigt, daß sämtliche Beschlüsse der Nationalversammlung in allen Pfarren Frankreichs von der Kanzel verlesen und kommentiert werden müßten.

c) Die Zivilkonstitution des Klerus

Den zweiten Bruch verursachte die Zivilkonstitution des Klerus (Constitution civile du clergé), die von einem im Auftrag der Konstituante ernannten und aus Mitgliedern derselben sich konstituierenden Kirchenausschuß (Comité ecclésiastique) entworfen worden war. Dieser Vorschlag bildete den Gegenstand einer ziemlich matten Debatte, die vom 29. Mai bis 12. Juli währte und in der sich die Opposition hauptsächlich auf die Feststellung der einseitigen Verletzung des Konkordates von 1516 konzentrierte. Zwei Tage nach der Annahme, am 14. Juli 1790, wurde zum erstenmal das Fest der Bastille gefeiert, seitdem blieb der 14. Juli der Nationalfeiertag Frankreichs. Es wurde ein großes Verbrüderungsfest; den Höhepunkt bildete ein feierliches Hochamt, das Talleyrand auf dem Marsfeld vor einer Menge von fast 500 Menschen aus allen Teilen des Landes und in Gegenwart des Königs zelebrierte. Letzterer versprach im voraus Treue zu den Bestimmungen der noch zu schaffenden Verfassung. Dennoch mußte ihm die Unterzeichnung der Zivilkonstitution des Klerus abgerungen werden. Der schwache Ludwig XVI., dem in dieser Krise einsichtige Berater fehlten, setzte nach zehn Tagen hinhaltenden Zögerns und schließlich von zwei Bischöfen, Champion de Cicé und Le Franc de Pompignan, gedrängt seinen Namen unter einen Beschluß, dem er widerstrebte. Am Tag darauf erreichte ihn eine vom 10. Juli datierte dringende Bitte des Papstes Pius VI., die Zivilkonstitution nicht zu unterzeichnen. Daraufhin verbot Ludwig XVI. ihre Promulgation; allein nach einem Monat ließ er am 24. August 1790 die Promulgation vollziehen.

Die in vier Abschnitte eingeteilte Zivilkonstitution des Klerus – sie sollte in die zu schaffende Verfassung eingefügt werden – ist ein Meisterstück legislativer und administrativer Konstruktion. Es unterliegt keinem Zweifel, daß ihre

Bestimmungen wertvolle Strukturreformen enthielten. So u. a. in bezug auf die Einteilung des Landes in 83 Bistümer. Sie traten an die Stelle der bisherigen 135 nach Größe und Wohlstand verschiedenen Diözesen und entsprechend der Zahl der Departements. Die Zahl der Erzbistümer wurde von 18 auf zehn reduziert. Daß bevölkerungsstarke Pfarreien getrennt und schwache zusammengelegt wurden, erscheint ebenso nützlich wie die Festsetzung eines Fixums für die Kirchenfunktionäre aller Stufen. Dies alles gleicht den Lichtseiten des Josephinismus. Auch die strenge Verpflichtung – unter Strafe der Gehaltsentziehung – zu ständigem Aufenthalt am Amtssitz trug zur Beseitigung eines argen Übelstandes bei. Die Abschaffung aller Pfründen, mit denen keine Seelsorge verbunden war, also u. a. aller Kanonikate, war unter den gegebenen Umständen insofern sinnvoll, als sie einen gesunden Aderlaß bedeutete. Einen kirchenrechtlich bedenklichen Abschnitt bildete der *zweite* über das Ernennungsverfahren. Künftig sollten die Bischöfe von der gesamten Wählerschaft der Departements, also auch von Nichtkatholiken, gewählt werden. Auf gleiche Weise wählten die Wahlberechtigten der Gemeinden und Bezirke ihre Pfarrer. Die Pfarrer erhielten die Einsetzung in ihr Amt vom zuständigen Bischof, dieser hinwiederum vom Erzbischof. Es wurde verboten, die Einsetzung beim Heiligen Stuhl zu beantragen; die einzige Pflicht der Erzbischöfe bestand darin, den Papst von den erfolgten Ernennungen zu unterrichten.

Diese Bestimmung ausgenommen, die nur eine Höflichkeitsformel darstellt, bedeutet die Zivilkonstitution des Klerus einen vollkommenen Bruch mit Rom. Sie ist die äußerste Konsequenz des Gallikanismus, umgemodelt nach den Forderungen der Revolution, die die dem König zustehenden Befugnisse in die Hände des Volkes übergab.

Kandidaten für das Bischofsamt, die sich bei der Wahl übergangen fühlten, stand das Recht zu, bei staatlichen

Gerichten Einspruch zu erheben. Falls sich kein Metropolit fände, der dem Gewählten die Bischofsweihe spenden wollte, sollte sich der Bischofskandidat an die zuständige Departement-Behörde wenden, die ihm einen Weihe-Bischof namhaft machen würde.

Die bischöfliche Jurisdiktion und der Einfluß der Bischöfe bei der Besetzung der Ämter wurde durch den »Conseil de prêtres« (= Priesterrat) der jeweiligen Diözese stark eingeschränkt, obwohl diesem Rat tatsächlich nur beratende Funktion zustand.

Die Konstitution war für die Kirche unannehmbar, wurde doch die gesamte Hierarchie in Frage gestellt. Durch sie fiel der päpstliche Jurisdiktionsprimat, und das Konkordat von 1516 wurde de facto außer Kraft gesetzt.

Das neue Organisationsprinzip der Kirche war weder hierarchisch noch presbyterianisch ausgerichtet, sondern ausschließlich Staatskirchentum bis zur letzten Konsequenz.

Vorbereitung, Wegbereitung für die Zivilkonstitution waren:

1. Der Gallikanismus des 18. Jahrhunderts:
   Autonomiebestrebungen des Pfarrklerus gegenüber dem Episkopat und eine gewisse Unabhängigkeit der französischen Bischöfe gegenüber dem Heiligen Stuhl bei engerer Bindung an den Staat. Vgl. Deklaration der gallikanischen Freiheiten (1682).
2. Vorstellung einer »National«-Religion, durch die die neue Staatsverfassung sanktioniert wird.
3. Eine presbyterianische Strömung im niederen Klerus.
4. Reformbestrebungen, mit denen man sich auf die Urkirche zu berufen glaubte.

Von den 32 Bischöfen, die in der Nationalversammlung Sitz und Stimme hatten, wandten sich alle, außer Talleyrand und Gobel, gegen die Zivilkonstitution. Sie wehrten sich dagegen, daß die Kirche wie eine der Staatshoheit unterstehende Körperschaft behandelt wurde. Der Vorschlag Abbé Gregoires, ein Nationalkonzil zu dieser Frage einzuberufen, wurde von der Nationalversammlung abgelehnt. In diesem Konflikt um den Rechtscharakter der Kirche wollten die Bischöfe das Prinzip der kirchlichen Eigenständigkeit wenigstens formal retten und baten den Papst, die Zivilkonstitution zu akzeptieren. Auch Ludwig XVI. unterstützte dieses Vorhaben durch den französischen Botschafter beim Heiligen Stuhl, Kardinal de Bernis, schon am 1.8.1790. Pius VI. setzte eine Kardinalskommission zur Lösung dieses Problems ein, zögerte jedoch mit einer Stellungnahme. »Nach einem nicht wiedergutzumachenden Aufschub von acht Monaten« (Latreille) verurteilte er im Breve »Quot aliquantum« vom 13.4.1791 die Zivilkonstitution.

Die Bestimmungen über die Wahl von Bischöfen wurden im Herbst 1790 das erste Mal angewendet. Am 30.9. war der Bischof von Quimper gestorben. Zu seinem Nachfolger wurde Abbé Expilly, der als Deputierter des Klerus das Kirchenkomitee ab August 1789 geleitet hatte, vom Wahlkollegium des Departements Finistère am 31.10. designiert. Diese Tatsache führte zu einem Sturm der Entrüstung bei Gläubigen und Geistlichen. Deshalb forderte die Nationalversammlung, um bei der Geistlichkeit die Durchführung und Anwendung der Zivilkonstitution rasch durchzusetzen, von allen Geistlichen, die ein öffentliches Amt bekleideten, auf die Verfassung zu schwören.

d) Der Eid auf die Verfassung

In den Dekreten vom 27.11. und 26.12.1790 wurden Bischöfe, Pfarrer und Vikare aufgefordert, wie Zivilbeamte den Eid auf die Verfassung abzulegen: »... dem Staat, dem Gesetz und dem König treu zu sein und mit ganzer Kraft die Verfassung aufrechtzuerhalten.« Dies schloß natürlich die Zustimmung zur Zivilkonstitution mit ein. Eidesverweigerung sollte den Amtsverlust nach sich ziehen, Unruhestifter sollten vor Gericht kommen.

Schon im Jänner 1791 kam es zu einem Eklat in der Nationalversammlung: Zwei Drittel der geistlichen Deputierten und alle Bischöfe bis auf sieben – von denen fünf aber schon wegen ihres Unglaubens oder ihres lockeren Lebenswandels in Mißkredit geraten waren – verweigerten den Eid. Fast die Hälfte des Pfarrklerus in ganz Frankreich legte den Eid nicht ab, im Elsaß waren es sogar 80%. In Paris und Umgebung war die Zahl derer, die den Eid ablegten, höher, jedoch die meisten unter Vorbehalt.

Die Kirche in Frankreich spaltete sich in »konstitutionelle« Geistliche, die »jureurs« (Schwörer), und »romtreue« Geistliche, die »refractaires« (Eidesverweigerer). Der Großteil der Gläubigen stand auf der Seite der »refractaires«. Die Nationalversammlung enthob die Eidesverweigerer des Amtes und ersetzte sie durch »jureurs«, was in vielen Gegenden trotz der Verminderung der Pfarren personelle Engpässe ergab, die anfangs noch dadurch ausgeglichen werden konnten, daß ehemalige Ordenspriester in den Seelsorgedienst gingen. Sie hatten den Eid unter Vorbehalt abgelegt. Vielfach mußten auch »refractaires« vorläufig im Amt belassen werden, sonst wäre das kirchliche Leben zusammengebrochen, außerdem mißbilligte die Bevölkerung auf dem Land dies schärfstens.

Da im Sinn der Zivilkonstitution fast alle Bischofssitze vakant geworden waren, weil die Bischöfe den Eid nicht abgelegt hatten, war die Nationalversammlung vor das Problem gestellt, den Episkopat neu zu bilden. Außerdem gab es noch keinen einzigen Metropoliten, wie es die Konstitution vorsah. Von den sieben bischöflichen »jureurs« waren sechs nicht bereit, eine Bischofsweihe vorzunehmen. Nur Talleyrand weihte am 24.2.1791 die ersten zwei Bischofskandidaten. Im März und April weihte

Gobel, inzwischen zum Erzbischof von Paris aufgestiegen, weitere 36.

Durch die beiden päpstlichen Breves »Quot aliquantum« vom 10.3. und »Caritas« vom 13.4.1790 wurden viele, die den Eid geleistet hatten, bestärkt, diesen zu widerrufen. Im letzteren Breve erklärte der Papst die Weihen der neuen Bischöfe für ungültig, verbot diesen jede Amtshandlung und drohte mit Suspendierung aller Priester, die den geleisteten Eid nicht widerrufen würden. In diesem Breve wurde auch die Erklärung der Menschenrechte in der 1789 promulgierten Form verurteilt, da sie im Gegensatz zur Lehre der katholischen Kirche stünde.

Die Kontroverse zwischen Anhängern der konstitutionellen Kirche und der sogenannten »romtreuen« war sehr tief und kompliziert. Ein Teil des Klerus glaubte, Menschenrechte seien aus dem Christentum abzuleiten, das Christentum sei die Religion der Freiheit und Brüderlichkeit und die Revolution eine Art neue Evangelisierung. Wichtigster Vertreter dieser Ansicht war Henri Grégoire, Pfarrer und Deputierter in der Konstituante, der Anfang 1791 zum konstitutionellen Bischof von Blois gewählt wurde. Ein anderer Teil des Klerus war der Ansicht, das Gleichheitsprinzip lasse der kirchlichen Hierarchie keinen Platz mehr und würde zur »Republikanisierung der Kirche« führen, und das Freiheitsprinzip nur zu weiteren religiösen Irrtümern, besonders bei einfachen Gläubigen. Die Mehrheit der Gläubigen, besonders auf dem Land, wurde hin und her gerissen, gab aber den romtreuen Geistlichen den Vorzug und weigerte sich häufig, aus den Händen von konstitutionellen Geistlichen die Sakramente zu empfangen. Viele Katholiken, die vorher mit den »Patrioten« konform gegangen und ihre Sympathisanten gewesen waren, begannen nun die Royalisten zu unterstützen, die das Ancien régime wiederherstellen wollten.

Der Traum von einer harmonischen Eintracht zwischen

Kirche und Revolution war verflogen. Ende 1790 kam es zu zahlreichen antiklerikalen Ausschreitungen, gesteuert von den diversen Religionsausschüssen in ganz Frankreich, besonders in Paris. Im Juli 1791 wurde unter großen Schmähungen eine Strohpuppe des Papstes in Paris verbrannt. Die meisten Bischöfe mußten um ihr Leben fürchten und flohen ins Ausland, wo sie sich meist den Royalisten anschlossen.

Die Verfassung von 1791 bringt Frankreich die konstitutionelle Monarchie. Der König hat nur suspensives Veto-Recht gegenüber Beschlüssen der Kammer, die aufgrund eines Zensus gewählt wird. Zur neuen Verfassung, die am 3.9.1791 verabschiedet wurde, hatte auch Sieyès beigetragen. Die Legislative (gesetzgebende Nationalversammlung) löste die Konstituante (verfassunggebende Nationalversammlung) ab. In ihr waren die Girondisten die treibende Kraft, und der Kirchenkonflikt spitzte sich zu. Am 27.11.1791 wurde verlangt, daß die Eidesverweigerer binnen acht Tagen schwören müßten, sonst würden sie das Recht auf Pension verlieren, vom Wohnsitz entfernt und als »suspekte« Personen vor Gericht gestellt werden.

e) Die »Entchristianisierung« Frankreichs

Im Frühjahr 1792 beginnt eine ungefähr zweieinhalb Jahre andauernde Verfolgungszeit für die römisch-katholischen Priester. Dieser Epoche wird der Name »Zeitraum der Dechristianisierung« gegeben.

Am 26.5.1792 wurde von der Legislative das 1. Proskriptionsgesetz gegen katholische Geistliche verabschiedet, das vorsah, daß jeder von 20 Aktivbürgern denunzierte Priester deportiert werden müßte.

Als am 10.8.1792 die sogenannte »2. Revolution« stattfand, durch die die Sansculotten die Macht an sich reißen konnten, wurde nicht nur der König suspendiert, sondern auch die Kirchenfeindlichkeit weiter radikalisiert durch die folgenden Maßnahmen:

1. Sofortige generelle Aufhebung der Kongregationen und Orden, die 1790 als »nützlich« von der Aufhebung ausgenommen waren, und Schließung aller Klöster;
2. Verkauf der Güter der Kirchenverwaltungen;
3. Verbot des Tragens der geistlichen Kleidung;
4. Verbot von Prozessionen und aller öffentlichen Kundgebungen des Glaubens (z. B. Weihnachtsmetten);
5. Abgabe und Einschmelzen der Kirchenglocken zugunsten der nationalen Verteidigung.

Im Orden des heiligen Benedikt gab es zwar etliche Überläufer, aber der Großteil der Mönche leistete oft heroisch Widerstand. Statt entgegen ihrem Ideal zu handeln, zog eine große Zahl Benediktiner das Exil mit seinen Unannehmlichkeiten vor. Deshalb finden wir sehr viele, die im Ausland Zuflucht suchten. Mehr als 50 Benediktiner wurden ins Gefängnis geworfen, und mindestens 14 fanden darin den Tod. Unter den Deportierten auf der Insel Ré finden wir etwa 20 und auf der Insel Oleron sieben französische Benediktiner. Nach Bordeaux wurden 27 Benediktiner deportiert, wovon mehrere starben, nach Rochefort 21, von denen nur drei mit dem Leben davonkamen. Von den elf auf die Gefangeneninsel Guayana deportierten kamen nur zwei wieder zurück. Hinweisen kann man auf drei Mauriner Benediktiner, darunter der Generalobere Dom Chevreux, die im Karmel massakriert wurden und die die Kirche in das Verzeichnis der Heiligen aufgenommen hat. In Paris wurden zehn Benediktiner guillotiniert, in den Provinzen bestiegen 24 das Schafott. So bruchstückartig diese Zusammenstellung auch ist, so zeigt sie doch zur Genüge, wie hinfällig alle summarischen Urteile sind, die über die Klöster und ihren angeblichen Zerfall gefällt wurden. Durch ihre Haltung in der Stunde der Prüfung haben die Mönche den Beweis erbracht, daß die klösterlichen Tugenden nicht ausgestorben waren.

Da durch die Absetzung von König Ludwig XVI. alle vorherigen Eide ungültig geworden waren, sollte nunmehr ein »Freiheit-Gleichheits-Eid« geleistet werden. Alle, die diesen Eid nicht ablegten, wurden zur Deportation verurteilt. Dieser Maßnahme folgten die »Septembermorde« (2.–4.9.1792), wobei 300 inhaftierte Geistliche, unter ihnen drei Bischöfe, in Pariser Gefängnissen als »Komplizen der ausländischen Feinde« niedergemetzelt wurden. Unter ihnen verehrt die Kirche eine ganze Reihe als Selige. In den folgenden Wochen gingen ca. 30000 Priester ins Exil. Am 20.9.1792, in einer der letzten Sitzungen der Legislative, wurde den amtierenden Pfarrern der konstitutionellen Kirche die Führung der Personenstandsregister entzogen und den staatlichen Behörden übertragen. Damit war auch äußerlich die Lösung der Kirche vom Staat ausgedrückt, was in der bisherigen Religionspolitik der Revolution, zumindest formell, vermieden worden war.

Die weitere Geschichte der französischen Kirche bis zum Abschluß des Konkordats 1801 ist ein Leidensweg mit vorübergehenden Lichtblicken. Der im September 1792 gewählte Nationalkonvent, der die Legislative ablöste, verschärfte die Lage der Kirche durch zwei Dekrete vom 23.7.1793:

1. Todesstrafe binnen 24 Stunden für Geistliche, die das Dekret vom 26.8.1792 nicht befolgt und Frankreich nicht verlassen hatten;
2. Deportation für nichtamtierende Priester, die den »Freiheit-Gleichheits-Eid« verweigert hatten.

Wie wir wissen, sind trotzdem mehrere tausend Priester im Untergrund geblieben, um unter Einsatz des Lebens ihrer Pflicht nachzukommen.

Im Sommer 1793 wurde ein Gebot erlassen, jegliche öffentliche und private Andacht, Gebet, Gottesdienst etc. zu unterlassen. Sonderkommissare (Prokonsuln) wurden von Paris in die Provinz geschickt, um Priester aufzuspüren und sie vor die Wahl zu stellen, entweder das Priestertum abzulegen und sich zu verheiraten oder von einem Revolutionstribunal zum Tod verurteilt zu werden. Ferner wurden Personen, die Priestern oder Ordensleuten Unterschlupf gewährten, ohne Anhörung zum Tod verurteilt. Es kam zu Massenerschießungen und Massenertränkungen. Gleichzeitig begann der Sturm zur Beseitigung aller äußeren religiösen Merkmale: Zerstörung von Kreuzen, Kirchen, Kalvarienbergen, die Schändung der Königsgräber in St. Denis, Zerstörung der Klosterbauten ...

In diesen Wochen wurden in Lyon 135 Priester erschossen. Bekannt ist aus der Literatur das Schicksal der 16 Karmelitinnen in Compiègne.

Bischof Sieyès trat im Herbst 1793 aus dem geistlichen Stand aus. Erzbischof Gobel von Paris und seine Generalvikare verzichteten auf das Priestertum in feierlicher Weise, wobei der Erzbischof sein Brustkreuz auf dem Altar in Notre-Dame deponierte. Der Schwund aus dem geistlichen Stand traf nun vor allem die staatstreue konstitutionelle Kirche, der schließlich auch die Gehälter der Geistlichen und jegliche Unterhaltszahlungen gestrichen wurden.

Im Alltagsleben zeigte die Entchristlichung makabre Züge. Straßen, Plätze, Orte, deren Namen an Christliches erinnerten, mußten umbenannt werden. Kirchen durften nicht nach Heiligen benannt sein. Bis hin zum Kalender, der nach dem dekadischen System neu eingerichtet wurde, versuchte man alles Christliche auszumerzen.

Notre-Dame wurde zum Tempel der Vernunft erklärt. Der lächerliche Kult der »Göttin der Vernunft« wurde eingeführt.

M. Robespierre widersetzte sich aus deistischer Überzeugung und in richtiger Einschätzung der religiösen Gefühle der breiten Massen der Dechristianisierungspolitik der atheistischen Extremisten (J. R. Hébert, P. G. Chaumette). Es gelang ihm, sie auszuschalten und auf der Höhe seiner Macht den atheistischen Vernunftskult durch den deistischen Kult des »höchsten Wesens« zu ersetzen. Aber trotz des vom Konvent am 21.12.1793 beschlossenen Toleranzedikts ging die gewaltsame Dechristianisierung weiter. Sie erstreckte sich unterschiedslos auf alle Priester und führte zur Auflösung der konstitutionellen Kirche (von 85 Bischöfen legten 24 ihr Amt nieder, 23 fielen ab, davon neun durch Heirat). Das Ende der »Schreckensherrschaft« (Sturz Robespierres am 27.7.1794) führte zu keinem grundsätzlichen Wandel in der Religionspolitik, doch sah sich der Konvent unter dem Druck einer immer mächtigeren religiösen Gegenbewegung gezwungen, am 21.2.1795 die völlige Trennung von Kirche und Staat zu dekretieren und auf dieser Grundlage den katholischen Klerus zu tolerieren. Dieses Edikt wurde jedoch nie im Sinn echter Toleranz verstanden und gehandhabt, seine Geltung durch wechselnde Bestimmungen immer weiter eingeengt zugunsten eines dogmenlosen Staatskultus, der »théophilanthropie«, die das Regierungssystem des »Directoire« immer unpopulärer machte. So mündete die Religionspolitik der Revolution in eine Dauerkrise ein, aus der Frankreich erst durch das Konkordat von 1801 befreit wurde.

4. 200 Jahre später. Die Kirche der Gegenwart und der Zukunft

Wir haben im Verlauf der Geschichte der Revolution den Einfluß der Kirche, besonders des Klerus, auf die Revolution und umgekehrt das Verfahren der Revolution mit der Kirche bis zur Gefahr der Vernichtung gesehen. Daher ist es verständlich, daß die 200-Jahr-Feiern der Revolution in der katholischen Kirche, vor allem Frankreichs, zwiespältige Reaktionen auslösen. Die offizielle katholische Kirche Frankreichs befindet sich am Vorabend der Revolutionsfeiern im Zwiespalt. »Wir wollen weder feiern noch verdammen«, meint der heute 88jährige Kardinal Gabriel Marie Garonne und fährt fort: »Sicher wurde die Revolution von vielen Franzosen ersehnt. An einem gewissen Punkt schien sie sich gegen die Kirche zu wenden, die ihrerseits gegen die Freiheit zu sein schien. Die Komplexität dieser Sache läßt es nicht zu, dieses inzwischen mythische Ereignis als gut oder schlecht zu beurteilen.« Ebenso vorsichtig äußert sich auch Kardinal Poupard, der Präsident des Päpstlichen Kulturrates. Er erinnerte daran, daß in seinem Geburtsort in der Vendée (dem Ort des großen Katholikenaufstands gegen die Pariser Revolutionsregierung) noch heute Unterschiede zwischen den »Weißen« (den Royalisten) und den »Blauen« (den Anhängern der Revolution) existieren.

Frankreichs Bischöfe hatten bereits im Oktober 1988 die Französische Revolution als »große Prüfung« für die katholische Kirche bezeichnet. Sie hatten aber zugleich anerkannt, daß die Erklärung der Menschen- und Bürgerrechte Bedingungen für eine humanere Gesellschaft geschaffen hat, welche auch von den Christen anerkannt wird. Mit großer Spannung wird die für den Frühsommer angekündigte Erklärung des Pariser Erzbischofs Kardinal Jean Marie Lustiger zur Französischen Revolution erwartet. Sie soll bei einem feierlichen Gottesdienst in der Kathedrale Notre-Dame verlesen werden. Sie wird dann als die offizielle Haltung der katholischen Kirche Frankreichs zur Revolution von 1789 gelten. Die Revolution von 1789 hat mit Sicherheit einen tiefen Bruch in der Geschichte der katholischen Kirche Frankreichs verursacht. Bleibende Schäden waren nicht nur in der tiefen Zerrissenheit innerhalb der Kirche über die Haltung der Revolution zu beklagen – das Phänomen Lefèbvre ist eine letzte Auswirkung –, sondern auch was die äußere Sichtbarkeit der Kirche in der französischen Öffentlichkeit und Gesellschaft betrifft. Die sogenannte religiöse Restauration im 19. Jahrhundert konnte die Schäden nicht mehr beheben. Zahlreiche Historiker bezeichnen die antikirchliche Kampagne, insbesondere die nach 1792, als eine »Kulturrevolution«, wie sie zwei Jahrhunderte später in China unter Mao Tse-tung stattfinden sollte. Es ist daher kaum erstaunlich, daß ein besonders gelungener Essay über Abbé Gregoire, den Begründer der »republikanischen Christenheit«, von Ho Chi Minh verfaßt wurde. Den Geistlichen und Revolutionär bezeichnete der vietnamesische »Befreier« als den »Engel der Revolution«.

Ich möchte abschließend anhand einiger Gedanken von Joseph Ratzinger aus dem Jahr 1970 der Frage nachgehen, was die Französische Revolution die Kirche von heute und morgen lehren kann. Der Theologe ist dabei kein Futurologe, der aus den berechenbaren Fakten der Gegenwart ein Kalkül auf die Zukunft anstellt. Da Glaube und Kirche in jene Tiefen des Menschen hinabreichen, aus denen immer wieder das Schöpferisch-Neue, Unerwartete und Ungeplante hervortritt, bleibt ihre Zukunft uns auch im Zeitalter der Futurologie verborgen. Wer hätte beim Tod Pius' XII. das Zweite Vatikanum oder gar die nachkonziliaren Entwicklungen vorhersagen mögen? Oder wer hätte das Erste Vatikanum vorherzusagen gewagt, als Pius VI., von den Truppen der jungen französischen Republik verschleppt, 1799 als Gefangener in Valence starb? Schon drei Jahre zuvor hatte einer der Direktoren der Republik geschrieben: »Dieses alte Götzenbild wird vernichtet werden. So will es die Freiheit und die Philosophie ... Es ist zu wünschen, daß Pius VI. noch zwei Jahre lebe, damit die Philosophie Zeit habe, ihr Werk zu vollenden und diesen Lama Europas ohne Nachfolger zu lassen.« Nun schien es soweit, Leichenreden auf das Papsttum wurden gehalten, das man für endgültig ausgelöscht halten mußte.

Für die Frage, wo damals Bedeutendes, Zukunftsträchtiges für später – bis heute – entstand, scheint am aufschlußreichsten eine Betrachtung der Personen und der darin sich darstellenden Konstellationen jener Epoche zu sein. Wir können selbstverständlich nur ein paar charakteristische Typen herausgreifen, in denen sich die Breite der damaligen Möglichkeiten und zugleich noch einmal die verblüffende Analogie zum Heutigen darstellt. Da gibt es den extremen Progressisten, dargestellt etwa an der traurigen Figur des Pariser Erzbischofs Gobel, der alle Schritte des Fortschritts seiner Zeit wacker mitging: zuerst zur konstitutionellen Nationalkirche; dann, als auch dies nicht mehr genügte, legte er feierlich den Priesterstand nieder mit der Erklärung, seit dem glücklichen Ausgang der Revolution bestehe für einen anderen Nationalkult als den der Freiheit und Gleichheit kein Bedürfnis mehr. Er beteiligte sich an der Verehrung der Göttin der Vernunft in Notre-Dame, doch zuletzt ging der Fortschritt auch über ihn hinweg: Unter Robespierre galt Atheismus plötzlich wieder als Verbrechen, und so wurde der einstige Erzbischof als Atheist auf die Guillotine geführt und hingerichtet.

Diesem Typus zuzuordnen sind auch Loménie de Brienne und Talleyrand. In Deutschland stellten sich die Dinge ruhiger dar: Hier wäre etwa der Direktor des Münchener Georgianums, Matthias Fingerlos, als klassischer Progressist zu erwähnen. In seinem Werk »Wozu sind Geistliche da?« erklärte er, der Priester solle vor allem Volkslehrer sein, das Volk über Ackerbau, Viehzucht, Obstbaumzucht, über Blitzableiter, aber auch über Musik und Kunst belehren – man würde heute sagen: der Priester solle vor allem Sozialhelfer sein und dem Aufbau einer vernünftigen, von Irrationalismen gereinigten Gesellschaft dienen. In der Mitte, gleichsam als gemäßigten Progressisten, könnte man die Gestalt des Generalvikars Sieyès oder eines Abbé Gregoire ansiedeln, die einer Reduktion von Glaube auf Soziales Bahn brechen wollten.

Die Zukunft der Kirche in Frankreich aber ging nicht von diesen, sondern von anderen Frauen und Männern aus. Aus der tödlichen Krisis der französischen Kirche erhob sich eine kleiner und weniger einflußreich gewordene Kirche, aber eine verinnerlichte und aus innerer Kraft stärker gewordene Kirche. Erstaunlich groß ist die Zahl der französischen Heiligen des 19. Jahrhunderts und der Aufbruch einer neuen Spiritualität. Einige Namen seien stellvertretend genannt:

Jean Baptist Vianney (1786–1859), heiliger Pfarrer von Ars; Katharina Labouré, Bernadette Soubirous, Therese von Lisieux.

Die alten Orden erstanden wieder; Dom Prosper Guéranger ist der Erneuerer des benediktinischen Mönchtums in Frankreich, Abt von Solesmes (Wiedergeburt des gregorianischen Chorals); neue Orden entstanden:

1805 Missionspriesterkongregation von den heiligsten Herzen Jesu und Mariä, von Abbé Pierre José Coudrin, Paris;
1816 Oblaten der Unbefleckten Jungfrau Maria (OMI) von Bischof Eugen de Mazenod in Marseille gestiftet;
1824 Maristen von Abbé Jean Claude Colin 1824 zu Belley bei Lyon gegründet;
1800 Dames du Sacré-Cœur von Magdalena Sophie Barat gestiftet;
1835 Frauen vom Guten Hirten;
1840 Petites Sœurs des pauvres u. a.

In diese Kategorie von Frauen und Männern wären in der gleichen Zeit im deutschsprachigen Raum Bischof Johann

Michael Sailer von Regensburg und für uns Österreicher der in Znaim geborene, später in Warschau und dann in Wien wirkende Clemens Maria Hofbauer einzuordnen. Von diesem Mann und von dem großen Kreis seiner Freunde und Schüler ging eine Bewegung aus, die weit mehr Zukunft in sich trug als die siegreich auftrumpfende Großspurigkeit der bloßen Aufklärer. Sailer war ein Mann, der sich offen allen Fragen seiner Zeit stellte; die verstaubte Jesuitenscholastik von Dillingen, in deren Systemgefüge längst die Wirklichkeit nicht mehr eindringen konnte, mußte ihm daher ungenügend erscheinen. Kant, Jacobi, Schelling, Pestalozzi sind seine Gesprächspartner: Glaube ist für ihn nicht an ein System von Sätzen gebunden und nicht durch Flucht ins Irrationale zu halten, sondern in offener Auseinandersetzung mit dem Heute zu bestehen. Aber der gleiche Sailer kannte die große theologische und mystische Tradition des Mittelalters in einer für seine Zeit ungewöhnlichen Tiefe, weil es den Menschen nicht auf den jetzigen Augenblick beschränkte, sondern wußte, daß er selbst seiner nur inne wird, wenn er sich ehrfürchtig und wach dem ganzen Reichtum seiner Geschichte öffnet. Und vor allem: Dieser Mann dachte nicht nur, er lebte. Wenn er auf der Suche war nach einer Theologie des Herzens, dann nicht einer billigen Sentimentalität wegen, sondern weil er um den ganzen Menschen wußte, der sich in der Durchdringung von Geist und Leib, von verborgenen Gründen des Gemüts und von schauender Heiligkeit des Verstandes zur Einheit seines Wesens erfüllt. »Nur mit dem Herzen sieht man gut«, hat Antoine de Saint-Exupéry einmal gesagt: Wenn man die leblose Fortschrittlichkeit von Matthias Fingerlos mit dem Reichtum und der Tiefe Sailers vergleicht, kann man mit Händen greifen, wie wahr das ist. Nur mit dem Herzen sieht man gut – Sailer war ein Sehender, weil er ein Herz hatte. Von ihm konnte etwas Neues, Zukunftsträchtiges ausgehen, weil er aus dem Immerwährenden lebte und weil er sein Leben, sich selbst, dafür zur Verfügung stellte. Und damit sind wir erst beim Eigentlichen: Nur wer sich selber gibt, schafft Zukunft. Wer bloß belehren will, wer nur andere verändern möchte, bleibt unfruchtbar.

So sind wir nun aber auch bei dem anderen Mann angelangt, der Sailers Gegenspieler war: bei Clemens Maria Hofbauer, dem böhmischen Bäckerjungen, der zum Heiligen wurde. Gewiß, dieser Mann war in mancher Hinsicht engherzig, ein wenig reaktionär sogar. Aber er war ein Liebender, der sich mit seiner ganzen unverbrauchten Leidenschaft für die Menschen zur Verfügung stellte. Auf der einen Seite gehörten Männer wie Schlegel, Brentano, Eichendorff zu seinem Kreis, auf der anderen Seite stand er für die Ärmsten und Verlassensten bedingungslos zur Verfügung, nichts für sich selbst wollend, jede Kränkung auf sich nehmend, wenn er dabei den Menschen helfen konnte. Und so vermochten die Menschen durch ihn hindurch wieder Gott zu entdecken, wie er von Gott her die Menschen entdeckt hatte und wußte, daß sie mehr brauchen als Unterricht in Obstbau und Tierzucht. Zu guter Letzt erwies sich der Glaube dieses armen Bäckerjungen als humanistischer und als vernünftiger gegenüber der akademischen Rationalität der bloßen Aufklärer. So war denn, was überlebte und was sich nach den Zusammenbrüchen des ausgehenden 18. Jahrhunderts als Zukunft neu gebar, ganz anders, als Gobel oder Fingerlos vermutet hatten: Es war eine Kirche, die kleiner geworden war, die an gesellschaftlichem Glanz verloren hatte, aber es war zugleich eine Kirche, die aus einer neuen Kraft der Innerlichkeit fruchtbar wurde und sowohl in den großen Laienbewegungen wie in den zahlreichen neuen Ordensgründungen, die seit der Mitte des 19. Jahrhunderts erfolgten, neue Kräfte für Bildung und Sozialwesen entband, die aus unserer jüngsten Geschichte nicht wegzudenken sind. Damit sind wir bei unserem Heute und bei dem Blick auf morgen angelangt. *Die Zukunft der Kirche kann und wird auch heute nur aus der Kraft derer kommen, die tiefe Wurzeln haben und aus der Fülle des Glaubens leben.* Sie wird nicht von denen kommen, die nur Rezepte machen. Sie wird nicht von denen kommen, die nur dem jeweiligen Augenblick sich anpassen. Sie wird nicht von denen kommen, die nur andere kritisieren, aber sich selbst als unfehlbaren Maßstab annehmen. Sie wird also auch nicht von denen kommen, die nur den bequemeren Weg wählen. Die der Passion des Glaubens ausweichen und alles das für falsch und überholt, für Tyrannis und Gesetzlichkeit erklären, was den Menschen fordert, ihm wehe tut, ihn nötigt, sich selbst preiszugeben. Sagen wir es positiv: *Die Zukunft der Kirche wird auch dieses Mal, wie immer, von den Heiligen neu geprägt werden.* Von Menschen also, die mehr wahrnehmen als die Phrasen, die gerade modern sind. Von Menschen, die deshalb mehr sehen können als andere, weil ihr Leben weitere Räume umfaßt. Selbstlosigkeit, die den Menschen frei macht, wird nur erreicht in der Geduld der täglichen kleinen Verzichte auf sich selbst. In dieser täglichen Passion, die den Menschen erst erfahren läßt, wie vielfach sein eigenes Ich ihn bindet, in dieser täglichen Passion, und nur in ihr, wird der Mensch Stück für Stück geöffnet. Er sieht nur so viel, soviel er gelebt und gelitten hat. Wenn wir heute Gott kaum noch wahrnehmen können, dann deshalb, weil es uns so leicht gemacht wird, vor uns selbst auszuweichen, vor der Tiefe unserer Existenz zu fliehen in die Betäubung irgendeiner Bequemlichkeit. So bleibt unser Tiefstes unerschlossen. Wenn es wahr ist, daß man nur mit dem Herzen gut sieht, dann sind wir doch alle irgendwie blind. Was heißt das für unsere Frage? Es besagt, daß die großen Worte derer, die uns eine Kirche ohne Gott und ohne Glauben prophezeien, leeres Gerede sind. Eine Kirche, die in politischen »Gebeten« heute nicht den Kult der Vernunft, sondern den Kult der Aktion feiert, brauchen wir nicht. Sie ist ganz überflüssig. Und sie wird daher ganz von selbst untergehen. Bleiben wird die Kirche Jesu Christi. Die Kirche, die an den Gott glaubt, der Mensch geworden ist und uns Leben verheißt über den Tod hinaus. Desgleichen kann der Priester, der nur noch Sozialfunktionär ist, durch Psychotherapeuten und durch andere Spezialisten ersetzt werden. Aber der Priester, der kein Spezialist ist, der nicht sich selber aus dem Spiele hält, während er amtliche Beratungen gewährt, sondern von Gott her sich den Menschen zur Verfügung gibt, für sie da ist in ihrer Trauer, in ihrer Freude, in ihrem Hoffen und in ihrer Angst, er wird auch weiterhin nötig sein.

Gehen wir einen Schritt weiter. Aus der Krise von heute wird auch dieses Mal eine Kirche morgen hervorgehen, die viel verloren hat. Sie wird klein werden, weithin ganz von vorne anfangen müssen. Sie wird viele der Bauten nicht mehr füllen können, die in der Hochkonjunktur geschaffen wurden. Sie wird mit der Zahl der Anhänger viele ihrer Privilegien in der Gesellschaft verlieren. Sie wird sich sehr viel stärker gegenüber bisher als Freiwilligkeitsgemeinschaft darstellen, die nur durch Entscheidung zugänglich wird. Sie wird als kleine Gemeinschaft sehr viel stärker die Initiative ihrer einzelnen Glieder beanspruchen. Aber bei allen diesen Veränderungen, die man vermuten kann, wird die Kirche ihr Wesentliches von neuem und mit aller Entschiedenheit in dem finden, was immer ihre Mitte war: im Glauben an den dreieinigen Gott, an Jesus Christus, den menschgewordenen Sohn Gottes, an den Beistand des Geistes, der bis zum Ende reicht. Sie wird in Glaube und Gebet wieder ihre eigentliche Mitte erkennen und die Sakramente wieder als Gottesdienst, nicht als Problem liturgischer Gestaltung erfahren.

Es wird eine verinnerlichte Kirche sein, die nicht auf ihr politisches Mandat pocht und mit der Linken so wenig flirtet wie mit der Rechten. Sie wird es mühsam haben. Denn der Vorgang der Kristallisation und der Klärung wird sie auch manche guten Kräfte kosten. Er wird sie arm machen, zu einer Kirche der Kleinen sie werden lassen. Der Vorgang wird um so schwerer sein, als sektiererische Engstirnigkeit genauso wird abgeschieden werden müssen wie großsprecherische Eigenwilligkeit. Man kann vorhersagen, daß dies alles Zeit brauchen wird. Der Prozeß wird lang und mühsam sein, so wie ja der Weg von den falschen Progressismen am Vorabend der Französischen Revolution, bei denen es auch für Bischöfe als schick galt, über Dogmen zu spotten und vielleicht sogar durchblicken zu lassen, daß man auch die Existenz Gottes keineswegs für sicher halte, bis zur Erneuerung des 19. Jahrhunderts sehr weit war. Aber nach der Prüfung dieser Trennungen wird aus einer verinnerlichten und vereinfachten Kirche eine große Kraft strömen. Denn die Menschen einer ganz und gar geplanten Welt werden unsagbar einsam sein. Sie werden, wenn ihnen Gott ganz entschwunden ist, ihre volle, schreckliche Armut erfahren. Und sie werden dann die kleine Gesellschaft der Glaubenden als etwas ganz Neues entdecken. Als eine Hoffnung, die sie angeht, als eine Antwort, nach der sie im verborgenen immer gefragt haben. So scheint gewiß zu sein, daß für die Kirche schwere Zeiten bevorstehen. Ihre eigentliche Krise hat noch kaum begonnen. Man muß mit erheblichen Erschütterungen rechnen. Aber ich bin auch ganz sicher darüber, was am Ende bleiben wird: nicht die Kirche des politischen Kultes, die schon in Gobel gescheitert ist, sondern die Kirche des Glaubens. Sie wird wohl nie mehr in dem Maß die gesellschaftsbeherrschende Kraft sein, wie sie es bis vor kurzem war. Aber sie wird von neuem blühen und den Menschen als Heimat sichtbar werden, die ihnen Leben gibt und Hoffnung über den Tod hinaus.

Literatur

Aubert, Roger, Die katholische Kirche und die Revolution, in: Handbuch der Kirchengeschichte, Bd. IV, Freiburg-Basel-Wien 1971

Die Französische Revolution. Ein Lesebuch mit zeitgenössischen Berichten und Dokumenten, Reclam 8535(5), 1989

Erdmann, Karl Dietrich, Volkssouveränität und Kirche, Köln 1949

Lefèbvre, Georges, 1789. Das Jahr der Revolution, dtv-Taschenbuch, 1989

Maier, Hans, Zur Frühgeschichte der christlichen Demokratie, München 1973

Orssich, Alexander, 1789 und die Kirche, Kathpress 1989

Ratzinger, Joseph, Glaube und Zukunft[2], München 1971

Rogier, L. J., Die Kirche im Zeitalter der Aufklärung und Revolution, in: Geschichte der Kirche, Bd. IV, Einsiedeln 1966

Schmitz, Philibert, Geschichte des Benediktinerordens, 4 Bde., Einsiedeln-Zürich, 1947–1960

Skalweit, Stephan, Französische Revolution, in: Lexikon für Theologie und Kirche[2], Bd. IV, Freiburg 1960

Zeeden, Ernst Walter, Europa im Umbruch. Von 1776 bis zum Wiener Kongreß, Stuttgart 1982

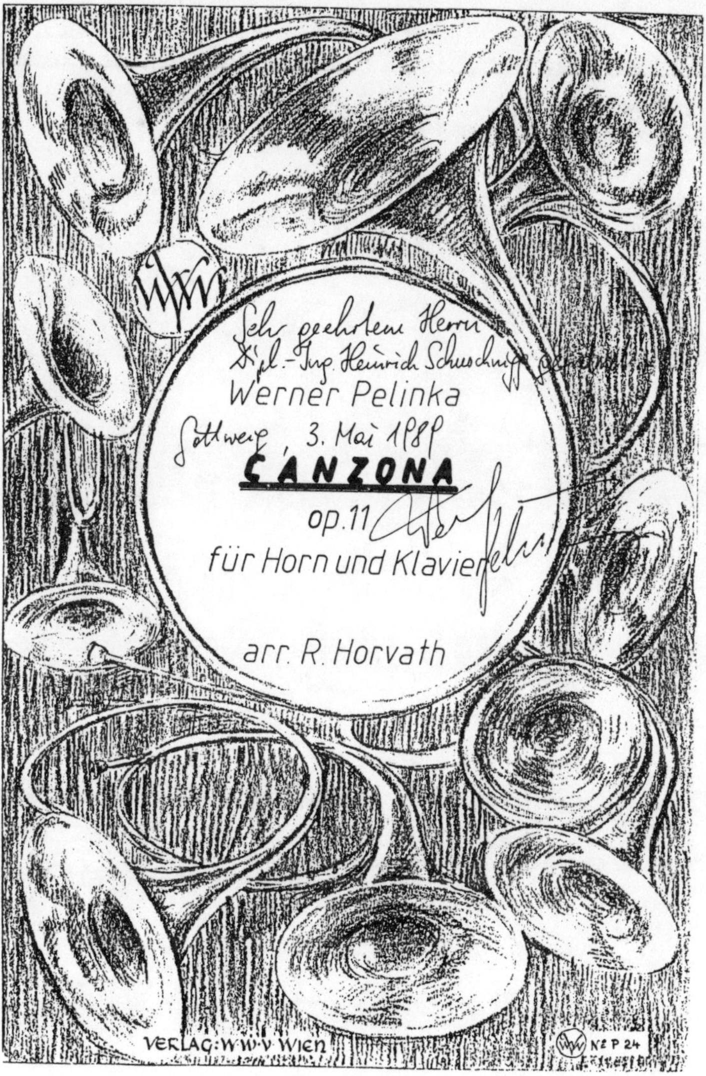

Werner Pelinka, Canzona f. Horn und Klavier, op. 11 (Hornstimme arr. v. Roland Horvath), anläßlich der IV. Österreichischen Akademie in Göttweig Heinrich Schuschnigg gewidmet.

CANZONA

Werner PELINKA, op. 41
(arr. Roland HORVATH)

WWV P 24

WWV P 24

WWV P 24

Mario Graf von Ledebur-Wicheln

Gedanken zum Bicentenaire: Mißverständnis über die Menschenrechte

Einleitung: Der abendländische Standpunkt soll von der Geschichte hinweggespült werden. Worin besteht er?

Vor zirka einem Jahr erreichte mich die Aufforderung, einen Beitrag an die IV. Österreichische Akademie zu leisten. Ich habe gleich zugesagt, nicht weil ich mir einbilde, vom Thema besonders viel zu wissen, sondern aus der Überzeugung, daß man dem Bicentenaire gegenüber reagieren muß.

Wird mit dem Bicentenaire nicht ein weiterer Versuch gemacht, die Französische Revolution als Erfolgsstory zu verkaufen? Und werden die Europäer damit nicht um ein Wissen gebracht, das sie haben müssen, um verantwortungsbewußt vor der Geschichte zu bestehen? Archimedes hat einmal gesagt: »Gib mir einen Standpunkt, und ich werde die Erde bewegen!« Die »Große Revolution« hatte ihren Standpunkt, und sie hat die Erde bewegt. Aber wir Konservative, wo fassen wir Standpunkt? Ist nicht alles im Fluß, im Dahintreiben? Schließt nicht gerade auch im Zeichen der Menschenrechte bald alles seinen Pakt mit der Revolution? Der Mensch hat seinen Standpunkt in der Wahrheit, in der Erkenntnis und im Urteil. Aber um diese Erkenntnis, um dieses Urteil muß er ringen. Die folgenden Überlegungen sind eine Anleitung dazu.

Die »Große Revolution« ist nicht irgendeine Revolution, wie sie in der Geschichte immer wieder vorkommen.

Sie hat ihr Spezifikum, das große R. Sie erfolgte im Namen eines Rezeptes für die neue Menschheit, im Namen von Freiheit, Gleichheit, Brüderlichkeit. Diese neue Dreieinigkeit begründet die Menschenrechte. Was ist das, dieses neue Rezept? Was sind das für Menschenrechte? Mit dieser Frage steht seit 200 Jahren das große R der Revolution über dem Himmel des Abendlandes. Hier muß man Standpunkt fassen!

Verstehen wir uns recht. Suchen Sie im folgenden nicht die Logik der Geschichte, sondern die Logik der Motive. Die Kenntnis der Geschichte wird vorausgesetzt, und es gibt hierüber hervorragende Arbeiten (etwa des Klassikers Michelets, einem Revolutionär). Frankreich hatte Europa den Absolutismus beschert. Aber hinter dem Glanz des Hofes verkamen die Wirtschaft und das Volk. Die Könige waren nicht imstande, Reformen durchzusetzen. Dafür gärte es im Volk mit »Ideen«. (Gegenbeispiel England, das zur gleichen Zeit den Grund für seine spätere Weltstellung legte.)

Reformen sind nötig. Wie für die Kirche könnte man auch für die Gesellschaft der Menschen – und heute mehr denn je – sagen: »Societas semper reformanda.« Aber aus welchem Geist, aus welcher Grundhaltung ist die Aufgabe der Erneuerung zu leisten? Aus dem Geist der »Großen Revolution« oder aus dem Respekt vor der menschlichen Substanz? Abendländische Haltung: den Menschen erhalten und die Gesellschaft erneuern: conservare *et* renovare.

Regieren heißt nach vorne sehen, vorausschauen. Diese Haltung gilt es wieder zu fördern. Bei allem Wechsel den Menschen menschenwürdig zu erhalten, das ist der wahre abendländische und in gewissem Sinne auch der anglo-saxonische Begriff des Konservativen. Er ist streng zu unterscheiden vom Begriff des Reaktionärs, dem es bei notwendigen Reformen nur um das Konservieren (die Konservation) seiner Privilegien geht. Und hierin muß man das Gedankengut der Französischen Revolution prüfen. Dem Gedankengut der »Großen Revolution« liegt ein Mißverständnis und eine Halbheit (wesentliche Konfusion) über das Wort menschlich und menschenwürdig zugrunde. Und diese Halbheit (Konfusion) wirkt – sofern nicht erkannt – in jedem Versuch zu einer Reform unheilvoll weiter. Das ist der Sinn der folgenden Ausführungen. Es geht um eine kritische Lektüre der humanen Motive der »Großen Revolution«.

Warum wird der moderne Mensch nicht wach? Warum geht er am Thema vorbei?

Die »Große Revolution« ist eine Erfolgsstory des europäischen aufgeklärten Humanismus. Diese Botschaft soll heute nach 200 Jahren weiterverkauft werden. Man muß genau zusehen, welche Art von Vergangenheitsbewältigung da betrieben wird. Man muß die Tricks und die Suggestionen erfassen, mit denen gearbeitet wird. Die Argumentation, die wir heute auch in bürgerlichen Kreisen hören können, lautet etwa so: Natürlich war es falsch, daß der arme König umgebracht wurde. Die Revolution ist entartet. Der Terror war schrecklich. Aber war das nicht ein letzten Endes verzeihliches Nebenprodukt einer großen Entwicklung? Das eigentliche Erbe der Revolution sind die Menschenrechte. Die werden bleiben. Die Menschenrechte haben ihren Weg gemacht. Über die kleinen Revolutionen im Balkan und in Lateinamerika, unterstützt von Frankreich, über die amerikanische Revolution und nach dem letzten Krieg, unterstützt von den Vereinten Nationen, haben die Menschenrechte inzwischen Eingang in den Verfassungen aller Völker gefunden. Das ist der Sieg der Revolution, den wir heute feiern: die Erklärung der Menschenrechte! Sie werden doch nicht so beschränkt, so reaktionär, so konservativ sein und etwas dagegen haben?

Achtung! Diese Argumentation verwischt eine Frage:

Waren für die »Große Revolution« Terror und Menschenrechte nicht zwei Seiten derselben Münze? Diese Frage hat seinerzeit ganz Europa erschüttert. Warum gilt man heute als Ruhestörer, wenn man sie wieder aufwirft?

Der moderne Mensch hat, bevor er anfängt, Fragen zu stellen, schon eine »gute« Dosis der revolutionären Dialektik abbekommen. Eine genauere Prüfung zeigt, daß sich diese »Medizin« aus zwei Komponenten zusammensetzt, eine für Bürger und eine für Aufrührer. Als Beruhigungspille wirkt zuerst das Argument: Ja, ja der Zweck heiligt die Mittel nicht. Aber irren ist menschlich. Das kommt in der besten Familie vor. Haben nicht auch schon Christen, um Völker zu taufen, zum Schwert gegriffen? Was dem einen recht ist, ist dem anderen billig. Der Terror war schlecht, die Menschenrechte sind gut. Dieses Argument verfängt bei den Bequemen und Schläfrigen.

Für die zweite Pille hat General de Gaulle den Ausdruck vom »accident de parcours« geprägt. Wir können das mit Betriebsunfall übersetzen. Dieses Argument wirkt auf die energischen Leute. Es lautet etwa so: Auf dem Weg der Geschichte geht manches daneben. Der wirkliche Revolutionär weiß, Umsturz und Ziel des Umsturzes sind ein Ding, nicht wie Mittel und Zweck, sondern wie Geburt und Kind, ein Naturvorgang. Wer A sagt, muß auch B sagen. Wer 1789 für die Menschenrechte war, der mußte auch die Revolution akzeptieren.

Beide Argumente sind uns schon zur zweiten Natur geworden. Wir leben im Zeitalter der Dialektik, des Hegelianismus. Wir leben vor allem so sehr in einer Periode rasanter technischer Entwicklung, daß ein natürlicher Reflex gegenüber der Vergewaltigung des Menschen ausgeschaltet wird. Wir sind täglich über das Fernsehen Zeugen von Unfall und Gewalt. Wir legen an die Geschichte den gleichen Maßstab an, wie an das Verkehrsgeschehen. Das ist aber nicht natürlich und schon gar nicht abendländisch!

Sogar das Vieh merkt es und reagiert, bevor es auf die Schlachtbank geführt wird. Die Opfer des Verkehrs sind Opfer aus Umständen, Fahrlässigkeit oder Rücksichtslosigkeit. Der Richter macht da genaue Unterschiede. Wieviel mehr gilt die Forderung nach gewissenhaftem Handeln bei Beamten und Staatsmännern! Aber die Begriffe »verantwortungsvoll« und »gewissenhaft« sind uns bei der Beurteilung historischer und politischer Vorgänge abhanden gekommen. Nicht durch Zufall! Wir entschuldigen mit dem Hinweis auf die Evolution, mit dem Hinweis auf Motive, die stärker sind als der Mensch. Hier liegt eine geistige Kapitulation vor. Hier ist ein Lebensnerv getroffen.

Das Wort »Gott schreibt gerade auch auf krummen Zeilen« stimmt schon. Aber es gilt eben nur für Gott. Wenn der Mensch in der Geschichte krumme Zeilen schreiben darf, wenn hier keine anderen Maßstäbe gelten als der Erfolg, wo kommen wir dann hin? Hier setzt Hegel ein: »Die Geschichte ist das Sich-bewußt-werden des Weltgeistes in der Dialektik seines Werdens.« Hier wird das abendländische Prinzip, die Verantwortung des Menschen für den Menschen, aufgegeben. Man akzeptiert die bequeme Ausrede der Evolution gleich auch für die Opfer. Die Geschichte werde schon immer geradlinig oder in einer Spirale zu immer höheren Stufen des Menschseins führen, trotz so und so vieler »Betriebsunfälle« (Theilard).

Mit allen diesen Überlegungen wird vernebelt, vor allem mit der Philosophie des Evolutionismus. Man wird anästhesiert. Man merkt nicht mehr den Widerspruch zwischen Menschenrecht und Recht der Revolution. Der Mensch gibt, um »weise« und »human« zu sein, den humanen Standpunkt auf. Diese Haltung verpflichtet zu nichts als zu Toleranz im Sinne von Aufgeben, Toleranz gegenüber dem Unrecht! Gerade in einer Zeit stürmischer Entwicklungen muß man festhalten am Humanen als dem Maß und Inhalt aller Entwicklung.

Die »Große Revolution« als Matrix, als Muster und erster in einer Reihe der Versuche zum Übermenschen

Wer aus der Benommenheit der Berieselung durch die Medien aufwacht, der erkennt: Wir sind am Ende des 20. Jahrhunderts in Europa wieder klein und schüchtern geworden. Nach einem Anlauf zur Welteroberung im 19. Jahrhundert, nach den titanischen Leistungen des Kapitalismus, nach den Untaten der Oktoberrevolution, denen des Dritten Reiches mit ihren Folgen und nach zwei Weltkriegen haben wir, 40 Jahre später, das Fürchten verlernt. Wir haben daher Schwierigkeiten, aus der Distanz von 200 Jahren der »Grande Révolution« gerecht zu werden.

Es ging damals nicht, wie heute gern gesagt wird, um die arme Person des Königs, um Marie-Antoinette und ihre Halsbänder, um Monarchen, die wie so viele einem historischen Konflikt zum Opfer gefallen sind. Es ging auch nicht um den Übergang von der Monarchie zur Republik, für den es in der Geschichte zahlreiche Beispiele gibt. Man sollte bei historischen Ereignissen zwischen Anlaß und Ursache unterscheiden. Es ging schon eher um das Ende des alten Europa, um den Beginn vom Ende des christlichen Europa. Die »Grande Révolution« heißt so, weil ihr ein geistiges Konzept zugrunde lag. Mit ihr sollte – dessen waren sich die Revolutionäre bewußt – das Jahr Null für eine neue Menschheit eingeläutet werden. Und damit hatten alle, die nicht mitmachen wollten, zur Kenntnis zu nehmen, daß ihre Zeit abgelaufen war. Ein sehr merkwürdiges Verständnis der Menschenrechte! Der radikale Bruch mit dem Weltbild, das bisher gegolten hatte, der Ersatz durch ein neues, das ist das Thema der Revolution! Die Enthauptung des Königs, ein historischer Vorfall von enormer Signalwirkung. Der Sieg der Aufklärung über die Mächte der Reaktion rechtfertigte diese kleine Entgleisung im humanitären Programm, diesen »accident de parcours« oder auch diesen Knalleffekt mit der Champagnerflasche. Der Pfropfen auf dem Weg in eine glänzende Zukunft der Menschheit flog weg, als der König enthauptet wurde.

So begann eine neue Zeit für die Menschheit, die sich in der Autonomie ihrer Vernunft ihre Rechte selbst gab, dieselben von niemandem empfangen wollte, mochte es der König oder der liebe Gott selbst sein. Ich glaube dieser Satz ist sehr wichtig für das Selbstverständnis der Revolution: Die Menschenrechte sich selbst spenden! Sie nicht empfangen, sondern sie sich durch die fleischgewordene Göttin der Vernunft selbst spenden: *Das ist die Revolution mit dem großen R!*

Der Gongschlag der Geschichte mußte aber auch so eindrücklich sein, daß sich niemand getrauen würde, gleichsam aus dem Grab aufzuerstehen, um die alten Zeiten wiederherzustellen. Der Sieg der Revolution mußte unwiderruflich, undiskutierbar werden, vor allem im Bewußtsein der Revolutionäre selbst! Denn mit dem Bewußtsein, ein Jahr Null eingeläutet zu haben, ging ja ein Unterbewußtsein einher, daß die reale Zeit wieder auftauchen und die Akteure des Jahres Null zur Rechenschaft ziehen könnte. So gesehen gehören Revolution, Terror und Menschenrechte, ja das Bicentenaire, zusammen wie Paukenschlag und Echo eines unwiderruflichen Vorganges.

Wir haben Mühe, diese »Grandeur«, diese »Unité de Doctrine« der Revolution zu erfassen. Tatsächlich vollzieht sich das meiste instinktiv, einer inneren Logik des de Sade folgend. Bei der russischen Revolution ist das schon ganz anders. Da liegt das Programm des Nihilismus vorher fest. In Frankreich stehen wir am Beginn dieser Entwicklung. Ein titanischer Ruf ergreift die Menschen Europas. Die christliche Ordnung, die im Zeitalter des Rokoko wohl etwas operettenhaft geworden war, soll nun hinweggefegt werden. Zuerst müssen wir die Revolution als geistigen Vorgang in seiner ganzen Tragweite ins Auge fassen.

Und nachher kommen die Fragen.

Die Revolution ist für das damalige Europa, ja für das Abendland ein ganz unerhörter Vorgang, vergleichbar höchstens mit den Glaubenskriegen. Aber wenn man genauer zusieht, hat sich dann ein solcher Vorgang nicht zweimal wiederholt? Und das müßte man doch schon beachten und geistig aufarbeiten. Im Vorgang der »Grande Révolution« wird im Abendland etwas Ungeheuerliches denkbar, ja gesellschaftsfähig: das Menschenopfer für die Verwirklichung einer neuen Menschheit! Es kommt – trotz gegenteiliger Beteuerungen – zum Bruch mit dem klassischen Humanismus und mit dem Humanismus des Christentums; und diesen Bruch will niemand bemerken! Die Sache war zuerst vielleicht auch so nicht beabsichtigt, aber die Radikalität der Forderungen hat ihre eigene Dämonie.

Der Mensch wird im Namen des Programmes für eine neue Menschheit als seiner Grundrechte als Mensch verlustig gegangen erklärt. Jedes Mitleid, jede menschliche Regung hört auf, sofern er diesem Programm nicht entspricht. Er muß zuerst sozusagen ein Revolutionsexamen bestehen, von der Revolution als Mensch neu aus der Taufe gehoben werden. Der Mensch empfängt die menschlichen Grundrechte gleichsam als Standesgnade der Revolution. Man kann es auch einfacher sagen: Der Zweck heiligt hier wirklich alles. So legt die Revolution die Matrix, das Grundmuster für ein neues Verhalten zum Menschen im Abendland. Der Mensch darf, ja er muß unter Umständen verheizt werden zu Ehren einer neuen Menschheit. Ob das Ideal jetzt die aufgeklärte Menschheit ist oder die neue Klasse, der Mensch des Proletariates, oder ob es die neue Rasse der Germanen ist – die Matrix, das Grundmuster für die Rechtfertigung ist jedesmal gleich. Dieses

Grundmuster führt auch jedesmal den gleichen Weg: zur Guillotine, ins Straflager und in die Gaskammer; und führt dorthin im Namen der Sauberkeit eines Experimentes. Der neue Mensch muß artenrein gezüchtet werden. Der neue Stamm darf nicht zurückmendeln. Das ist das titanische Programm des Abendlandes, das uns seit der Französischen Revolution schon dreimal heimgesucht hat.

Übersehen wir nicht den letzten Punkt, die Reinheit der Lehre. Die revolutionäre Bewegung ist bei aller Barbarei vor sich selbst ein säubernder Vorgang, eine Reinigung, die Geburt einer neuen absoluten Idee. Die Revolutionäre empfinden sich jedesmal als eine Garde, die ein Reinigen der Werte vollzieht: Robespierre, Himmler und die großen »Säuberungen« der Partei in Rußland. Die Entfesselung gegenüber dem gültigen Menschenbild, der Rausch der Verwirklichung und der asketische Dienst an einem Ideal, das alles fließt zusammen zu einem eigenartigen Zustand, in dem der Mensch untergeht. Ja wacht denn niemand auf in diesem Wahnsinn?!

Zwei Dinge muß man unterscheiden: die Verblendung der Revolutionäre und die Verwirrung im Publikum.

Das erste Mißverständnis über die Menschenrechte: Die Verblendung der Revolutionäre. Der Mensch als Mittel zum Zweck

Hier geht es um den Vorgang der Revolution selbst, sozusagen innerhalb der Partei, ob das jetzt die Jakobiner sind oder wie immer sie heißen mögen. Es geht aber auch darum, wie die Vorgangsweise der Revolutionäre von den politisch engagierten Kreisen beurteilt wird.

Darf der Mensch zu Ehren eines Programmes für den Menschen verheizt, vergast, vernichtet werden? Heiligt die Revolution die Mittel, die Vorgehensweise? Hat denn niemand etwas bemerkt? Vor allem unter den Revolutionären selbst? Es gibt hier einen Widerspruch in der Verhältnismäßigkeit der Mittel. Schreit denn niemand »Halt!«?

Der Mensch als Mittel zum Zweck einer Revolution – hier scheiden sich die Geister. Es kommt zur Polarisation. Ein Spektrum von Meinungen bricht in und um die Revolution auf. Jedenfalls nach den ersten Erfolgen debattiert man erbittert, wie es weitergeht. Man muß versuchen, dieses Spektrum von Meinungen zu verstehen, denn es bleibt, solange revolutioniert wird, erhalten. Ich glaube, man kann grundsätzlich vier Haltungen unterscheiden. Neben der »harten Linie«, die auf integrale Fortsetzung der Initialzündung drängt, lassen sich, so scheint mir, bald drei verschiedene Linien erkennen, auf denen das revolutionäre Programm entweder zurückgewiesen oder nur mehr abgeändert fortgesetzt wird.

Im Moment, in dem die Revolution unmenschlich wird, kann man *drei Bewegungen der Reaktion* unterscheiden:

- erstens: Zurückweisung,
- zweitens: teilweise Zurückweisung,
- drittens: Entschuldigung für die »Sünden der Revolution«.

Die erste Reaktion auf Unmenschlichkeit ist Zurückweisung, Verweigerung. Das ist die einfachste, menschlichste und gesündeste, im politischen Sinne die Reaktion schlechthin. Wo sie nicht vorliegt, kann es zu keiner weiteren kommen. Alle anderen Reaktionen setzen diese Grundhaltung voraus. Worin besteht sie? In einem Reflex der Würde der menschlichen Natur! Einfach in der Einsicht: Wir sind Menschen und keine Tiere; so wird nicht mit Menschen umgegangen! Wer dafür keine Auffassung hat, erniedrigt sich selbst. Diese Reaktion geht tief. Sie wirkt manchmal primitiv, aber sie ist fundamental und gesund. Wo sie nicht vorliegt, fehlt etwas am Menschen. Nur über diese fundamentale Reaktion kommen wir zum Begriff des Verbrechens am Menschen, zum Begriff einer Schuld und zum Begriff des Kollaborateurs sowie zum Begriff echter Toleranz. Toleranz ist gefordert für jede Manifestation des Menschseins. Es gibt aber keine Toleranz für Verbrechen am Menschen. Das ist die tiefste Einsicht der Reaktion. Den Menschen als berechenbare Größe eines politischen Erfolges herabzuwürdigen heißt ihn mißbrauchen. Das ist nicht tolerierbar, nicht erträglich. Wer hier auch nur dadurch mitträgt (tolere heißt bekanntlich tragen), daß er sich nicht soweit wie möglich dagegen wehrt, der wird zum Mitläufer, zum Kollaborateur.

Und alle Mitläufer trifft Schuld. Diese Einsichten wurden in aller Klarheit erst in unserem Jahrhundert formuliert, als sich nämlich die Linksparteien gezwungen sahen, gemeinsam mit der bürgerlichen Mitte gegen die Rechtsparteien vorzugehen. Sie gelten aber gegenüber jeder Art von Unmenschlichkeit.

Die zweite und die dritte Ablehnungshaltung (Reaktion) finden wir in der politischen Arena. Hier können wir die Bildung von Parteien von rechts und von links beobachten. Es handelt sich um demokratische Reaktionen. Sie wenden sich gegen den exklusiven und gegen den totalitären Anspruch der Revolution, gegen ihre tyrannische »Sauberkeit«.

Von rechts wird der exklusive und totalitäre Anspruch der Revolution in Frage gestellt. Die Revolution ist in ihrem Programm nicht unfehlbar. Es wird unterschieden zwischen menschlichen Grundrechten, vorstaatlichen Rechten, die dem Menschen als Träger freier Entscheidung unveräußerlich zustehen, begründet in der Würde seiner Person. Diese Rechte dürfen dem Menschen unter keinem Vorwand abgesprochen werden. Andererseits gibt es Menschenrechte »zweiter und dritter Generation«, politische Rechte, soziale und kulturelle Rechte, deren Verwirklichung Aufgabe einer Gemeinschaft ist, die dem Menschen voll dienen will. Alle Menschenrechte beziehen sich auf den Menschen und haben im Hinblick auf dieses Ziel ihre organische, nicht aber ihre dialektische Einheit. Niemand darf, um eine zweite Kategorie von Rechten zu erwerben, die erste »vorerst« einmal außer Kraft setzen, also sagen, jetzt machen wir Revolution, nachher stellen wir die Menschenrechte wieder her.

Damit kommen wir zur dritten Reaktion. Die demokratische Linke anerkennt diese Argumentation. Für sie ist der absolute, totalitäre Anspruch der Revolution ein »Sündenfall« gegenüber der Freiheit und den Menschenrechten. Aber die demokratische Linke entschuldigt diesen Sündenfall. Er sei verständlich. Das Argument lautet etwa folgendermaßen: Jede Gesellschaft ist unvollkommen. Wir leben nicht im Paradies. Jede Gesellschaft hat ihr Defizit an Freiheit, an der Erfüllung der Menschenrechte. Bei der einen fehlt es an den Grundrechten, bei anderen sind politische Rechte (Recht auf Arbeit, auf Entwicklung oder andere) ausgesetzt. Jede Gesellschaft hat also auch ihre »Sünde« an den Menschenrechten.

Nun die Entschuldigung: Was die Revolution tut, ist nicht so schlimm. Wir ersetzen eine Sünde durch die andere. Wir setzen die Verwirklichung eines Teiles der Menschenrechte in Klammern (»wir heben sie auf«, wie Hegel so doppeldeutig sagt), um einen anderen Teil durchzusetzen, der bisher ausgeklammert war. Hauptsache, es geht vorwärts mit den Menschenrechten. Wir Linken sind für das Programm der Menschenrechte in seiner Gesamtheit. Man kann nicht über Menschenrechte reden, wenn man nichts zu essen hat, wenn man von den Feinden des Fortschritts mit der Atombombe bedroht wird, etc. Und so werden als Mittel zum Fortschritt die Menschenrechte aufgehoben. Der Mensch ist rechtlos gegenüber der Revolution.

Wir beobachten seit der Deklaration der Menschenrechte 1789 eine stille Mehrheit, die um ihr Recht als Menschen bangt, und wir beobachten eine mit lauten Argumenten geführte Auseinandersetzung zwischen rechts und links über die demokratische Ausgestaltung, die praktische Verwirklichung aller Menschenrechte. Diese laute Auseinandersetzung hat in den europäischen und außereuropäischen Parlamenten die Form einer babylonischen Sprachverwirrung angenommen. Die Energien von soundso vielen Abgeordneten werden verbraucht für die Frage: Wie vollzieht sich das revolutionäre Programm, menschlich oder unmenschlich? Ich nenne dies das erste Mißverständnis über die Menschenrechte, das erste und das kleinere, weil es uns vom zweiten und eigentlichen ablenkt, von der Frage nach Ziel und Zweck der Revolution.

Das zweite Mißverständnis: Die Menschenrechte als Revolution

Bisher war alles Vorbereitung auf die Kernfrage. Das erste und das kleinere Mißverständnis über Menschenrechte und Revolution besteht darin, daß sich die Diskussion über die Vorgangsweise der Revolutionäre erschöpft. Man fragt sich, war es richtig, daß man, um Demokratie zu erreichen, so dogmatisch und brutal vorging. War es richtig, daß man, um die Menschenrechte einzuführen, so unglaubliche Mittel gebrauchte? Und man verliert das Ziel der Revolution aus den Augen, als ob dieses in sich gültig wäre, keiner Rechtfertigung bedürfe, und damit entsteht jene allgemeine Unklarheit im Publikum, in welcher die Revolution erst wirklich fortschreiten kann.

Versetzen wir uns einmal in die Perspektive des Revolutionärs:

Wenn Menschenrechte verletzt wurden, habe ich dann nicht das Recht, ja die Pflicht, dem zu wehren? Habe ich dann nicht das Recht zum Umsturz? Der heilige Thomas ist hier genau! Jawohl, nach gewissenhafter Prüfung, ob keine anderen Wege helfen, wenn schwere Verletzungen der Menschenrechte vorliegen, dann gibt es das Recht zum Aufstand. Der Tyrann, der sich an Rechten und Leben der Bürger vergreift, hat sein eigenes Leben verwirkt; klammert er sich an die Macht und kommt er dabei um, so ist er selbst schuld. Soweit Thomas von Aquin. Der Umsturz wird zum Ziel, wo erst durch den Umsturz das eigentliche Ziel, das Leben in freier Gemeinschaft und Menschenwürde, wieder möglich ist. Das ist die eigentliche Matrix der Revolution.

Konnte die Große Revolution diese Argumente für sich in Anspruch nehmen? Sie tat es ohne Zweifel, ebenso wie die russische, ebenso wie der Nationalsozialismus. Aber konnte sie es zu Recht in Anspruch nehmen?

Hier muß man an den alten Heiden Aristoteles erinnern. In seiner Politik ist zu lesen: Wie schade, die Menschen, die wirklich ein Recht auf die Revolution hätten – und das sind die im menschlichen Sinne tüchtigen –, die finden sich nur in kleiner Zahl und die machen Aufstände nur höchst selten! Denken wir an eine Bewegung wie Solidarnosc, und wir werden verstehen, was gemeint ist.

Hatte die »Grande Revolution« das Recht eines solchen Aufstandes für sich? Leider spricht alles dagegen. Und warum? Vielleicht gerade deswegen, weil man »grand« und nicht im menschlichen Sinn auf »der Höhe« der Zeit sein wollte, vielleicht weil einem das Programm französischen Superhumanismus dazwischenkam. Die Situation für eine normale Revolution war geschichtlich gesehen gegeben. Das Land befand sich nach der Politik des Absolutismus, vorgezeichnet von Kardinal Richelieu, auf die Spitze getrieben vom Sonnenkönig, in einem solchen Zustand der Erschöpfung und Ratlosigkeit, daß alles auf eine Revolution hinwies. Aber in dieser Situation griff eine Zielsetzung um sich, die man in der Einmaligkeit genau erfassen muß. Und diese Zielsetzung wurde von einigen Männern ausgedacht und von den sogenannten gesellschaftlichen Eliten aufgenommen, bevor das Land revolutionsreif war.

Wenn es nur darum gegangen wäre, das Land wieder in die Höhe zu bringen, die Misere der Landbevölkerung zu beheben, neue Märkte für Handel und Industrie aufzutun, hätte dann nicht eine Umgestaltung wie seinerzeit unter Cromwell in England genügt? Überhaupt ist der Vergleich mit England im 18. Jahrhundert historisch höchst aufschlußreich. England legte damals die Fundamente für seine Vormachtstellung im 19. und 20. Jahrhundert. In England konzentrierte man sich auf Wirtschaft, Politik und Technik. Frankreich verpaßte all diese Chancen – vor allem nach der Regierungszeit des Sonnenkönigs –, aber im Volk gärte es an Ideen. Was waren dies für Ideen? Warum kam es zur »Grande Revolution«, zu diesem wahnsinnigen Blutrausch, der schließlich in noch größerer Misere endete? So daß Napoleon den Ausgleich mit der Reaktion – in erster Linie auch mit der Kirche – suchen mußte, um sich als »Erbe der Revolution« überhaupt zu halten? Für den normalen Verstand, der die Fakten kennt, bleibt da etwas Ungereimtes, vielleicht etwas typisch Französisches, womit die staunende Umwelt bis heute nichts anzufangen weiß. (Ähnliches gilt übrigens für die meisten großen abendländischen Katastrophen, für die Reformation, den Bolschewismus, den Nationalsozialismus.)

Wir kommen an die Große Revolution nicht heran, ohne noch einmal die Einheit der Doktrin, die Monumentalität des Vorhabens und die Tragik des Übermenschen zu bedenken. Nur Gestalten wie Dostojewski und Nietzsche können uns an das große R heranführen. Ein Vorgang, der sich zuerst in Frankreich in seiner Brillanz und später in Rußland in seiner Tragik offenbarte und der dabei doch so tief abendländisch ist – denn nur im Abendland kann man so abgründig an christlichen Werten verzweifeln!

Stellen wir uns also noch einmal die Frage: Wie konnte es am Ende des 18. Jahrhunderts unter dem Himmel des Rokoko zu so einem vernichtenden Sturm kommen? Nun müssen wir wissen, daß dieses Europa nach 1000 Jahren Christentum in weiten Teilen nur Leichtlebigkeit und Frivolität war. Und die an die Spitze getretene Frivolität war wohl der Glanz des Sonnenkönigs. Louis XV, sein Nachfolger, mit seiner Mätressenwirtschaft war ein Schwächling, ein leicht anzuprangerndes Ärgernis. Aber Louis XVI. war ein arrogantes Ärgernis, eine geistige Herausforderung.

Der allerchristlichste König als Roi soleil! Das Ärgernis beginnt in der ältesten Tochter der Kirche, und es beginnt in der Intelligenz (nämlich bei Voltaire). Die Intelligenz Frankreichs ist getroffen, so wie seinerzeit die Intelligenz Deutschlands in der Reformation (Luther in Rom). Die abendländische Geschichte kennt solche großen Ärgernisse. Das erste ist Rom, die Stellung der Päpste in der Renaissance. Das zweite ist Frankreich, die gekonnte Eitelkeit des allerchristlichsten Königs. Und der dritte abendländische Skandal ist vielleicht einfach die Ausbeutung des Menschen durch den Menschen. Sagen wir es mit dem französischen Wort: der Patron, der Fabriksherr, der bürgerliche Unternehmer, die Karikatur des Vaters. Gleichzeitig sind das drei Dimensionen der menschlichen Autorität: der Priester, der König und der Vater. Und dreimal findet sich ein scharfer Verstand, der eines Theologen, eines Literaten, eines Intellektuellen. Jeder nimmt auf seine Art auf dem Hintergrund einer intakten christlichen Folie vom Priester, vom König, vom Hausvater Ärgernis an der Verwirklichung dieses Ideals. Jeder sagt: Ich habe eine neue Idee, eine neue Idee von der Kirche, eine neue Idee von dem Staat, eine neue Idee vom Menschen. Und dreimal kommt es aufgrund dieser Ideen im Abendland zu einem Bruderkrieg, der es an den Rand des Selbstmordes führt.

Bleiben wir beim Roi soleil und bei den Vätern der großen R.

Voltaire nimmt ironisch Distanz zu einem christlichen Vorbild, indem er dieses an seinen politischen Konsequenzen mißt. Damit wird die Folie, die für das christliche unaufgeklärte Volk immer noch Gültigkeit hat, fadenscheinig, und sie zerreißt. Hier müssen wir die Intitialzündung für die Französische Revolution suchen. Für Voltaire ist dieser Roi soleil ersetzbar. Die Figur ist hohl. Das Volk könnte für sich selbst besser sorgen. Und Voltaire, der Erfinder der Volkssouveränität, könnte sich in der Dankbarkeit des Volkes besser sonnen als jener.

Mit Rousseau stehen wir dann vor dem eigentlichen Erfinder des romantischen liberalen Humanismus. Die Gesellschaft, die ich vorfinde, ist schlecht. Zurück zur Natur und zurück zum Paradies. Die von allen gesellschaftlichen Zwängen befreite Natur des Menschen ist das Paradies. Die organisierte Gesellschaft ist der Sündenfall. Man beachte, daß diese Schäferromantik von der Oberschicht des Rokokozeitalters konsumiert wurde. Was übersehen wird, ist Einsatz und Arbeit. In Wirklichkeit fordert Rousseau schon die Revolution. Ihr Menschenrecht wäre *ab ovo* neu und damit *eigenen Rechtes* gegenüber aller vorhergehender Tyrannei, die überwunden werden muß. Interessant ist hier schon die Abschaffung der Moral und der Rückgriff auf die Schäferliebe als Eintrittsbillett in das verlorene Paradies, ganz im Sinne von Freud, wenn dieser von der lustvoll vereinigten Menschheit der Zukunft spricht.

Verfolgen wir für einen Moment die politischen Konsequenzen dieser »Philosophen«: Geschichtlich gesehen bewegen sich Rousseau und Voltaire noch in einer bukolischen Welt. Vorbild ist für den einen das Landleben, für den anderen die Organisation des antiken Stadtstaates, der Civitas romana. Erst mit dem Fortschritt von Wissenschaft und Technik stellt sich das Problem der Kooperation unter den Menschen neu. Hier ist es unerläßlich, nicht nur an Marx, sondern auch an Auguste Comte, den Erfinder des Positivismus, zu erinnern. Comte formuliert in seinem Gesetz von den drei Stadien des menschlichen Denkens die wissenschaftliche Grundlage für die Revolution, den Positivismus. Die Entwicklung der menschlichen Gesellschaft erfolgt nach Comte in drei Stadien. Das erste ist das metaphysische Stadium. Gott und heilige Begriffe garantieren die Ordnung. Das zweite ist das philosophische Stadium. Die Moral ersetzt die Religion. Einsicht und Askese werden zur Autorität. Das dritte und das endgültige Stadium ist das »positive«. Positiv meßbare materielle Interessen, wie die einzelnen sie erstreben und sie gemeinsam oder getrennt erreichen können, erklären das gesellschaftliche Verhalten. Comte ist nicht nur der Erfinder der modernen Soziologie. Er ist auch der Erfinder des enttabuisierten, entmythologisierten modernen Gesellschaftsverständnisses. Durch den Positivismus, der sich schon bei den Enzyklopädisten des 18. Jahrhunderts anbahnte, erhält das Gedankengut der Revolution sein »wissenschaftliches« Korsett.

Der Marxismus nimmt sein explosives Element wieder von einem durch das Christentum geprägten Begriff, jenem der Brüderlichkeit. Die Ausbeutung des Menschen durch den Menschen ist ein Skandal. Aber nur im Christentum, sonst hat in der Geschichte der Menschheit kaum einer diesen Skandal entdeckt. Ebenso hätte eine Gestalt wie Ludwig XVI. bei allen Völkern ohne christlichen Hintergrund naives Erstaunen, Bewunderung und vielleicht Imitationsgelüste erweckt (wie eben der Absolutismus von den christlichen Fürsten imitiert wurde), nicht aber intellektuellen Haß.

Soziale Schwierigkeiten und Spannungen, Motive, um ein Joch abzuschütteln, gibt es überall. Aber was man beobachten muß, ist die Technik der Revolution bis zu ihrem großen R.

Das Ärgernis wird im Verstand empfangen, und zwar in einem Verstand, der als Vergleichsfolie ein christliches Ideal benützt, nicht um ihm zu dienen, sondern um dieses Ideal mit dem Hinweis auf seine unzulängliche Verwirklichung aufzulösen und durch eine intellektuelle Formel zu ersetzen.

In der christlichen Bevölkerung wird hier, sofern sie nicht wirklich christlich und *barmherzig* reagierte, aber eine an christlichen Maßstäben geschulte *Gerechtigkeitsvorstellung* und Sensibilität besitzt, ein sehr tief sitzender, letzten Endes egoistischer Reflex ausgelöst: Ich werde meine persönlichen Schwierigkeiten, ich werde die »Tageslast in der Gesellschaft« mit dem Einsatz für einen neuen, letzten Endes mit dem Christentum verwandten Wert los! In jeder »gerechten« Forderung steckt auch ein Stück Eigeninteresse, ein Stück Egoismus, und deswegen zündet die Sache. Und wegen der Verbindung von Gerechtigkeit mit Eigeninteresse wird man auch blind gegenüber jeder Kritik. Nichts blendet den Verstand besser als eine intelligente Ausrede für das Eigeninteresse, besonders wenn es noch ein quasi-christliches Ideal verkörpert. So nehmen die drei Skandale im Abendland ganz andere, sozusagen metaphysische Formen an. Hier kommt es zu Glaubenskriegen, die anderswo undenkbar wären.

Man kann und will nicht zum Christentum zurück. Man hat genug davon, also muß etwas Neues entstehen. Aber dieses Neue muß so grundlegend neu sein, daß es besser ist als das Christentum, ja, es muß ein Jahr Null für die Menschheit sein. Und gleichzeitig bleibt doch ein Wissen, es bleibt eine Nostalgie und ein Stachel des Alten, weil es ja doch nicht so schlecht, ja, weil es doch so gut war! Man lese Nietzsche vom Übermenschen. Hier wird, wie Dostojewski in den »Dämonen«, wie Marx im »Kapital« so deutlich schreibt, wie Fidel Castro, Mengistu und alle diese Revolutionäre auch so gut wissen, etwas in Kauf genommen, was bei den einen Verelendungstheorie, bei den anderen Terror heißt. Es wird nicht nur in Kauf genommen, es wird begrüßt. Die Krise, die Verelendung, der Terror, die verzweifelte Orgie wird begrüßt als Abschied von der Nostalgie und als Hoffnungszeichen für das Neue zugleich, die Geburt der neuen Menschheit, wie aus den Wehen einer vergewaltigten Frau.

Was ist nun dieses Neue, dieses Ziel der Revolution, ihre eigentliche Rechtfertigung?

Es sind die Menschenrechte, aber so, wie sich die Menschheit dieselben im wohlverstandenen Eigeninteresse selbst setzt. Es sind die Menschenrechte Freiheit, Gleichheit, Brüderlichkeit, aber nicht als ein Programm von Brüdern, die in einem Vaterhause leben und Rechte besitzen, weil sie als Kinder des Vaters alle lieb und geheiligt sind. Es sind nicht die Menschenrechte auf der Basis der Zehn Gebote oder jenes anderen Gebotes: Du sollst deinen Nächsten lieben wie dich selbst. Es sind die Menschenrechte in ihrer Autonomie, positiv verstanden als Programm, wie man nie mehr in den kindischen Wunsch nach einem Vaterhaus zurückfällt. Es sind die Menschenrechte, ohne daß man das Ebenbild Gottes im Menschen berücksichtigte. Es sind die Menschenrechte, wie sie sich die Brüderbande, nachdem sie den Vater – Gott erschlagen hat, selbst gibt, um sie libidinös auszuprobieren, wie es bei Freud heißt. Die Menschenrechte, wie sie sich als autonomes Programm im Zuge der Geschichte dialektisch verwirklichen lassen.

Das muß man einmal richtig verstehen. Die Menschenrechte sind an sich etwas Gutes. Sie bezeichnen Wahrung des Zuganges zu Gütern. Aber sie werden in der Revolution mit einem *Anti,* mit einem negativen Vorzeichen versehen. Und in diesem Anti liegt das große Mißverständnis, das wir als Erben der Revolution für heute verstehen müssen. Man kann ganz einfach sagen: Die Menschenrechte in ihrer abstrakten Autonomie, ohne ihre konkreten Fundamente in den Zehn Geboten, das ist das Fundament der Revolution, das wir unbesehen übernehmen. Über ein scheinbares Gut, über eine Teilwahrheit wird das Programm der Revolution wirksam auch unter uns.

Diesen Punkt muß man präzisieren: Was ist das eigentlich, ein Recht? Recht ist die aufgrund öffentlicher Anerkennung einer Person zugestandene Verfügungsgewalt über eine Sache, gegebenenfalls der einer Person im Verhältnis zu einer anderen zugestandene Anspruch auf eine Leistung oder Sache. Das ist eine Definition von Recht. Was ist gemeint? Ein Beispiel: Ich bin berechtigt Auto zu fahren. Mit dem Recht wird mir zugestanden, daß ich Auto fahren darf. Wann wird mir das durch den Vertreter der Öffentlichkeit zugesprochen? Wenn ich das Auto bezahlt habe, wenn es versichert ist, sicher. Vor allem aber, wenn ich Auto fahren *kann.* Jemandem das Fahren zu erlauben, der schwer betrunken ist oder aus anderem Grund nicht fahren kann, wäre ein Unrecht – selbst wenn dieser den Führerschein besitzt! Es kann also jemand gesetzmäßig fahrberechtigt sein und doch im Unrecht, wenn er fahren will. Warum? Es gibt eine Beziehung von Recht zu Rechtsträger. Der Rechtspositivismus leugnet sie. Aber was ist das für eine Beziehung? Wie muß die *Natur des Rechtsträgers* beschaffen sein, damit ihm das Recht zusteht? Beim Autofahren ist es uns ganz klar. Der Betreffende muß *fahren können,* das heißt, er muß beim Fahren *Gebrauch* und *Mißbrauch* des Fahrzeuges *autonom* unterscheiden können und so steuern, daß kein Mißbrauch vorliegt. Das Recht ist eine öffentliche Anerkennung der Autonomie, der Fähigkeit des Menschen, frei zu steuern, Ziele selbst zu wählen und den Mißbrauch auszuschließen.

Bei der Lektüre der Menschenrechte von 1789 muß man also unterscheiden.

Die Menschenrechte sind eine gute Sache insofern sie besagen, alle Menschen sollen, im Maß wie sie fähig und gewillt sind, zwischen Gut und Böse richtig zu wählen, das Recht haben, ihre Autonomie auch auszuüben. Sie sind in dieser Gesinnung gleich, frei und Brüder.

Die Menschenrechte werden aber tief ambivalent, zweideutig, wenn damit gesagt sein soll, was diese Autonomie im Menschsein ist, was diese Fähigkeit, das Gute vom Falschen zu unterscheiden, wirklich ist, das weiß niemand, das werden wir ausprobieren, jedenfalls darf es uns niemand vorschreiben. Errare humanum est. Wir anerkennen letztlich keine Autorität. Die Möglichkeit, den Mißbrauch auszuprobieren, ist ein wesentlicher Teil der Menschenrechte. Wir brauchen vor allem keine Zehn Gebote, kein geheiligtes Tabu, kein göttliches Gesetz für den Menschen. Was die Menschenrechte sind, werden wir in einem, pragmatischen und demokratischen Konsensus selbst bestimmen.

Mit der Einbeziehung des Anti in die Menschenrechte geraten dieselben progressiv aus dem Leim. Übrig bleibt schließlich der mehr oder weniger libidinöse Kampf aller gegen alle und der Raubbau an der Natur.

Das ist es, was Grillparzer mit seinem Wort über die Humanität gesagt hat. Nicht der Begriff der Humanität ist schlecht. Der von einer göttlichen Ordnung absehende Begriff des liberalen Humanismus, dieser Begriff führt zuerst ins Kollektiv (bei Grillparzer zum Nationalstaat) und dann zur Bestialität.

In diesem Begriff ist das wirkliche und das babylonische Mißverständnis über die Menschenrechte beschlossen, das uns die Revolution hinterlassen hat. Und dieses Danaergeschenk hat die Welt seither überwältigt. Mit dem zentralen Begriff des liberalen Humanismus wird das Menschenbild polyvalent, durch Mehrheitsbeschluß, wie es eben geht, bestimmbar. Und die Menschheit wird zum freien Experiment ihrer selbst, zum Experiment ihrer progressiven Evolution, wie das eben mehr oder weniger glücklich und vernünftig unter den Bedingungen des Fortschrittes gelingen oder auch mißlingen kann. Das gilt heute vor allem für die medizinische Technik, verbunden mit wirtschaftlicher und politischer Planung.

Die Große Revolution war eine metaphysische und eine politische Revolution. Der Marxismus war dazu eine soziale Revolution. Die politische und die soziale Dimension der Revolution ist in gewissem Sinn in West- und Osteuropa zu Ende gelaufen. Vielleicht steht uns, basierend auf der Großen R, ein weiterer Zyklus der Revolution bevor, ein das R konservierender Zyklus, still und leise im weißen Mantel des Eugenikers – die letzte Antwort der Revolution auf eine noch unbewältigte Dynamik –, die Antwort auf das Wachsen der Menschheit!

Ich komme zum Ende: Das geistige Vehikel für das Fortschreiten der Revolution, das sind die Menschenrechte in ihrem weltanschaulichen *Anti,* losgelöst von den Zehn Geboten, verlängert bis zum Recht auf den eigenen Bauch, bis zum Recht auf Euthanasie, auf Sterilisation, auf Abtreibung und auf eine freie Humangenetik. Die Menschenrechte als das große X, als die große Unbekannte in der Gleichung. In diese große Unbekannte kann jeder Scharlatan des Menschen, jeder Futurologe sein großes U, seine Heilsformel für eine neue Menschheit einsetzen. Ihr werdet sein wie Götter, das Gute erkennend, wirklich selbst bestimmend, und das Böse.

Wo steht der Konservative? Diese Frage könnte das Thema für eine weitere Akademie abgeben.

Der Konservative weiß um die gesellschaftliche Dynamik. Er erkennt die Bewegung, die ausgelöst wird von jedem Element, das Wachstum und Veränderung bedeutet.

Es ist für ihn eine faszinierende Aufgabe, diese Kraft kennenzulernen. Aber der Konservative weiß auch um die Gefahr, sich den Strömungen der Geschichte hemmungslos auszusetzen. Die Dynamik der Entwicklung muß man erkennen, so wie den Wind am Meer. Aber nicht die Strömung und der Wind dürfen den Kurs bestimmen. Letzten Endes muß das der Mensch selbst tun. Der Mensch muß immer Mensch bleiben, ganz gleich unter welchen Umständen. Der Konservative weiß aber auch folgendes: Nur ein Mensch, der nichts zu verlieren hat, der letzten Endes schon vorher aufgegeben hat, wird sich dem Abenteuer der Revolution bedingungslos verschreiben. Das voraussetzungslose Experiment mit der Menschlichkeit des Menschen – es scheint als Grundmuster der modernen Zeit seit 200 Jahren immer wieder auf – ist gewissenlos und letzten Endes verzweifelt. Jene, die sich ihm verschreiben, haben nicht erfahren können, wie kostbar es ist, Mensch zu sein und für Menschen Verantwortung zu tragen. Der moderne Mensch, der Mensch der Revolution, ist krank nach Sinnerfüllung seines Daseins. Deswegen stürzt er sich in den *Rausch des gerechten Experimentes,* auch wenn es sinnlos sein sollte! Der Konservative weiß, wir brauchen Menschen, die glücklich sind, die innerlich glücklich sind und die dieses Glück weitergeben können, das ist der letzte Anspruch der Revolution an das Abendland, der sich im Bicentenaire noch wiederholt.

Hans Crepaz, Der heilige Ignatius züchtigt seine mißratenen Zöglinge

Norbert Leser

Die Französische Revolution und die russische Revolution im Vergleich

Wenn ich zunächst versuche, das Wesen der Französischen Revolution zu erfassen und ihr historisch gerecht zu werden, so möchte ich vor zwei Gefahren warnen, die einer richtigen Erfassung und Würdigung dieser Revolution im Wege stehen. Und zwar handelt es sich um zwei Mythen, den linken Mythos, der diese Revolution, wie alle Revolutionen, pauschal verherrlicht und verklärt, und den konservativen Mythos, der die Revolution ebenso pauschal verdammt und als ein Teufelswerk bzw. als Veranstaltung einiger Bösewichter und Renegaten ansieht. Ich renne in diesem Kreise offene Türen ein, wenn ich gegen den linken Mythos polemisiere; das müßte ich nur tun, wenn ich vor einem linken Publikum sprechen würde. In unserem Kreis muß ich mich eher mit dem konservativen Mythos auseinandersetzen, der der historischen Erkenntnis nicht minder abträglich ist wie der linke. Ich glaube, daß man versuchen muß, den historischen Tatsachen, die ich hier nicht vollständig darstellen kann, sondern als bekannt voraussetze und rekonstruiere, eine Interpretation zu geben.

Die These, die nicht neu ist, die ich aber erneut in den Raum stellen möchte, ist die, daß die Französische Revolution nicht das Werk einzelner Menschen oder Bösewichter war, sondern daß sie in den Tatsachen vorbereitet war und nach einem Ausbruch gedrängt hat, so daß die Rolle der einzelnen Persönlichkeiten, die heute schon genannt wurden, aber auch Graf Mirabeau u. a. wären zu nennen, die eine Lunte im Pulverfaß waren, nicht aber die von Leuten, die künstlich ein Pulverfaß erzeugt haben und eine künstliche Erregung, die nicht vorhanden gewesen ist, geschaffen haben. Ich zitiere z. B., was Voltaire 1764 in einem Brief an Chavelin schreibt: »Alles, was ich wahrnehme, legt die Samen einer Revolution, die ich unfehlbar herannahen sehe und deren Zeuge zu sein ich nicht mehr das Vergnügen haben werde. Die Franzosen kommen zu allem zu spät, aber schließlich kommen sie an, und das wird dann ein schönes Beispiel sein.« (Diesen Satz kann man auch ironisch verstehen.) Oder in der Komödie von Beaumarchais, die in der Revolutionsgeschichte auch eine Rolle gespielt hat, »Figaros Hochzeit«, wenige Jahre vor Ausbruch der Revolution, heißt es: »Ja, das Stück, das wir gegeben und das ihr jetzt kritisiert, zeigt des guten Volkes Leben, falls ich's richtig hab' kapiert: wenn man's drückt wird sich's erheben, und wer weiß, was dann geschieht?«

Es ließen sich sehr viele solcher Zitate anführen, die beweisen, daß die Revolution keineswegs nur zufällig war oder das Werk einzelner, sondern daß sie vorbereitet war in der Geschichte Frankreichs in jenem Jahrhundert, und man darf auch nicht vergessen, auch das haben viele Historiker betont, die sich mit der Französischen Revolution beschäftigt haben, daß die erste Revolte, die eigentlich auslösend war für die Einberufung der Generalstände und dann für alles weitere, eigentlich eine Adelsrevolte bzw. ein Konflikt zwischen dem König und dem Adel wegen der Steuerleistungen war und daß der König vor allem durch seinen Finanzminister Necker versucht hat, hier eine Steuerleistung herbeizuführen, die immer wieder am sogenannten Parlament, das von Adeligen beherrscht war, gescheitert ist, daß er einen Umweg versucht hat und daß dann die Generalstände, die seit 1614 nicht mehr einberufen worden waren, einberufen werden sollten, um ein Reformprogramm durchzuführen, von seiten des Adels eher mit dem

Ziel einer Reformblockade, aber wie so oft in der Geschichte ist es eben so gekommen wie in der Geschichte vom Zauberlehrling, daß man die Geister, dic man gerufen hat, nicht mehr los wurde.

Was dieser Revolution meines Erachtens das historische Gepräge gibt, ist, daß hier zwei verschiedene Dinge zusammengekommen sind, die man damals schon beim Namen genannt hat: »la grande peur« et »la grande espérance«, sowohl eine große Hoffnung, ein Selbstbewußtsein von seiten der Bourgeoisie, die sich schon feste Positionen in der Wirtschaft und Gesellschaft erobert hatte und nach einer Anerkennung und Umsetzung dieser wirtschaftlichen Position drängte, und auf der anderen Seite auch der Unmut und die Unzufriedenheit des Volkes, die zwar geschürt wurden, die aber tatsächlich vorhanden waren, wie die schon heute zitierten »Cahiers des doléances» zeigen, die Beschwerdehefte, die ein Katalog von Klagen sind, auch der Bauern vor allem, und man darf nicht vergessen, daß Frankreich damals überwiegend agrarisch war, und dazu ist natürlich noch als letzter und vierter und damals noch gar nicht in Sicht gekommener Stand, der aber sozusagen die linke Fraktion der Französischen Revolution inspiriert hat, der »peuple« von Paris gekommen.

Wir sind sehr stark beeinflußt in unserer Interpretation der Ereignisse durch das Werk von Edmund Burke. Mit Recht ein Klassiker der politischen Theorie, der die Französische Revolution schon in ihren Anfängen verurteilt hat und häufig als Prophet betrachtet wurde, weil er vorausgesagt hat, was tatsächlich gekommen ist, nämlich, daß diese Anfänge zu einer Schreckensherrschaft führen würden. Und er hat demgegenüber die »Glorious Revolution« von 1688 als Beispiel einer Revolution hingestellt, die positiv verlaufen ist und die nicht zu einer Revolution im eigentlichen Sinn geführt hat, sondern zu einer Wiederherstellung der verlorengegangenen oder der verletzten Rechte der

Stände usw. Während in Frankreich der große Fehler des Königs darin bestanden hat, daß er nicht rechtzeitig von sich aus den Absolutismus durch eine Teilung der Macht abgebaut hat und er es daher auf diese Reaktion ankommen ließ. Es haben hier verschiedene Faktoren zusammengewirkt, um eine solche Revolution zu ermöglichen; und etwas darf man auch nicht vergessen, was im kausalen Zusammenhang mit der Französischen Revolution steht, historisch-ideengeschichtlich, nämlich die amerikanische Revolution, besser gesagt: die amerikanische Unabhängigkeitsbewegung. Darüber gibt es eine umfangreiche Literatur, die die Unterschiede und die Gemeinsamkeiten zwischen diesen beiden Revolutionen aufzeigt, und mir sind die Unterschiede natürlich bewußt, trotzdem will ich meinen, ohne jetzt das im Detail belegen zu können, daß die Gemeinsamkeiten überwiegen, und daß die Französische Revolution nicht ausgebrochen wäre oder nicht in diesem Enthusiasmus vorangetrieben worden wäre, wenn nicht das Bündnis Frankreichs mit Amerika gegen England schon ein gewisses Präjudiz geschaffen hätte. Wenn man bedenkt, daß Benjamin Franklin in Paris war und dort stürmisch begrüßt wurde – noch vor dem Ausbruch der Revolution – und daß man damals geschrieben hatte: »Er hat dem Himmel den Blitz und dem Tyrannen das Zepter entrissen.« Es wurden die späteren Ereignisse dann auf ihn zurückprojiziert.

Die Tatsache, daß die Mehrheit des Klerus und auch eine Minderheit des Adels zum Dritten Stand übergegangen ist und der König dann selbst die Vereinheitlichung zu einer »assemblée constituante«, herbeigeführt hat, spricht dafür, daß die Zeit reif war; und ich möchte die schon heute erwähnten kirchlichen Repräsentanten Talleyrand, Abbé Sieyès usw. erwähnen, aber auch Graf Mirabeau z. B., als Vertreter der gemäßigten Fraktion der Französischen Revolution. Und einen Mann, dessen Einfluß man auch nicht unterschätzen sollte, der sozusagen die Erklärung der Menschenrechte im Gepäck aus den Vereinigten Staaten mitgebracht hatte, Marquis de La Fayette, der dann auch in der Französischen Revolution eine große Rolle gespielt hat.

Meine These, die auch nicht neu ist, aber die ich doch noch zur Diskussion stellen und untermauern möchte, ist die, daß die Französische Revolution nicht von allem Anfang an de malo war, so daß daraus nichts Gutes entstehen konnte, sondern daß man hier, so wie bei der russischen Revolution dieses Jahrhunderts, zwei Revolutionen unterscheiden muß, die nach außen hin ineinander übergehen, wenn man das im Zeitablauf betrachtet, in Wirklichkeit aber Gegensätze darstellen. Und diese Differenzierung wird von beiden extremen Betrachtungsweisen bewußt vernachlässigt. Die Progressisten haben kein Interesse daran, diese Unterscheidung zu betonen, weil sie der Meinung sind, daß das, was später gekommen ist, noch viel zuwenig weit gegangen ist im Sinne ihrer linken und egalitären Vorstellungen. Und der Thermidor, der zum Sturz Robespierres führte, folglich als eine nicht wünschenswerte Reaktion angesehen wird. Umgekehrt, die Traditionalisten sind der Meinung, daß die Revolution von allem Anfang an schlecht war und daher nichts Gutes daraus entstehen konnte, und haben ihrerseits kein Interesse, innerhalb der Französischen Revolution verschiedene Phasen zu unterscheiden. Ich glaube aber, daß die Unterscheidung zweier Phasen der Französischen Revolution nicht bloß eine nachträgliche juristische Konstruktion ist, sondern etwas, was sich bei Betrachtung des Verfassungswerkes, das von 1789 bis 1791 entstanden ist, geradezu aufdrängt.

Die Erklärung der Menschenrechte und der Bürgerrechte hat sich, wie schon gesagt, weitgehend an amerikanische Vorbilder, die Bill of Rights und die Verfassung von Virginia, angelehnt, und auch das, was nach zweijähriger

Betrachtung dann letzten Endes herausgekommen ist, nämlich die erste Verfassung 1791, ist etwas, was meiner Meinung nach den Geist Montesquieus, der 1748 mit seinem Werk »De l'esprit des lois« herausgekommen ist, widerspiegelt und die Tradition fortsetzt, die man als eine freiheitlich-liberale Tradition bezeichnen kann.

Als einen Schlüsselsatz dieser Verfassung, die 1791 beschlossen wurde, sehe ich den Satz an: »Le principe de toute souveraineté réside essentiellement dans la nation.« Das ist sehr wichtig, hier wird nicht ganz einfach gesagt: »La souveraineté réside dans la nation.« »Le principe«, das ist eine Einschränkung, und die zweite Einschränkung ist »essentiellement«. Das heißt, verfassungsjuristisch gesprochen ist es sicher, daß die erste französische Verfassung zwar von der Volkssouveränität ausgeht – und insofern war es ein revolutionärer Akt, denn die Generalstände waren nicht berufen, eine Verfassung zu schaffen, und haben ihre Befugnisse auf dem revolutionären Weg überschritten und sich eigenständig legitimiert; sie waren weder durch eine Wahl noch durch sonst einen Akt dazu legitimiert. Es war also ein ursprünglicher revolutionärer Akt, und die Abgeordneten haben gleichzeitig eine Zuständigkeit in Anspruch genommen, die über die den Generalständen zugedachte hinausgegangen ist, haben aber durch diese von mir zitierte Formulierung eine sehr wichtige Unterscheidung getroffen. In dieser Versammlung sind nämlich sehr viele Staatsanwälte, Juristen usw. gesessen. Eine Unterscheidung wurde getroffen, die meines Erachtens bis zum heutigen Tag für den liberalen Rechtsstaat konstitutiv ist, nämlich die Unterscheidung zwischen dem »pouvoir constituant« und dem »pouvoir constitué«. Der »pouvoir constituant« wurde in Anspruch genommen, um eine Verfassung zu schaffen, in dem Augenblick aber war die Volkssouveränität nach dem Selbstverständnis der Verfasser dieser ersten Verfassung konsumiert. Dann hat es keine absolute Volkssouveränität mehr gegeben. Was 1791 entstanden ist, war keine Identitätsdemokratie und keine Souveränitätsdemokratie, sondern eine Repräsentativdemokratie, in welcher es nach Erlassung der Verfassung eigentlich nur mehr Zuständigkeiten gegeben hat und der eigentliche Souverän – das Volk – sich durch die Verfassung seiner ursprünglichen Allzuständigkeit begeben hat. Das ist meines Erachtens ein sehr wichtiger historischer Fortschritt, daß diese Nationalversammlung eine solche Verfassung nach dem Repräsentativsystem beschlossen hat und gleichzeitig im Sinne der Montesquieuschen Gewaltenteilung vorgegangen ist. Außerdem war es so, daß auch der König und der Gesetzgeber an das Gesetz gebunden waren, das könnte man wieder mit »Rechtsstaat« und »Rule of Law« und Selbstbindung des Gesetzgebers umschreiben. Diese Abgeordneten haben auch das freie Mandat für sich in Anspruch genommen, d. h., sie haben das imperative Mandat, das ursprünglich bei den Generalständen geherrscht hat, abgeschüttelt und haben damit auch einen Durchbruch zu einem Prinzip erzielt, das zwar heute gerade in Österreich durch die soziologische Realität ziemlich verdunkelt ist, weil die Abgeordneten zwar vom Auftrag ihrer Wähler frei sind, aber bei weitem nicht frei vom Auftrag der Parteien bzw. der Organisationen, die sie entsenden – aber im Prinzip war das auch eine kühne Tat, der Übergang zum freien Mandat. Dazu ist noch die schon am Anfang beschlossene Erklärung der Menschenrechte gekommen, so daß man sagen kann, daß diese Verfassung eine Einheit von garantierten Menschenrechten, von Gewaltenteilung und Repräsentativsystem, kurz den Rechtsstaat, dargestellt hat und insofern vorbildlich geworden und geblieben ist für alle weiteren Entwicklungen in anderen Ländern, nicht so sehr in Frankreich selbst. Es ist sehr häufig so, daß eine Idee sich nicht im Ursprungsland – das gilt auch für das Christentum – durchsetzt, sondern in anderen Ländern viel eher. In Frankreich hat sie sich nur nach vielen Brüchen und Umwegen und auch nicht vollständig im Sinn dieser ersten Verfassung durchgesetzt, aber trotzdem würde ich behaupten, daß das nach wie vor etwas ist, was in historischer Sicht positiv zu bewerten ist, und daß die menschliche Geschichte bisher keine bessere Organisationsform zustande gebracht hat. Es wäre natürlich wünschenswert gewesen, wenn es gelungen wäre, die konstitutionelle Monarchie aufrechtzuerhalten, denn diese Verfassung hat ja den König nicht angetastet und hat sogar genau festgesetzt, unter welchen Umständen und nach welchem Verfahren er abgesetzt werden kann, nur bei Hochverrat usw. Über das alles hat man sich dann später hinweggesetzt, aber damals war es eine konstitutionelle Monarchie, und der König hat, wenn auch nur der Not und nicht seinem Herzenstrieb gehorchend, auch den Eid auf diese Verfassung abgelegt und es wäre gut gewesen, wenn es bei dieser Konstitution geblieben wäre. Hier kommen wir in eine fast geschichtsphilosophische Fragestellung hinein, und da scheiden sich die Geister: War die weitere Entwicklung zur Verfassung von 1792 – diese alte, von mir als vorbildlich reklamierte, hat nur ein Jahr existiert – notwendig? Man könnte nun gerade unter dem Einfluß Burkes, der vorausgesagt hat, daß es nicht dabei bleiben wird, schließen, daß eine Revolution mit Notwendigkeit über das ursprünglich Geschaffene hinausgeht. Ich würde sagen, daß man hier vorsichtig sein soll, ich würde eher die These vertreten, daß die zweite Verfassung, die dann tatsächlich die Volkssouveränität bzw. die Parlamentssouveränität proklamiert hat, die keine Gewaltenteilung mehr gekannt hat und die mit dieser sehr kunstvoll ausgearbeiteten Verfassung 1791 gebrochen hat, nicht das Ergebnis dieser ersten Verfassung, sondern schon das Ergebnis des Scheiterns der ersten Verfassung war. Die Frage, wer daran schuld ist, wird natürlich auch oft gestellt, es lassen sich viele Schuldige finden. Man kann der mangelnden Nachgiebigkeit des Königs und seines Hofes die Schuld geben, aber auch dem Auftreten der Demagogen, die später eine große Rolle spielten, wie Danton, Marat und Robespierre, während in der ersten Phase der Französischen Revolution gemäßigte Persönlichkeiten wie Mirabeau und La Fayette den Ton angegeben haben. Die Ungeduld des Volkes, auch die Kriegserklärung an Österreich, der Fortschritt der Kriegsereignisse, die Erklärung des Herzogs von Braunschweig als Führer der gegnerischen Armee usw., das alles hat dann dazu beigetragen, daß es zu einer Eskalation gekommen ist und daß diese liberale demokratische Verfassung von 1791, die sowohl demokratisch als auch liberal war, ein Intermezzo geblieben ist. Daraus aber zu schließen, daß es nicht anders hätte sein können, scheint mir ein zu weit gehender Schluß zu sein, besonders, wenn man der Meinung ist, daß die ganze Französische Revolution nicht notwendig war. Wenn die Französische Revolution insgesamt nicht notwendig war, dann ist es nicht einzusehen, warum eine bestimmte Entwicklung, eine Phase innerhalb dieser Revolution notwendig sein sollte.

Ich würde eher meinen, daß die Französische Revolution als Gesamtereignis früher oder später in irgendeiner Form gekommen wäre – die Einberufung der Generalstände war die ideale Gelegenheit, daß sich dieses Feuer entzündet hat –, daß aber daraus nicht zu schließen ist, daß dieser erste Anlauf ohne Chancen war, sich durchzusetzen, zumal wir inzwischen historisch Erfahrungen gemacht haben in anderen Staaten, die zeigen, daß sich eine gewaltenteilige, repräsentative, auf dem Prinzip des freien Mandates beruhende, mit den Menschenrechten verbundene Demokratie sehr wohl behaupten und durchsetzen kann. In Frankreich ist es leider nicht der Fall gewesen, und es ist auch kein Zufall, daß mit der Inanspruchnahme der Parlamentssouveränität die Menschenrechte sehr bald unter die

Räder gekommen sind, daß es zu den Septembermorden gekommen ist, weil in einer freiheitlichen Rechtsordnung der Grundsatz der Menschenrechte und der Einschränkung der Gewalt auch des Gesetzgebers eine elementare Voraussetzung für das Funktionieren der Gewaltentrennung und der übrigen Bestandteile der Verfassung ist.

Diese Chance ist vertan worden, und deshalb ist die Französische Revolution bis zum heutigen Tage, auch für diejenigen, die ihr positive Seiten abgewinnen wollen, wie ich, im Zwielicht geblieben; und die Denkrichtung, die ich vertrete, ist ziemlich verbreitet, auch in der Literatur, so daß diese Unterscheidung zwischen zwei Phasen der Französischen Revolution getroffen werden muß. Die erste war auch nicht antikirchlich oder antichristlich im eigentlichen Sinne, im Gegenteil, es wurde sogar bei der ersten Verfassung überlegt, die Zehn Gebote als Präambel an die Spitze zu stellen. Die Radikalisierung, über deren Schuldzuweisung man natürlich verschiedener Meinung sein kann, ist erst später eingetreten und wäre, wenn nicht der Krieg und die anderen komplizierenden Dinge dazugekommen wären, sicherlich vermeidbar gewesen, und es wäre dann unter Umständen eine »Glorious Revolution« auf französisch aus dieser Französischen Revolution hervorgegangen. Wie wir wissen, ist es nicht so gekommen, das ändert aber nichts daran – und darauf würde ich beharren –, daß diese Verfassung von 1791 nicht nur ein gut durchdachtes juristisches Werk war, sondern auch etwas, zu dem wir uns bekennen können und von dem wir lernen können; und auch, wenn man Anhänger einer konstitutionellen Monarchie ist, kann man, glaube ich, auf diese Bauelemente: Repräsentativsystem, freies Mandat, Gewaltentrennung, Menschenrechte usw., nicht verzichten, das ist die Frage, die sich in diesem Zusammenhang stellt.

Dann hat sich die Französische Revolution in weiterer Folge über alle diese Barrieren hinweggesetzt. Wenn einmal der Grundsatz fällt, dann kommt alles andere, z. B. das Verdächtigengesetz, das die Handhabe zur Bespitzelung und zur Tötung ungezählter Menschen geboten hat, und letzten Endes der Thermidor, der neunte Tag des zehnten Revolutionsmonats des zweiten Revolutionsjahres, 1784, in dem der Sturz Robespierres vorbereitet und durchgeführt wurde, der mit seiner Tötung endete und den konsequent die Marxisten als eine thermidorianische Reaktion betrachten, als Ende der Revolution von innen her. Während z. B. ein Revolutionstheoretiker, wie z. B. Crane Brington, den Thermidor als eine Phase der Rekonvaleszenz nach dem Fieber der Revolution ansieht, und er meint, daß das eine allgemeine Gesetzmäßigkeit der Revolutionen ist, daß nach einer Periode des Fiebers wieder die Ruhe einkehrt; und sogar in China hat man erkannt, daß man eine permanente Revolution nur eine Zeitlang spielen kann. Das ist etwas, was für den Konservativismus spricht, daß die Menschen auf lange Sicht gesehen Ordnung, Ruhe und Sicherheit aufgeregten Zeiten vorziehen. Es gibt natürlich einzelne Menschen und einzelne Gruppen, die ständig aufgeregt sind, darunter sind sehr viele nie erwachsen gewordene, und diese verwechseln ihren eigenen Status, den schon Max Weber als »sterile Aufgeregtheit« bezeichnet hat, mit der Mentalität der großen Masse der Bevölkerung. Das ist aber natürlich eine Verkennung der anthropologischen Konstanten, und daran muß letzten Endes jede Revolution scheitern. Trotzdem würde ich nicht so weit gehen wie Nestroy, der einmal in bezug auf irgendeine Revolution in einem seiner Stücke gesagt hat: »Die Schweinerei muß eine andere werden.« Also was schon mehrfach angeklungen ist, daß sich nur die Titel und die Vorzeichen der Unterdrückung ändern, sie selbst aber gleich bleibt.

Ich glaube aber doch, daß es gewisse historische Fortschritte gibt, die allerdings nie irreversibel sind, die verlorengehen können, die auch entarten können, aber trotzdem glaube ich, daß es in der Geschichte solche bleibenden Fortschritte gibt, auch wenn man nicht so enthusiastisch ist wie Hegel. Ich möchte noch einmal dieses Wort zitieren über die Französische Revolution: »Es war dieses somit ein herrlicher Sonnenaufgang, alle denkenden Wesen haben diese Epoche mitgefeiert, eine erhabene Rührung hat in jener Zeit geherrscht, ein Enthusiasmus des Geistes hat die Welt durchschauert, als sei es zur wirklichen Versöhnung des Göttlichen mit der Welt erst gekommen.«

Ich stütze mich bei meiner Interpretation auch auf ein Werk des israelischen Sozialphilosophen Jacob Talmon, den ich selbst einmal in Israel kennengelernt habe, er ist inzwischen gestorben. Er hat ein Buch geschrieben über »Die Ursprünge der totalitären Demokratie«, und er vertritt folgende These, die genau in das paßt, was ich aufgeführt habe, nämlich, daß es zwei grundverschiedene Versionen der Demokratie gibt: eine freiheitliche, als deren Ahnherren er Montesquieu und John Locke ansieht, die Demokratie als eine Art Trial-and-error-Verfahren mit allen Fehlermöglichkeiten betrachtet und daher bedarf es eines Systems des Machtausgleiches, weil jede absolute Macht die Gefahr einer Entartung in sich birgt und jede Volksherrschaft auch ihre Begrenzung erfahren muß.

Der andere Traditionsstrom ist die totalitäre Demokratie, als deren Ahnherrn Talmon Jean Jacques Rousseau ansieht, und es ist kein Zufall, daß Robespierre nicht nur im übertragenen Sinn, sondern auch wörtlich zum Grab von Rousseau gepilgert ist, weil die Unterscheidung, die Rousseau trifft, für die Spätphase der Revolution sehr wichtig ist. Rousseau ist zwar sehr vielschichtig, aber es gibt doch einen Grundgedanken bei ihm, der in der späteren Phase, der von mir als Entartung charakterisierten Phase der Französischen Revolution, durchschlagend wurde, vor allem in der Verfassung 1792, nämlich der Gedanke der »volonté générale«, des hypothetischen Volkswillens. Es kommt nicht auf den empirischen Volkswillen an, sondern es kommt darauf an, daß das Richtige geschieht; und das war die Philosophie der Männer des Wohlfahrtsausschusses, die gar nicht gefragt haben, ob sie eine Mehrheit der Bevölkerung hinter sich haben. Ich glaube im übrigen, daß diese Frühphase der Französischen Revolution, obwohl es damals keine Wahlen und auch keine Meinungsumfragen gegeben hat, eine Mehrheit der Bevölkerung auf ihrer Seite gehabt hat. Beweisen kann man auch das nicht, aber in der späteren Phase hat man sich um diese Frage gar nicht gekümmert; vor allem Robespierre war der Meinung, daß man den Volkswillen verkörpern und zur Durchsetzung bringen muß, ganz gleichgültig, wie das Volk selbst darüber denkt. Also diese »volonté générale«, die Rousseau von der »volonté des tous« unterscheidet, ist etwas, das nicht vom empirischen Volkswillen abhängig ist, und deshalb ist es auch nicht nur eine Farce, wenn in den kommunistischen Staaten, die sich auf Rousseau und Marx und auf die totalitäre Tradition überhaupt stützen, Wahlen stattfinden, die für uns natürlich als Farce erscheinen, dort aber sehr wohl einen Sinn haben, wenn auch nicht im Sinne, zwischen Alternativen zu wählen, sondern im Sinne einer plebiszitären Akklamation im Sinne der Rousseauschen »unanimité«, die er als wünschenswerten Fall eben der demokratischen Grundentscheidung angesehen hat. Wenn man von diesem Standpunkt ausgeht, dann ist es unter Umständen notwendig, das Volk doch noch zur Bestätigung heranzuziehen; und auch die Verfassung von 1792 wurde dann einer plebiszitären Bestätigung unterzogen, um der Verantwortung auszuweichen; es ist aber dann anders verlaufen. Das ist etwas, was man parallel dazu setzen kann und was immer sehr problematisch ist, sich der Verantwortung für Entscheidungen in der Demokratie zu entziehen.

Ich würde sagen: die Französische Revolution ist ein Laboratorium von mindestens zwei Experimenten, die der Menschheit zur Wahl angeboten werden. Die westlich-freiheitliche Demokratie hat sich auf die Frühphase der Französischen Revolution, bewußt oder unbewußt, ausdrücklich oder implizit, berufen, während die totalitären Staaten rechter, aber vor allem linker, marxistischer Provenienz, das Rousseausche und Marxsche Gedankengut und damit den Gedanken der totalitären Demokratie übernommen haben, wo für Grundfreiheiten, Menschenrechte, für eine Begrenzung der staatlichen Gewalt, für eine Gewaltentrennung eigentlich kein Platz ist, weil das dort durch ganz andere Fiktionen ersetzt wurde.

Wenn man die Frage, die auch Pater Abbas (C. Lashofer; d. Hg.) in seinem Vortrag vorhin gestellt hat, zu beantworten versucht, wie die Kirche oder wie das Christentum heute der Französischen Revolution oder dem Gedanken der Revolution gegenübersteht, so würde ich sagen, ambivalent, obwohl das keine Seite befriedigt, aber auch hier vielleicht wie Grillparzer: »In keiner der Extreme zünftig, ich glaube gar, ich bin vernünftig«, für diese Position, daß auf der einen Seite nicht zu leugnen ist, daß die Französische Revolution große Fortschritte gebracht hat, auch wenn sie zum Teil im Kampf gegen die historische Kirche durchgesetzt wurden, aber, wie wir heute gehört haben, zum Teil – zum nicht unbeträchtlichen Teil – den Beifall der Kirche genossen hat, auch dort, wo sich die Revolution dann gegen die Kirche gewendet hat, damit nicht von vornherein ausgeschlossen ist, daß eine christliche Substanz übriggeblieben ist. Das Problem ist, daß man auch häufig entlaufenen Schafen oder Verirrten nachlaufen muß und sie nicht als Feinde abstempeln, sondern zurückholen soll, und genau das ist historisch in gewissem Sinne geschehen: Die Kirche hat heute, wenn man es global betrachtet, viele der Prinzipien, die sie damals verworfen hat oder die noch später verworfen wurden, selbst für sich reklamiert, nicht zuletzt im zweiten Vatikanum. Wenn man heute die Weltsituation betrachtet, so ist es häufig die katholische Kirche, die sowohl den Gedanken der Volkssouveränität als auch den Gedanken der Religionsfreiheit auf ihre Fahnen schreibt und sich in diesem Sinne betätigt. Ich möchte nur zwei Beispiele aus der Gegenwart erwähnen: Polen und die Philippinen, wo eigentlich der Volksaufstand gegen das Marcos-Regime vom dortigen Kardinal ausgegangen ist. Und es ließen sich noch viele andere Beispiele anführen, so daß ich glauben würde, der liberale Rechtsstaat ist das Beste, was erhältlich ist, und er ist auch gut zum Schutz konservativer Werte. Solange ein liberaler Rechtsstaat funktioniert und die Menschen die konservativen Werte bejahen, sind sie in diesem Staat besser aufgehoben als in irgendwelchen anderen Formen, die vielleicht den Konservativen größere Lippendienste erweisen und Vorschußlorbeeren geben, aber auch sehr häufig den Nachteil haben, daß sie die konservativen Werte für die Zwecke von Macht und Diktatur in Beschlag nehmen. Daher bin ich, im Rückblick gesehen, der Meinung, daß die Französische Revolution nicht als ein einheitliches Geschehen aufzufassen ist, sondern als ein durchaus widersprüchliches und daß die Frühphase der Französischen Revolution nicht untergegangen ist und vorbildlich geblieben ist, auch wenn sie in Frankreich selbst an Ort und Stelle Rückschläge erleben mußte und bis zum heutigen Tage nicht in dieser reinen Form wiederhergestellt wurde, wie es damals der Fall war.

Nun zur Oktoberrevolution. Der große Unterschied zwischen der Französischen Revolution und der Oktoberrevolution besteht meines Erachtens darin, daß die Französische Revolution nach der von mir entwickelten oder plausibel gemachten These auch ohne Einberufung der Generalstände früher oder später aufgrund sowohl der »grande peur« als auch der »grande espérance«, also sowohl der

Verzweiflung als auch der Hoffnung, weiter Kreise sich Durchbruch verschafft hätte. Die Oktoberrevolution kann zwar sicherlich auch, wenn man ihre historischen Folgewirkungen in Rechnung stellt, für sich in Anspruch nehmen, eine Revolution zu sein – denn die ganze Weltgeschichte wäre anders verlaufen, wenn es nicht zu diesem revolutionären Akt gekommen wäre im Oktober bzw. nach dem damaligen russischen Kalender im November 1917 –, aber zum Unterschied von der französischen, wo zwar auch Persönlichkeiten in der späteren Phase eine prägende Rolle spielen, ist es dort von allem Anfang an so, daß es in Rußland *eine* Persönlichkeit war, an deren fanatischem Willen diese Revolution hing, und das war Lenin, der bekanntlich vom deutschen Generalstab, dem der Weltgeist offenbar Sand in die Augen gestreut hat, mit dem Ziel, damit eine baldige Beendigung des Krieges herbeizuführen, in einem plombierten Waggon nach Rußland geführt wurde. Das unmittelbare Ziel wurde zwar erreicht, daß der Krieg schneller zu Ende gegangen ist, daß Rußland aus dem Krieg ausgeschieden ist, aber was sonst noch entstanden ist, darüber hat man sich keine Rechenschaft abgelegt. Dazu möchte ich eine kleine Anekdote, um diese historischen Ausführungen etwas heiterer zu gestalten, erzählen, die zeigt, wie alles in den Perspektiven relativ ist: Vor 20 Jahren etwa hat es im Schweizer Fernsehen eine Sendung über Lenin gegeben, der bekanntlich in Zürich bei einem Schuster gelebt hat. (An diesem Haus in der Spiegelgasse gibt es noch eine Gedenktafel.) Dabei wurde die damals noch lebende uralte und ziemlich taube Tochter dieses Schusters gefragt, ob sie sich noch an Lenin erinnere, und sie antwortete: »Ja, ja, das war ein bärtiger Mann, und es sind noch andere bärtige Männer gekommen und haben viel geraucht und haben immer viel Lärm gemacht, und ich war eigentlich froh, daß er eines Tages im Jahre 1917 abgefahren ist, und seither hat man nichts mehr von ihm gehört.« – Das ist einer der schönsten Fälle von unfreiwilliger Komik, die sich wahrscheinlich je ereignet haben, der aber zeigt, daß die Perspcktivcn sehr relativ sind. Für sie war der Fall dann tatsächlich erledigt, für die Weltgeschichte hat er erst begonnen. Etwas, was sich Lenin selbst nicht träumen ließ. Es gibt eine Rede, die in den »Gesammelten Werken« nachzulesen ist, die er vor der Züricher Arbeiterjugend im Jänner 1917 gehalten hat, wo er ungefähr sagt: »Wir, die Älteren, werden die künftige Revolution nicht mehr erleben, aber ihr, die Jüngeren, müßt es dann in die Hand nehmen.« Und wenige Monate später hat er sie nicht nur erlebt, sondern auch selbst gemacht, und Trotzki schreibt in seinen biographischen Materialien über Lenin, wenn Lenin nicht nach Petersburg gekommen wäre, hätte diese Art von Revolution nicht stattgefunden. Genauso wie es meines Erachtens falsch ist, die Französische Revolution als Einheit zu sehen, ist es falsch, wie es die Bolschewiken tun, die Oktoberrevolution als eine notwendige Konsequenz der Februarrevolution anzusehen. Man hätte sich sehr wohl vorstellen können, daß es zu einer Gegenrevolution oder zu einer langsamen demokratisch-evolutionären Entwicklung gekommen wäre. Die Oktoberrevolution, die viel eher ein Staatsstreich, ein Putsch war, ist deshalb zustande gekommen, weil Lenin diesen fanatischen Willen gehabt hat, und Suchanow schreibt in seinen Erinnerungen, daß alle wie vom Blitz gerührt waren, als Lenin mit seinen »April-Thesen« auftauchte und die unmittelbare Ankündigung einer proletarischen Revolution vornahm, das hat dem marxistischen Denken vollkommen widersprochen. Lenin hat es aber gewagt und hat eine Revolution gemacht, die man als Staatsstreich bezeichnen kann, und hat auch in einem Brief an das Zentralkomitee, der auch in den »Gesammelten Werken« abgedruckt ist, geschworen: »Wenn wir an diesem 24. Oktober nicht losschlagen, dann ist alles verloren.« Und auch rückblickend sagt er: »Das war der einzig mögliche Zeitpunkt.« Und das ist der entscheidende Unterschied, meines Erachtens, schon rein im Ursprung von diesen beiden Revolutionen, daß die Französische Revolution einen gewissen Charakter von historischer Notwendigkeit gehabt hat und ausgereift war, wenn sie auch in sehr unreifer Form dann explodiert ist, während die Oktoberrevolution ohne den fanatischen Willen einer bestimmten Persönlichkeit und die Ausnützung eines bestimmten Zeitpunktes nicht durchgeführt worden wäre.

Was hat Lenin damals letzten Endes getan? Er hat alle populären Forderungen, die in der Luft lagen, zusammengefaßt und damit zwar nicht die Mehrheit der Bevölkerung gewonnen – die hat er nicht gehabt, darum hat er auch die Duma und die Konstituante in Rußland auseinandergejagt –, aber stimmungsmäßig in Petersburg jedenfalls einen Großteil der kriegsmüden, verzweifelten Massen für seinen Putsch und sein Abenteuer mobilisiert. Er hat im wesentlichen fünf Forderungen auf seine Fahne geschrieben, die er dann alle später binnen kurzer Zeit verraten hat oder verraten mußte:

Erstens: Die Beendigung des Krieges. Da hat auch er seine ganze Autorität eingesetzt und hat nur mit einer Stimme Mehrheit im Zentralkomitee die Annahme der Friedensbedingungen von Brest-Litowsk durchgesetzt. Das war natürlich die Voraussetzung dafür, daß ihm diese verzweifelten, kriegsmüden Massen zuliefen.

Die zweite war die, daß er die Nationalitätenfreiheit verkündet hat. Das war ein Sprengmittel zur Zerstörung des zaristischen Systems. Allerdings stellt sich heute heraus, daß diese Fiktion der schönen Einheit der Völker, die freundlich, friedlich und freiwillig miteinander leben wollen, nur eine Fiktion von allem Anfang an war. Und wenn man in der russischen Revolution einen Thermidor sucht, der die ganze Sache in ein schlechtes Fahrwasser gebracht hat, so ist es das georgische Massaker 1921, als eine friedliche sozialdemokratische Bauernrepublik, über die Karl Kautsky eine eigene Broschüre geschrieben hat, also noch mit Wissen und Unterstützung Lenins, abgewürgt wurde.

Die Nationalitätenfreiheit war nur ein Sprengmittel, um die alte Ordnung zu zerstören, aber sogar bis zum heutigen Tage kann man sich nicht dazu durchringen, sie wirklich auch so weit gelten zu lassen, daß sie auch das Recht auf Lossagung und auf Lostrennung beinhaltet. Übrigens hat Prof. Voslensky unlängst gesagt, die Sowjetunion ist das letzte Kolonialreich nach dem Zerfall des deutschen, des französischen, des englischen, und dessen Zerfall steht noch bevor.

Es wäre noch immer groß genug, wenn alle Völker die weg wollen, weg können, man könnte es auch vergleichen mit der Spätphase des türkischen Reiches, das auch in den letzten 100 Jahren seiner Existenz durch Aufstände an allen Ecken und Enden auf einen Teil seines ursprünglichen Territoriums zusammengeschrumpft ist. Auch das hat sich also sehr schnell als ein Betrug bzw. ein Lockmittel erwiesen, diese Nationalitätenfreiheit.

Das dritte war, daß man gesagt hat: alle Macht den Räten, das Sowjetsystem. Nun ist dieses Sowjetsystem sehr schnell zu einer Fassade geworden für die Diktatur der Partei bzw. des Zentralkomitees über die Partei bzw. dann des Diktators über das Zentralkomitee und über das Politbüro. Etwas, was übrigens Bakunin und die Anarchisten, die zwar schwach waren in dem, was sie als historische Alternative präsentiert haben, aber weitblickender als die Marxisten und Leninisten, vorhersagten. Die haben sehr früh erkannt, daß diese revolutionäre Machteroberung durch Minderheiten nicht zu dem erträumten Reich der Freiheit führen wird. Trotzki hat den bekannten Satz geprägt: »... daß selbst das Löwenhaupt von Marx als erstes der Guillotine zum Opfer gefallen wäre«, und ein anderer ähnlicher Satz stammt von Bakunin: »Nehmt den radikalsten Revolutionär und setzt ihn auf den Thron aller Reußen, und ehe ein Jahr vergangen ist, wird er schrecklicher geworden sein als der Zar selbst!« – Und der Zar war tatsächlich ein Waisenknabe im Verhältnis zu Stalin, wie wir wissen. Es hat zwar etwas länger als ein Jahr gedauert, aber dafür ist dann um so gründlicher durch Stalin aufgeräumt worden, und zwar nicht nur mit Konterrevolutionären, sondern mit der Blüte der eigenen Revolution. In diesem Sinne übertrifft das unter Stalin Beschlossene die Französische Revolution auch in ihren schlimmsten Phasen bei weitem. Allerdings hat er länger Zeit gehabt, und es sind verschiedene andere Umstände dazugetreten.

Der vierte Punkt, den Lenin auf seine Fahnen geschrieben hat, war »Arbeiterselbstverwaltung« – den Arbeitern gehören die Betriebe. Wir wissen aber, daß das Ergebnis die größte Lohnsklaverei der Geschichte ist, denn während in den sogenannten kapitalistischen Staaten für die Arbeiter die Gewerkschaft ihre Interessen vertritt, wird in den kommunistischen Staaten den Arbeitern unter dem Titel der Identität, unter der Fiktion, daß sie ohnehin selbst an der Macht sind, all das vorenthalten. Das führt dann zu jenen Erscheinungen der Auflehnung gegen diese Fiktion, die dann, und das glaube ich, ein historischer Wendepunkt geworden ist. Das kommt nicht von ungefähr, daß das gerade in Polen und gerade unter dem Einfluß der katholischen Kirche geschehen ist. Daß hier die Solidarnosc das erste Mal diese Identitätsfiktion, die ja schon vorher als Lüge zu durchschauen war, Lügen gestraft hat und auch durchgesetzt hat, daß die Gewerkschaftsbewegung anerkannt und bestätigt wird. Ich halte das für ein historisches Ereignis, und später wird man das einmal als einen der großen Wendepunkte der Geschichte des Kommunismus erkennen, daß hier die ideologischen Säulen zum Einsturz gelangt sind.

Das fünfte war die »Aufteilung des Landes an die Bauern«, die durchgeführt wurde, aber sehr schnell rückgängig gemacht wurde, es wurde ihnen nämlich die Ernte abgenommen, und dann in der großen Zwangskollektivierung ist auch noch die vollzogene Aufteilung rückgängig gemacht worden. Auch das war ein Betrug, wobei es im Einzelfall schwer zu sagen ist, ob Lenin hier bewußt als Betrüger aufgetreten ist oder ob er der Meinung war, daß er diese schönen Forderungen tatsächlich durchsetzen kann. Das ist auch für die historische Wertung fast irrelevant, aber psychologisch ganz interessant. Das ist eine problematische Frage, genauso wie die Frage, die nicht überflüssig ist: Hätte Lenin dieses Abenteuer gewagt, hätte er sich in diesen Kampf gestürzt, wenn er vorausgesehen hätte, was dann später eingetreten ist und was er nicht für möglich gehalten hat, nämlich, daß die russische Revolution ohne Anschlußwirkung im Westen bleiben wird? Er war der Meinung, daß das russische Proletariat in dieser besonderen begünstigten Situation sozusagen eine Initialzündung für die Weltrevolution geben wird, daß aber dann die dafür eigentlich nach der marxistischen Theorie prädestinierten Länder und Proletariate die Führungsrolle übernehmen werden und die Russen in das zweite Glied zurücktreten werden – und mit der Isolierung der russischen Revolution ist es dann zu dem gekommen, was Stalin später als »Sozialismus in einem Lande« bezeichnet hat und wofür er, trotz eifrigen Suchens in den ganzen »Gesammelten Werken« von Lenin, einen einzigen Halbsatz zusammengekratzt hat, der das bestätigt. Marx, aber auch Lenin war diese Perspektive einer isolierten Revolution in einem rückständigen Land vollkommen fremd. Lenin hat es nur gewagt, weil er der Meinung war, es wird natürlich in den dafür prädestinierten Ländern zum historischen Anschluß kommen, und dann wird das russische Proletariat seine Mission erfüllt haben, zurücktreten, und es wird dann zu einem Sieg der Weltrevolution kommen. Es hat sich herausgestellt, daß das auch eine Illusion war, wie es überhaupt für mich schwer zu erklären ist, daß ein Mann, der so genial war wie Lenin in der Machteroberung und ein Stratege und Taktiker der Macht, die auf der Straße gelegen ist, daß er sie im richtigen Augenblick aufgelesen hat, bezüglich der Einschätzung der Zukunftsperspektiven dessen, was er damit in die Welt gesetzt hat, so vollkommen danebengegriffen hat. Seine bekannten Aussprüche, die man auch in den »Gesammelten Werken« findet, daß der Staat so einfach werden wird, daß jede Köchin ihn bedienen kann, oder die sozialistische Gesellschaft wird nach dem Muster eines Postamtes funktionieren, wo man praktisch nur Briefe abstempeln muß – das Gegenteil ist der Fall, die Gesellschaft wird immer komplizierter –, oder seine Annahme, daß die Bürokratie im Sozialismus nur eine vorübergehende Rolle spielen und dann zugunsten der unmittelbaren Volksherrschaft absterben wird, so wie der Staat überhaupt. In Wirklichkeit gibt es kein bürokratischeres System als das sowjetische; und das Buch von Professor Voslensky über die Nomenklatura, in welchem diese Bürokratie und alle ihre Privilegien geschildert werden, ist erschienen und ist im Ostblock totgeschwiegen worden, man hat sich nicht kritisch damit auseinandergesetzt, weil man einfach nichts dagegen sagen kann, es sind nur Tatsachen, die hier festgestellt werden.

Ein System, das ausgezogen ist, um die vollkommene Gleichheit zu schaffen, denn das war es, was Marx an der Pariser Commune begeistert hat, und auch Lenin an Marx, unter anderem die Abschaffung des Militärs, der Bürokratie und als dritter Punkt, daß niemand ein höheres Gehalt bezieht als ein qualifizierter Facharbeiter. Unter Stalin ist auch das preisgegeben und fallengelassen worden, im Gegenteil, es wurde ein bewußter Kampf gegen die Gleichmacherei geführt.

Man kann sagen, die russische Revolution hat kein einziges ihrer Ziele erreicht und ist insofern zum Unterschied zur Französischen Revolution, die eine bedingte Gültigkeit und Vorbildwirkung hat und behält, meines Erachtens eher ein Unglück in der Geschichte gewesen. Es war ein unter illusionären Annahmen durchgeführter Versuch, ein ganzes Volk in ein Abenteuer, in eine Tour de force der Weltgeschichte hineinzujagen. Man könnte in dem Sinne sagen, das erste Opfer des Bolschewismus war das russische Volk selbst, dann sind alle anderen nachgefolgt. Es ist für das Volk selbst nicht das herausgekommen, was man sich erwartet hat; und auch wenn man vom sozialistischen Standpunkt diese Sache betrachtet, komme ich, wie ich in meinem letzten »Presse«-Artikel vom 1. Mai 1989 geschrieben habe, eher zu einem negativen Schluß auf das ganze System, das nämlich den Begriff des Sozialismus weltweit diskreditiert hat. Karl Renner hat es einmal so formuliert: »Der westliche Sozialismus hat die Unkosten des russischen Experimentes bezahlt.« Ich würde sogar weiter gehen, und das ist der wahre Kern der These von Ernst Nolte, der so vielfach von der Linken angefeindet wurde und der doch mit seiner Grundthese recht hat, daß sowohl der Bolschewismus als auch der Nationalsozialismus Fehlentwicklungen sind. Auch sollte man Faschismus nicht mit Nationalsozialismus gleichsetzen, damit wird nämlich Hitler verharmlost und der Faschismus über Gebühr dämonisiert. Es war nicht alles schlecht am Faschismus – im Gegensatz zum Nationalsozialismus, wo ich auch mit dem Vergrößerungsglas nicht viel Gutes entdecken kann. Es ist merkwürdig, daß die Linken, die sich sonst immer so auf die Dialektik berufen, daß alles mit allem in der Geschichte zusammenhängt, gerade in dieser Frage leugnen, daß da irgendein Zusammenhang besteht.

Dabei ist der Zusammenhang zwischen der Oktoberrevolution und zwischen der Entstehung faschistischer Bewegungen mit den Händen zu greifen. Renner hat die Entstehung des Faschismus einmal als Reflexphänomen auf den Kommunismus bezeichnet, und nicht nur die Entstehung, sondern auch die Nachahmung der Organisationsform der paramilitärischen Verbände usw. ist ziemlich weit gediehen; und letzten Endes darf man nicht vergessen, daß ohne die Angst vor dem Kommunismus und ohne die Drohung vor einer proletarischen Revolution das Bürgertum wahrscheinlich nicht in das nationalsozialistische Abenteuer hineingetappt wäre, wie z. B. in Deutschland, und daß die Kommunisten mit ihrer Taktik des »Sozialfaschismus«, die Sozialdemokraten als größere Feinde zu betrachten als die Nationalsozialisten, das Ihre zur Machtergreifung Hitlers beigetragen haben, auch hier unter völlig illusionären Annahmen. Das ist überhaupt das Erschütternde, daß eine Philosophie, die behauptet, auf der Wissenschaft zu beruhen, in Wirklichkeit ständig Wunschträume rationalisiert. Prof. Turok, ein bekannter sowjetischer Historiker, der auch ein Buch über österreichische Geschichte geschrieben hat, das auch ziemlich marxistisch ist – er und seine Frau waren aber selbst Opfer des Stalinismus –, hat einmal erzählt, daß in Moskau bei einer Parteiversammlung jemand, der gesagt hat: Hitler wird zwei Jahre an der Macht bleiben, wegen Defätismus aus der Partei ausgeschlossen wurde. Die offizielle Version lautete sechs Monate bis ein Jahr, und dann kommt die Diktatur des Proletariats. Es hat dann etwas länger gedauert, und nicht das Proletariat hat Hitler gestürzt, sondern, was marxistisch auch schwer zu erklären ist, kapitalistische Staaten mit einem sozialistischen Staat, um einen anderen kapitalistischen niederzuringen. Daraus sieht man, daß man mit dieser Philosophie den elementarsten Tatsachen der Geschichte nicht gerecht wird. Die Oktoberrevolution hat in ihrer Auswirkung zu einer Diskreditierung des Sozialismus geführt, und wie ich glaube auch zum Sieg faschistischer Bewegungen, so daß Karl Dietrich Bracher, der deutsche

Totalitarismus-Forscher, recht hat, wenn er den Nationalsozialismus und den Kommunismus beide als Formen und Zeiten der Verführung darstellt, und auch Ernst Nolte, der in seinem Buch »Europäischer Bürgerkrieg« diese beiden Bewegungen einander gegenüberstellt, wobei faschistische Diktaturen den Vorteil haben, daß man sie schneller los wird. Wie z. B. in Spanien, Griechenland, in Portugal etc.

Die letzten Ereignisse könnten die Idee nahelegen, daß es auch zu einer Selbstaufhebung des Kommunismus kommt, aber nicht aus Läuterung oder aus besserer Einsicht, sondern deshalb, weil es nicht mehr weitergeht. Ich habe das in dem schon zitierten »Presse«-Artikel geschrieben, im Gegensatz zu manchen »linken Freunden«, die in den jetzigen Ereignissen der Sowjetunion einen Sieg des »integralen Sozialismus« Otto Bauers erblicken, doch ist gerade das Gegenteil der Fall: Der Sog geht nicht in Richtung Sozialismus, sondern in Richtung Kapitalismus. In Ungarn gibt es diesen schönen Witz – der aber mehr als ein Witz ist: »Was ist der Sozialismus?« – »Ein langer und schmerzlicher Umweg vom Kapitalismus zum Kapitalismus.« Es ist so, daß die Elemente der westlichen Demokratie übernommen werden, der Markt, der Unternehmer, auch der Profit, der etwas ganz Schnödes ist nach marxistischer Auffassung, allerdings wird er anders etikettiert, er heißt »materielle Interessiertheit«. Das ändert am Grundtatbestand gar nichts; und wie lange man noch die letzte vierte Säule, nämlich das Staatseigentum an Produktionsmitteln, aufrechterhalten kann, ist auch eine Frage der historischen Entwicklung. Es ist so, daß das sowjetische System heute Interesse findet, besonders bei einer linken Schickeria, die schon immer eine geheime Neigung für dieses System gehabt hat und dies endlich zeigen darf.

Das Sowjetsystem wird nur deshalb attraktiv, weil dort Substanz abgebaut wird, und nicht weil die ursprüngliche

Substanz zum Vorschein kommt. Und das führt mich zu meiner Hauptthese zurück, daß die Oktoberrevolution nicht bloß eine mit Kinderkrankheiten und Schönheitsfehlern behaftete, aber an sich richtige und gesunde Entwicklung war, sondern eine mit prinzipiellen Fehlern behaftete, eine Fehlentwicklung. Es ist kein Zufall, daß zwei marxistische Theoretiker, Karl Kautsky und Adam Schaff – Adam Schaff hat auch in Wien lange gelehrt, und ich habe oft mit ihm über diese Dinge gesprochen –, den theologischen Ausdruck über den Begriff »Erbsünde« für die Volksdemokratien und für die russische Revolution verwenden – etwas ganz Merkwürdiges bei einem marxistischen Theoretiker –, einer Sünde, die sich durchfrißt, die man nicht einfach wegbekommen kann, sondern die bis zu einer entscheidenden Wende sich weiterhin durchsetzt. Das ist das, was, wie ich glaube, sich in der Sowjetunion ereignet; ich sehe wenig, was wir von dort lernen und nachahmen können, im Gegenteil, sie stellen ihre eigenen Dogmen in Frage. Den demokratischen Zentralismus noch nicht, es gibt einige Dinge, die ausgeklammert sind, auch über den KGB hat Gorbatschow bisher noch nicht gesprochen, aber es geht wahrscheinlich nicht alles auf einmal. Es ist schon viel gewonnen, wenn dieses Monster in Lauerstellung liegt und sich eine Zeitlang totstellt. Obwohl durch Totstellen nicht immer ein tödlicher Effekt eintritt, es kann auch wieder sehr schnell revitalisiert werden. Der Apparat ist nach wie vor hier, aber es wird sich noch alles herausstellen, wie weit das geht. Und der große Unterschied zur Französischen Revolution, den ich sehe, vom christlichen Standpunkt aus, ist der, daß die Französische Revolution, wie wir gehört haben, nicht in der Substanz atheistisch, nicht einmal antichristlich, nicht einmal antikirchlich war, sondern nur im Laufe der Entwicklung eine Fraktion Oberhand gewonnen hat, während der Kampf gegen die Kirche, gegen das Christentum und gegen die Religion zum

Wesensbestandteil des Marxismus und vor allem des Leninismus gehört. Trotzdem ist es heute schön und ermutigend, zu sehen, daß das religiöse Leben sich wieder Bahn bricht. Vielleicht behält Oswald Spengler, der meistgelesene Autor der Zwischenkriegszeit, vor allem in akademischen Kreisen, mit seiner These recht, der im »Untergang des Abendlandes« gesagt hat, im dritten Jahrtausend wird Rußland die Welt beherrschen, aber nicht das Rußland des Westens, zu dem auch der Marxismus, der ein westlicher Import in Rußland war, zählt, sondern das Rußland Dostojewskis. Das wäre auch für das Christentum eine ganz neue Perspektive, wenn sich das tatsächlich ereignen sollte.

Die Oktoberrevolution ist von vorneherein etwas Mißglücktes gewesen, einem rückständigen Land mit einer falschen Annahme einen Gewaltmarsch durch die Geschichte aufzuzwingen. Das hat dann dazu geführt, daß dies schiefgegangen ist und ja auch nur mit sowjetischen Bajonetten exportiert wurde, in anderen Ländern und auch in Europa nur in rückständigen Ländern zum Teil imitiert wurde oder daß man sich angelehnt hat, wie in Kuba. Aber es ist kein Rezept geworden für die Revolutionierung der westlichen Welt. Deshalb ist es fast müßig, nach einem Thermidor in der Oktoberrevolution zu suchen, so wie man ihn in der Französischen konstatieren kann, am ehesten würde ich noch sagen, drei Ereignisse im Jahre 1921. Sie sind Weichenstellungen, die an sich schon vor Stalin die Revolution endgültig in ein schlechtes Fahrwasser gebracht haben: das georgische Massaker, die Niederwerfung des Aufstandes der Kronstädter Matrosen, die eine Blüte der Revolution waren. Drittens, und das ist auch eine unbegreifliche Ironie der Geschichte, das Fraktionsverbot, das noch zu Zeiten Lenins am Parteitag eingeführt wurde und mit dem sich die späteren Opfer Stalins, Trotzki, Kamenjew, Sinowjew, Bucharin u. a., das Grab geschaufelt haben, in das sie dann später hineinspringen mußten, bzw. die Falle gezimmert haben, die dann später über ihnen zugeschnappt ist.

Mit dem Fraktionsverbot ist natürlich jede innerparteiliche Freiheit zerstört worden, denn Lenin hat immerhin noch den demokratischen Zentralismus gepredigt, d. h. Freiheit der Diskussion bis zur Beschlußfassung, dann sind aber alle daran gebunden, was allerdings eine sehr ernste Einschränkung der Freiheit war, denn man weiß, wie blitzschnell Parteien in der Herbeiführung von Beschlüssen sind, so daß die Diskussionsphase oft sehr kurz ist und die Phase des Verstummens dann oft eine sehr lange ist. Aber es hat immerhin noch theoretisch diese »Kautel« der Diskussion gegeben, doch auch sie ist durch das Fraktionsverbot zunichte gemacht worden. Damit ist der weitere Weg der russischen Revolution vorgezeichnet. Im übrigen gehört es auch zu den Ironien der Geschichte – die Geschichte spart nicht mit Ironien und auch nicht mit Überführungen von Menschen und von Ideen –, daß derselbe Trotzki, der 1904 nach der Spaltung der russischen Sozialdemokratie vorausgesagt hat, daß das Leninsche Organisationsprinzip der Berufsrevolutionäre und der Zellenbildung mit Notwendigkeit zur Diktatur über das Proletariat, zur Diktatur der Partei über das Proletariat, zur Diktatur des Zentralkommites und letzten Endes zur Diktatur eines einzelnen führen würde, daß derselbe Trotzki später seinen Prinzipien abgeschworen hat und doch von der Geschichte eingeholt wurde und von Stalin auch noch in Mexiko ermordet wurde, nachdem andere Versuche fehlgeschlagen sind. (Ich habe dieses Haus in Mexico City, in dem Trotzki ermordet wurde, das heute ein Museum ist, mit meinem Freund Alfred Missong einmal besucht.)

Das ist die Konsequenz eines solchen Systems, während Lenin zwar auch nicht dem Terror abgeneigt war, aber der Meinung war, der Terror soll sich nur auf den Klassenfeind erstrecken. Das ist auch eine Illusion. Schon Rosa Luxemburg hat ihm vorgehalten: »Die Freiheit ist immer die Freiheit des Andersdenkenden.« In dem Augenblick, in dem man die Freiheit des anderen einschränkt, macht man auch die Freiheit in der eigenen Organisation zunichte, denn wenn der Klassenfeind ein so böser und so übelwollender Mensch ist oder eine solche Kraft, dann wird er natürlich seine Emissäre in die Partei schleusen, und die muß man dann entlarven, und dann muß man den Kampf in die Partei tragen, und am Ende ist der Schrecken. So hat, glaube ich, Kamenjew zu einem mitverschworenen Kommunisten, noch lange bevor es so weit war, gesagt: »Er ist der Dschingis-Khan, der Stalin, er wird uns alle umbringen.«

Also hier ist die russische Geschichte in ihrer schrecklichsten Ausprägung wiedererstanden, und es war vorhersehbar, und ich würde behaupten, mit einem viel höheren Grad an Notwendigkeit als das Scheitern oder die Entartung der Französischen Revolution. Gerade die Deutung der modernen Geschichte des 20. Jahrhunderts im Sinne von Nolte als »europäischer Bürgerkrieg« und als eine »Zeit der Verführung« im Sinne von Bracher bringt uns wieder zum liberalen Rechtsstaat zurück, der gegenüber den Totalitarismen aller Provenienz den Vorzug genießt. Wenn er mit einer Monarchie zusammengeht, um so besser, aber das Wesentliche, glaube ich, für die Freiheit des einzelnen ist dieser liberale Rechtsstaat, und der hat in der Französischen Revolution zwar nicht gesiegt, aber er hat sozusagen seine erste historische Bewährungsprobe, wenn auch nur für kurze Zeit, abgelegt, und deshalb kann man dieser Revolution mehr nachsehen als der Oktoberrevolution.

Hans Crepaz, Ludwig XVI. schießt zurück,
und die Französische Revolution findet nicht statt

Günther Nenning

Zuviel Revolution? – Nein; zuwenig! »Ein Frankreich aus 40000 Gemeinden!«

I. Die Dichter als Teilnehmer der Revolution

Die Witwe Schosulan, Kammerfrau bei Maria Theresia, erzählt: »... daß die hohe Frau zum Frühstück stets einen Vierteleimer Schokoladi und einen ganzen frischbachenen vierpfündigen Striezel zu genehmigen pflegte; ein halbes Dutzend Backhendel und Käse beendete in der Regel dieses erste Frühstück, mit dem die Grundlage zur Zehnuhrjause gelegt ward.«

Behauptet der stets unzuverlässige Fritz Herzmanovsky-Orlando in seinem Roman »Der Gaulschreck im Rosennetz«. Die Kammerfrau berichtet anschließend vom Lieblingsleibstuhl der Kaiserin, der mittels eingebauter Drehleier mehrere Melodien zur Auswahl bot:

»Besonderscht liebte die hohe verew. Frau ein mächtiges Musikstück, das von Tschinellen ernst und würdig begleitet ward.«

»Einmal«, erzählt die Witwe Schosulan mit leichtem Durcheinander betreffend die historisch exakte Datierung der Ereignisse, »im Hochsommer war's, das Jahr weiß ich nimmer – is schon lang her –, sprach die Kaiserin zu meiner: Schosulan, sprach Hochdieselbe, höre Sie, hat die hoche Dame zu mir gesagt, höre Sie, wie traurig daß heunt die Tschinellen tun. Meiner Seel, heunt is was geschehen, das gräßlich für Unser hoches Ohr zu hören sein wird.«

»Und richtig«, behauptet Herzmanovsky, »drei Wochen

später, an einem Freitag war es, kommt um die nämliche Stund neben einem schaumbedeckten Roß – der Reiter war schon hinter Regensburg heruntergefallen – ein Laufer mit rot-weißen Straußenfedern atemlos in die Burg gerennt und meldet, daß die Freimaurer und Freunde der Unzucht die Baschkill – oder wie daß sie sich schreiben tut – gestürmet hab'n. Was dann alles war, mag nimmer dran denken.«

Wir aber müssen. Denn schrecklicher als die Französische Revolution wüten die Feste zu ihrem 200. Bestand. Nie noch wurde ein großes historisches Ereignis schamloser mißbraucht zu einem gigantischen PR-Spektakel. Verkauft wird uns nicht die Größe und der Schrecken dieser Revolution, sondern ein Plastikgefühl, daß Fortschritt schön ist, und nirgends schöner als in Paris, und keiner fortschrittlicher als der kleine rosarote Präsident Mitterrand.

Frankreich verkommt zur Mickeymouse Republik.

Im Festzug am 14. Juli auf den Champs-Elysées wird, unter 8000 identischen Statisten, die angeblich die diversen Völker der Welt darstellen, ein Österreicher mit Lederhose auftreten; während er »Die Tiroler sind lustig« jodelt, umarmt er eine Schweizerin; unter deren riesigem, rotierenden Dirndlrock sitzt der Fahrer, der das Horrording elektrisch vorwärtsbewegt; im Rucksack des Österreichers steckt eine deutsche Flagge.

Das ist der Fortschritt des französischen Geistes zum höheren Blödsinn. Nouvelle cuisine: alle Nationen verrührt im One-World-Eintopf.

Wie delikat dagegen die Herzmanovskysche Hausmannskost! Zarter als durch Schokolade, Striezel und Lieblingsleibstuhl lassen sich die verbotenen Freuden des Ancien régime nicht andeuten, höflicher läßt sich nicht hinweisen auf den reaktionären Schrecken vor dem revolutionären Schrecken, und behaglicher nicht wegrücken in sichere zeitliche und räumliche Distanz.

Herzmanovsky sagt dasselbe, nur viel raffinierter, wie Kant in seiner berühmten Bemerkung über die Französische Revolution (geschrieben 1798), nämlich: »... daß ein wohldenkender Mensch sie, wenn er sie zum zweitenmal unternehmend, glücklich auszuführen hoffen könnte, doch das Experiment auf solche Kosten zu machen nie beschließen würde.«

Freilich sagt Kant auch, und wie Herzmanovsky aus *spielerischer* Distanz zur Revolution, sie finde »in den Gemütern der Zuschauer (die nicht selber in diesem *Spiel* mitverwickelt sind) eine Teilnehmung dem Wunsche nach, die nahe an Enthusiasm grenzt«, und zwar auch wenn sie »mit Elend und Greueltaten dermaßen angefüllt sein mag«.

Schon wieder sagt dies eleganter als der deutsch-umständliche Philosoph ein Dichter, diesmal Charles Baudelaire:

»In jedem Wechsel liegt zugleich etwas Niederträchtiges und etwas Angenehmes, etwas von Untreue und von Umzug. Das genügt, um die Französische Revolution zu erklären.«

Hier ist im Grunde alles, was man braucht, um geschichtskundig zu werden. Plötzlich kennt man sich aus:

Niedertracht und Untreue. Niederträchtiger, ungetreuer sind Menschen nie gewesen als jene, die in der Französischen Revolution alle bisher haltbaren Wurzeln ausreißen wollten, alle bisher gültigen Gemeinschaften ausradieren. Der Mensch, wie wir ihn heute haben – größenwahnsinnig, ahnungslos, armselig –, stieg aus dieser großen Blutlache, als schaumgeborener Gott der Häßlichkeit. Der moderne Zentralstaat, das kälteste aller Ungeheuer; die moderne Ökonomie der Konkurrenz, nach dem Marxschen Merksatz: »Je ein Kapitalist schlägt hundert tot«; der moderne kalte Krieg, der aus allen Menschen Soldaten macht – das alles begann damals erst so richtig. Bisher war noch jede große Revolution ein Umschwung in die große Angst. Daß man die Menschen in Blut baden müsse, um das Neue zu gebären, ist zweitens ein faschistischer Grundsatz, erstens schon einer der Französischen Revolution.

Annehmlichkeit und Umzug. Der Umzug in ein neues Haus – und keine Rede noch von den Scherereien, die man damit haben wird – ist ein wunderbares Gefühl. Die Französische Revolution produzierte Gefühle sogar bei den hierfür zuständigen Deutschen. Von ihr dozierte Hegel 30 Jahre später auf seinem fernen Berliner Katheder für Philosophie:

»Solange die Sonne am Firmament steht und die Planeten um sie herumkreisen, war das nicht gesehen worden … Es war somit ein herrlicher Sonnenaufgang … Eine erhabene Rührung hat in jener Zeit geherrscht, ein Enthusiasmus … als sei es zu einer wirklichen Versöhnung des Göttlichen mit der Welt nun erst gekommen.«

Hegel konjugiert den Enthusiasmus für die Französische Revolution in der Vergangenheitsform (»*war* ein herrlicher Sonnenaufgang«) und im Konjunktiv (»*als sei* es zu einer wirklichen Versöhnung gekommen …«). Er sorgt für Distanz und Mißtrauen. Er ist revolutionär, aber konservativ; er will die Revolution als Fortschritt nach hinten, als Erneuerung verflossener Urzustände.

Auch das Stichwort des gemischt konservativ-liberalen Immanuel Kant auf dem der Wirklichkeit noch ferneren Königsberger Philosophenkatheder ist nicht die Revolution, sondern das wunderbare *Gefühl,* das sie weckt. Er nimmt hierfür dasselbe Wort wie Hegel, nur in altertümlicherer Schreibweise (1798): *»Enthusiasm.«*

Philosophen wie Dichter machen sich alles so einfach. Das Angenehme und das Niederträchtige der Französischen Revolution stellt Baudelaire nebeneinander und hütet sich vor Etablierung eines Ursache-Wirkung-Verhältnisses. Der Kreislauf – das ist die deutsche Übersetzung von »Revolution« – geht vom Angenehmen zum Niederträchtigen. Aber der Dichter ist nicht Moralist der Revolution, sondern Teilnehmer.

Baudelaire war, 27jährig, Teilnehmer der Februarrevolution 1848. Er stand Wache an diversen Pariser Straßenekken, mit Gewehr und Bajonett, und rief von Zeit zu Zeit: »Nieder mit dem General Aupick.«

Das war sein Stiefvater und, wie der große Dichter meinte, ein Nudeldrucker, der ihm ständig zuwenig Geld gab.

Dichter sind nicht Moralisten, sondern Teilnehmer.

II. Revolution als sadistischer Tatsachenroman

Die ersten Szenen der Französischen Revolution spielten im Jahr 1789 vor dem Gefängnis des Marquis de Sade. Er saß in der Bastille wegen Abfassung pornographischer Schriften. Am 2. Juli 1789 – berichtet einer seiner Biographen, Iwan Bloch (1904) – »setzte de Sade sich mit Hilfe eines Sprechrohres mit den Passanten in der Rue Saint-Antoine in Verbindung und lockte durch sein fürchterliches Schimpfen auf den Gefängnisdirektor de Launay eine große Menschenmenge an, die mit ihren Beifallsäußerungen nicht zurückhielt.«

Wegen dieses Vorfalls wurde de Sade in das Provinzgefängnis Charenton verlegt und war am 14. Juli 1789, dem Tag des Sturmes auf die Bastille, nicht mehr in diesem Gefängnis. Durch ein Dekret der revolutionären Nationalversammlung kam er 1790 frei.

In der Bastille schrieb de Sade einen Roman, »Aline et Valcour« (1788), worin er voraussagte: »Eine große Revolution wird im Vaterland vorbereitet; es ist im Begriff, seine Fesseln zu zerbrechen.«

Nach seiner Freilassung aus dem Gefängnis war de Sade Sekretär in der Pariser Stammorganisation des großen Revolutionschefs Maximilien Robespierre, »Section des Piques« auf der Place Vendôme. Auf den Linksaußen der Revolution, Jean Paul Marat, 1793 ermordet von einem Mädchen aus der Bretagne, Charlotte Corday, hielt Marquis de Sade die Gedenkrede. Dann wurde er wieder für ein Jahr eingesperrt.

Vom Mord, insbesondere vom politischen Mord, meint de Sade in seiner »Philosophie dans le Boudoir« (1795):

»Vom Standpunkt der Natur ist Mord kein Verbrechen ... der Mensch wird geboren, wächst, vermehrt sich, stirbt und wird Staub und Asche. Die Vernichtung ist ein Naturgesetz ... Auch ist der Mord ein großer Faktor in der Politik. Durch Morde wurde Frankreich frei. Eine Nation, die das Joch der Tyrannei abwirft, um die Republik einzuführen, wird sich nur durch Verbrechen behaupten.«

Das sind »nicht die Ideen eines Wahnsinnigen, sondern ganz ähnlich den Ideen der großen Terroristen der Französischen Revolution«, meint Sades Biograph, Iwan Bloch.

»Des Marquis de Sade Werke triefen vor Blut wie sein Jahrhundert«, schwülstelt Iwan Bloch. »Die Kombination des Jahrhunderts: Wollust und Blut! Er hat sein Jahrhundert aufs Papier gebracht!«

Die großen »Schreckensmänner«, die von der Pariser Revolution in die Provinzen geschickt wurden, seien – meint Bloch, einer der frühesten Vertreter der modernen Sexualforschung – »Vorbild für die blutigen Schilderungen in de Sades Romanen.«

Jean Baptist Carrier, ein Pariser Kommissar in der westfranzösischen Stadt Nantes, den der Diktator Robespierre rügte wegen allzu vielen Blutvergießens (1793), »ließ schöne Frauen, nachdem er sie genossen hatte, ertränken«. – Schiffe mit Konterrevolutionären ließ er in der Loire versenken; das nannte er: »senkrechte Deportationen«. – »Weiber und Männer« wurden zusammengebunden und in den Fluß geworfen; das nannte er: »republikanische Hochzeiten«. – Als der Strom die Leichen ans Ufer wälzt, ruft Carrier: »Welch revolutionärer Strom!«

Den bekannten Bericht, daß der Marquis de Sade ein Exemplar seiner »Philosophie dans le Boudoir« (1795) in Menschenhaut binden ließ, ergänzt Iwan Bloch durch den Hinweis, daß es »in Meudon bei Paris eine Gerberei für die Häute von Guillotinierten gab, woraus ein ganz gutes Waschleder gemacht wurde, zu Hosen und anderem Gebrauch. Die Haut der Männer übertraf das Gemsleder an Zähigkeit, die Haut der Weiber war zu nichts gut, da zu weich.«

Die Lampenschirme aus Menschenhaut, wofür die Nazi-KZ-Wächterin Ilse Koch berüchtigt wurde, haben linksrevolutionäre Vorläufer.

Hingerichtet wurden allein in Paris zur Zeit des »Großen Schreckens« 1794 etwa 20000 Menschen, darunter nur ein Drittel Adelige und wohlhabende Bürger. Zwei Drittel waren Kleinbürger und Bauern, die gegen die strengen Verordnungen zur Eindämmung des Schleichhandels verstießen, getrieben vom Hunger.

Die meisten Opfer fielen in den Provinzen, die sich gegen das revolutionäre Paris erhoben – etwa 120000 Männer, Frauen, Kinder, Vorboten des dann im 20. Jahrhundert an allerlei Ecken und Enden der Welt üblichen Völkermordes.

»Als die Königin Marie Antoinette auf das Schafott zur Hinrichtung geführt wurde (16. Oktober 1794), stieg sie dem Scharfrichter auf den Fuß. Dieser empfand dabei einen so starken Schmerz«, heißt es in einem zeitgenössischen Bericht, »daß er AUA! rief. Die Königin drehte sich um und sagte: Pardon Monsieur, ich tat es nicht absichtlich.«

Als die großen Revolutionäre Danton und Camille Desmoulins von dem noch größeren Revolutionär Robespierre vors Revolutionstribunal gebracht wurden, warfen sie bei Verlesung der Anklageschrift den Richtern und Geschworenen kleine weichgekaute Brotkugeln ins Gesicht. Und vom guillotinierten Kopf Dantons heißt es in einem zeitgenössischen Bericht, daß »sich die Augenbrauen heftig bewegten. Die Augen waren lebendig und voll Glanz, als der Henker mit dem Kopf rund ums Schafott schritt.«

Mit dem Blut des guillotinierten Königs Ludwig XVI. (1793) malten die Henkersknechte Schnurrbärte auf die Gesichter der Umstehenden, berichtet Konrad Engelbert Oelsner, ein Zeitgenosse, der wegen seiner fortschrittlichen Meinungen aus Preußen flüchten mußte und zunächst revolutionsfreundlich gesinnt war. Die Frauen tauchten ihre Finger ins Königsblut, und die Männer füllten es in die Scheiden ihrer Säbel. Die Haare des Königs »wurden büschelweise und sehr teuer verkauft, desgleichen seine Kleider, in ersinnlich kleinste Fetzen geteilt«.

Die papierene Schreckenswelt des sadistischen Marquis und der revolutionäre Sadismus seiner Zeitgenossen – wer ist schrecklicher, der Romanautor oder der Tatsachenroman der Revolution? Es ist eine Konkurrenz, die dem fortschrittlichen Herzen weh tut. Auch wenn es tapfer weiterschlägt, kriegt es Rhythmusstörungen. Wenn das alles war, dann war es *zuwenig*. Wenn Revolution die Rückkehr zum Guten ist, dann brauchen wir *viel mehr* Revolution.

»Ich studierte die Geschichte der Revolution«, berichtet uns der revolutionäre Jüngling Georg Büchner. »Ich fühlte mich wie zernichtet unter dem gräßlichen Fatalismus der Geschichte. Ich finde in der Menschennatur eine entsetzliche Gleichheit, in den menschlichen Verhältnissen eine unabwendbare Gewalt, allen und keinem verliehen ... Was ist das, was in uns lügt, mordet, stiehlt?«

»Der Dichter«, heißt es in Büchners Briefen weiterhin, »ist nichts als ein Geschichtsschreiber ... Seine höchste Aufgabe ist, der Geschichte, wie sich wirklich begeben, so nahe als möglich zu kommen.«

Daher müßte er, entschuldigt er sich, »der Geschichte treu bleiben und die Männer der Revolution geben, wie sie waren; blutig, liederlich, energisch und zynisch«.

»Ihr habt in letzter Zeit ein furchtbares Exempel statuiert«, beglückwünscht eine Pariser Sektion (Stadtviertel-Versammlung) namens »Wilhelm Tell« die revolutionäre Nationalversammlung. »Wir werden euch noch mehr beglückwünschen, wenn ihr ständig dafür sorgt, daß Schrekken und Terror herrschen, denn dies sind die beiden mächtigsten Hebel der Revolutionäre. Grobe Verbrechen gegen die Freiheit und die Nation mußten durch Blutvergießen bestraft werden; es muß noch mehr fließen, um den Freveln vorzubeugen, die noch ausstehen ... Es muß ein Blutbad unter den Verrätern geben, um alle Wunden des Vaterlandes zu heilen ... Abgeordnete! Vergeßt niemals das erhabene Wort des Propheten Marat (des seinerseits ermordeten revolutionären Extremisten): Opfert 200000 Köpfe, sagte er, und ihr werdet eine Million retten.«

Was für ein jämmerlicher Prozentsatz an Überlebenschance! Im Quacksprech der Revolutionsfunktionäre enthüllt sich eine vorweggenommene Summe von Faschismus plus Kommunismus.

Der General François Joseph Westermann berichtet dem Revolutionsparlament (Konvent) nach seinem Sieg über das konterrevolutionäre Adels- und Bauernheer in der rückständigen Provinz Vendée, Weihnachten 1793:

»Ich habe die Kinder unter den Hufen der Pferde zertreten und die Frauen umbringen lassen. Ich habe keine Gefangenen gemacht, die mir Vorwürfe machen könnten. Ich habe alle ausgerottet.«

Westermann wurde kurz darauf selber hingerichtet, nicht wegen dieser Taten, sondern als zu wenig revolutionär.

Das Zuckerl der Revolution, das bittersüßeste, sind die letzten Worte der 18jährigen Prostituierten Eglé nach ihrer

Verurteilung zum Tode wegen »Anhänglichkeit ans Königshaus«, Januar 1794:

»Ja, das ist großartig! Da habt ihr wirklich Verstand gezeigt! Ich, Mitverschworene von der, die ihr die Witwe Capet nennt und die doch die Königin war, trotz eurer dummen Fressen! Ich, ein armes Mädchen, das an den Straßenecken sein Brot verdiente und nicht einmal gewagt hätte, einen ihrer Küchenjungen anzusprechen! Das paßt zu einem solchen Haufen von Taugenichtsen und Idioten, wie ihr seid!«

Bericht des Charles-André Méda. Einen Tag lang liegt die Geschichte Frankreichs in den Händen dieses Gendarmen:

»Auf der Treppe der Kommune (Pariser Rathaus) drängten sich die Parteigänger (des Revolutionsführers Robespierre, den das Revolutionsparlament am 27. Juli 1794 für verhaftet erklärt; Gendarmerie wird ausgeschickt mit dem Haftbefehl) ... Sie schlugen mich halbtot ... Dennoch kam ich zur Türe des Sekretariats, klopfte mehrere Male an, während man immer noch auf mich einschlug; endlich wurde geöffnet. Ich erkannte Robespierre ... sprang auf ihn zu, setzte ihm die Spitze meines Säbels auf die Brust und rief:

›Ergib dich, Verräter!‹

Er hob den Kopf und sagte: ›Du bist der Verräter, ich werde dich erschießen lassen!‹

Bei diesen Worten nahm ich eine meiner Pistolen und feuerte sie ab ... er fiel von seinem Sessel. Der Knall meiner Pistole erschreckte seinen Bruder derart, daß er aus dem Fenster sprang. Ein schrecklicher Lärm erhob sich um mich her, und ich schrie:

›Hoch die Republik!‹ ...«

Das Eigentümliche, Erschreckende an all den Berichten von Augenzeugen ist dies: Es wird, je mehr man drin liest, desto unbegreiflicher, wie aus soviel Blut und Wirrnis etwas wurde, das von uns allen nun gefeiert wird als Geburt der Moderne, Beginn des demokratisch-republikanischen Staates.

Es sind also so viele Menschen menschenrechtswidrig umgebracht worden, um die Deklaration der Menschenrechte durchzusetzen – das klingt wie ein Stück der damaligen, heute unerträglichen Revolutionsrhetorik.

Die Zahl der direkten Revolutionsopfer wird auf 50000 geschätzt, die Zahl der Toten in den anschließenden Kriegen auf mehrere Millionen.

Die revolutionäre Verfassung vom 24. Juni 1793 ist die demokratischeste, die sich denken läßt, sie enthält die wunderbarsten Grund- und Freiheitsrechte aller Art. Sie wurde beschlossen, aber nie in Kraft gesetzt. Auch Stalins Verfassung vom 5. Dezember 1939 wurde nie wirksam, aber schön demokratisch war sie. Die Ähnlichkeit ist böse, verzweiflungsvoll, bedenkenswert.

»Was für Geister«, begeistert sich der ehemalige ORF-Intendant Wolf In der Maur in seiner eben erschienenen kurzen Geschichte der Französischen Revolution, »wirkten in dieser Zeit! Lessing, Goethe, Schiller, Kleist, Hölderlin, Schlegel, Bach, Händel, Gluck, Haydn, Mozart, Beethoven, Leibniz, Herder, Kant, Saint-Simon, Fichte, Schopenhauer, Hegel, um nur einige zu nennen.«

Verblüffenderweise lebten diese alle, bis auf Saint-Simon, nicht in Frankreich unter dem Revolutionsregime. Sie wären dort unter dem Schafott gelandet – diese Vermutung drängt sich auf, denkt man an allerlei große Geister, die geköpft wurden mit der Begründung (sie steht im Urteil des Revolutionstribunals, 8. Mai 1794, gegen den berühmten Gelehrten und Chemiker Lavoisier):

»Die Revolution braucht weder Gelehrte noch Chemiker.«

Die Französische Revolution begann mit der Aufklärung und brachte uns die Demokratie – das schluckt man, solange man sich nicht näher befaßt mit dieser Revolution, dann aber wird's geheimnisvoll. Wir brauchen Aufklärung über die Aufklärung, die ihre Aufklärer in den Sack niesen ließ. So hieß das damals; der guillotinierte Kopf landet aus der humansten, schnellsten, industriellsten aller Hinrichtungsmaschinen direkt in einem Sack, aus hygienischen Gründen, heute wäre er aus Plastik.

Albert Sobouls zweibändige Revolutionsgeschichte – auf moderat marxistischem Standpunkt; er saß von 1959 bis 1983 auf dem Lehrstuhl für Revolutionsgeschichte an der Pariser Sorbonne – bringt Ruhe und Ordnung in den Ablauf von Blut und Wirrnis: Es handelt sich, weiß Soboul, um einen säuberlich auseinanderdividierbaren Klassenkampf:

1789–1791 ist die Großbourgeoisie an der Macht, die sich für niedrige Revolutionsarbeit, wie Sturm auf die Bastille und dergleichen, des niederen Volkes bedient. Aber immer noch läuft alles in den Bahnen der konstitutionellen Monarchie, etwa nach englischem Muster, wenn auch nicht auf die feine englische Art.

Es ist dies jener dreijährige Revolutionsfrühling, der das Lob der deutschen Dichter und Philosophen (Goethe, Schiller, Kant, Hegel) auf sich zog. Und immer seither die Billigung – weil Aufklärung gesiegt hat, gemäßigte Demokratie erkämpft ist – aller liberalen, auch liberal-konservativen und rechts-sozialdemokratischen Betrachter.

Folgt die Schreckenszeit von 1792–1794, für linkere Geister die eigentliche Revolution. Die herrschende Bourgeoisie, um das Volk von seinem Elend abzulenken, bricht Krieg vom Zaun: Frankreich gegen den Rest der Welt, Export der Revolution.

Jetzt aber wird das Volk unentbehrlich; mit wem sonst läßt sich Krieg führen? Das Volk wird hofiert; Volksführer gegen die große Bourgeoisie wird ein beliebter Beruf für begabte Kleinbürger.

Der König verliert seinen Kopf genau deshalb, weil die Großbourgeoisie ihn gern behalten hätte als Bremspedal gegen zuviel Revolution. Hinter Aristokratie und Bourgeoisie besteigen die Kader der kleinbürgerlichen Berufsrevolutionäre selber das Schafott: schön der Reihe nach.

Zunächst halten gemäßigte und radikale Kleinbürgerführer noch zusammen, um die äußerste Linke zu liquidieren, die aus der bürgerlichen Herrschaft hinüberputschen will zum Sozialismus, Kommunismus. Diese beiden haben hier, in der Französischen Revolution, ihren ersten Auftritt und gleich ihre erste Niederlage.

Dann gehen die restlichen Oberkleinbürger aufeinander los. Die Klügeren, geführt von *Danton,* spüren ihre Isolation; sie wollen zurück zu einem breiten bürgerlichen Bündnis und daher ein Ende der verhaßten Schreckensherrschaft. Die Blinderen, geführt von *Robespierre,* massakrieren die Gemäßigten und stehen dann gänzlich allein da.

Zuletzt genügt ein bißchen Mut der Mehrheit im Revolutionsparlament, und ein paar Gendarmen verhaften Robespierre und seinen Anhang. Blitzschnell, ohne irgendwelchen juristischen Aufputz, wird der letzte Schwung Berufsrevolutionäre guillotiniert. Die Revolution, groß begonnen, endet kläglich. Noch ein kleiner Rechtsruck, und Napoleon ist da.

Blutige Revolution produziert blutige Diktatur.

An Sobouls grobem Klassenkampf-Schema ist was dran; man kriegt Aha-Erlebnisse: Man kennt sich aus, man weiß, welche Figur wohin gehört und welche Klasse welcher an die Gurgel will. Aber man hat Zweifel, ob dies alles ist, was man von der Französischen Revolution wissen will. Das ist der Zeitpunkt, überzuwechseln von Soboul zu Ernst Schulin, dem solidesten deutschen Revolutionshistoriker, Professor an der Universität Freiburg.

Bei Schulin wird zunächst alles komplizierter als nach

dem marxistischen Schimmel, dann aber gerade dadurch begreiflicher. Statt sein eigenes Steckenpferd vorzureiten, stellt er deren eine ganze Herde vor, nämlich die Ansichten der großen Historiker der Revolution. Er benutzt sie wie einen Steinbruch, um daraus ein Haus zu bauen.

Schon im ersten Kapitel, wo er raffinierterweise nicht über die Revolution schreibt, sondern über die Geschichtsschreibung über die Revolution, verlieren die Jahre 1789 ff. ihre völlige Einmaligkeit, jenen Hollywood-Charakter des größten und demokratischesten Filmes aller Zeiten.

Die Französische Revolution ist Geschichte in der Geschichte und nicht abstrakte Fortschrittsmaschine.

Das Hauptstädtische der Revolution – das Verwirrspiel der einander massakrierenden Pariser Berufsrevolutionäre – gewinnt seinen festen einfachen Grund durch den *Aufstand der Bauern.* Sie sind damals die überwiegende Mehrheit, sie zünden die Schlösser des Adels an, verbrennen die Schuldbriefe, nehmen sich das Land. Auch Lenin hätte 1917 ff. nicht gesiegt ohne einen solchen Bauernaufstand in ganz Rußland.

Wer die Riesengestalt des revolutionären Bauern übersieht, betreibt Revolutionsgeschichte als intellektuelle Kaffeehausplauderei.

Das Bürgertum als Held und Schurke der Französischen Revolution fiel 1789 ff. nicht plötzlich vom Himmel, sondern es betrieb längst schon seinen Aufstieg zu Reichtum und Macht innerhalb der alten Monarchie.

Die große Bourgeoisie saß schon in allen möglichen Schlüsselpositionen der *aristokratischen* Gesellschaft.

Erst als das Bürgertum nicht weiterkam, weil alles Erreichbare erreicht war, schon unter dem absoluten König – erst nach Ausschöpfung aller Mittel der Unterwanderung wechselte es über zum gewaltsamen Umsturz.

Die Blüte des bürgerlichen Wirtschaftens und was dazu nötig ist: die Zentralisierung des Staates; die Bürokratie, auf deren Mithilfe sich die Wirtschaftenden verlassen können – war im vorrevolutionären absoluten Staat längst vorgebildet.

Es gibt Historiker, die meinen: die Wirrnis der Revolution war eher *hinderlich* für den Aufstieg der Bürger, und darauf sei bis heute die Schwäche der französischen Kapitalistenklasse zurückzuführen, etwa im Vergleich zur deutschen oder amerikanischen.

Die Konzentration und Zentralisation der revolutionären Ereignisse in Paris, wie sie die meisten Geschichtsbücher vorgaukeln, überdeckt das noch weit größere Blutvergießen in der französischen *Provinz.* Ganze Städte und Landstriche werden ausgemordet beim militärisch gewalttätigen Export der hauptstädtischen Revolution. Was immer die Französische Revolution sonst noch brachte an Nützlichem und Bleibendem, sie war überdies, was man heute *»Völkermord«* nennt:

In der westfranzösischen Landschaft Vendée, in den west- und südfranzösischen Städten, vor allem in Bordeaux und Lyon, sterben durch die Abwechslung von »rotem Terror« und »weißem Terror« – einem richtigen Bürgerkrieg wie im Gefolge der russischen Revolution 1917 ff. – Hunderttausende.

Schöne Buntheit und fortschrittliche Einfalt ist für die Französische Revolution nur zu erzielen auf dem geduldigen Kunstdruckpapier der Jubiläumsbände.

Aus einem Meer von Blut: erst säuberten die Demokraten die Aristokraten weg, dann die Demokraten sich gegenseitig in immer rascher, immer blutiger einander folgenden Wellen, mit immer peinlicherer Ähnlichkeit zum modernen Faschismus und Stalinismus, deren Praktiken allesamt grausam vorgeprägt wurden durch die Französische Revolution – so also machte die moderne Demokratie ihren Weg.

Die schöne Identität von *Demokratie und Gewaltlosig-*

keit ist eine junge, desto freundlicher zu begrüßende Entwicklung.

»Wieviel Blut ist auf dem Grunde aller großen Dinge« – sprach Nietzsche, schrecklich wahr (»Zur Genealogie der Moral«, 1887).

III. Die Geburt des Staates aus der Revolution

Knapp bevor er die bolschewistische Revolution lostrat, schrieb Lenin die Broschüre »Staat und Revolution«. Getreu Marx und Engels schildert er darin, zur Aneiferung der auf ihn wartenden Aufständischen, wie der Staat bald schon keiner mehr sein werde. Das Ziel aller Revolution ist ein einfaches: das Absterben des Staates, die Anarché, die Herrschaftsfreiheit. Das Ergebnis aller bisherigen Revolution ist ein dreifaches: Staat, Staat und nochmals Staat.

In der Bücherflut, die dem hilflos an der Französischen Revolution Interessierten derzeit schon bis über beide Ohren geht, sucht man vergeblich nach einer Geschichte dieser Revolution, die nicht veraltet »modern« ist – nämlich die bürgerlich-kapitalistische Revolution abfeiert –, sondern wirklich modern, »postmodern«, d. h. vom ökologischen und alternativen Anspruch ausgeht: mehr Bürgerinitiative, weniger Staat.

Dabei *gibt* es eine solche Geschichte längst, seit 1909, von Peter Kropotkin, »Die Große Französische Revolution«. Kropotkin ist erfüllt von tiefem, echt »grünem« Mißtrauen gegen den bürokratischen Zentralstaat und rührender Sympathie für die kurzlebigen »basisdemokratischen« Gruppen, welche die eigentlichen Träger der Französischen Revolution waren.

Während die Revolutionsgeschichte des gemäßigten Marxisten Albert Soboul zur 200-Jahr-Feier neu aufgelegt wurde, ist dies mit jener des radikalen Hocharistokraten und Anarchisten Fürst Kropotkin nicht der Fall – bezeichnenderweise, möchte ich meinen.

Die jüngste Neuauflage Kropotkins, ein fotomechanischer Reprint, ist längst vergriffen. Sie erfolgte, was auch kein Zufall ist, im Zuge der 68er Bewegung, im Frankfurter Verlag »Neue Kritik«, 1970.

Der Marxist Soboul ist in seiner Geschichtsschreibung ein Anhänger des zentralistisch-bürokratischen bürgerlichen Staates, dem dauerhaftesten Produkt der Revolution von 1789 ff. Dieser Staat ist der, den wir immer noch haben. Er wird von marxistischen wie bürgerlichen Historikern in schönem Einklang eingestuft als historischer »Fortschritt«.

Der Anarchist Kropotkin arbeitet hingegen höchst aufschlußreich den Gegensatz heraus zwischen dem revolutionären *Einheits-, Zentral- und Starkstaat* – feste Grundlage für Terror, Diktatur, Völkermord – und den »anarchistischen« Bestrebungen der Volksklassen unterhalb der herrschenden Bürgerrevolutionäre.

Dort »unten« geht es um die Errichtung von selbständigen und selbsttätigen kleinen Einheiten, um eine Art *»Gemeindesozialismus«,* der das Gegenteil sein will vom bürgerlichen Zentralstaat.

Einzig der bemerkenswert objektive Ernst Schulin, Professor in Freiburg, Verfasser einer eben erschienenen Geschichte »Die Französische Revolution« bei C. H. Beck, widmet dem edlen, strenge Gewaltlosigkeit vertretenden Anarchisten Kropotkin wenigstens *einen* präzis beschreibenden Satz (S. 39):

»1910 hat der Anarchist Kropotkin in seinem Buch ›La Grande Révolution‹ viel schärfer (als die bürgerlichen und marxistischen Revolutionshistoriker) den Gegensatz zwischen Bürgertum mit zentralistischem Staat und den anarchisch eingestellten, entsprechend betrogenen Volksmassen herausgehoben.«

In Professor Schulins Wendung »anarchisch eingestellten, entsprechend betrogenen Volksmassen« zeigt sich Sympathie für den Standpunkt des vergessenen, stets unerwähnten Kropotkin.

Fürst Kropotkin entstammte einer der vornehmsten russischen Adelsfamilien und war Kammerpage des Zaren, Kosakenoffizier, Forschungsreisender quer durch Sibirien, Geograph, Revolutionär, Sozialist, Anarchist, saß deshalb drei Jahre in einem französischen Gefängnis. An Lenin, der alle Anarchisten einsperren ließ, schrieb er:

»Wladimir Iljitsch, Ihre Handlungen sind der Ideen, die Sie zu haben vorgeben, völlig unwürdig ... Welche Zukunft hat der Kommunismus, wenn einer seiner wichtigsten Verfechter in dieser Weise auf jedem ehrlichen Gefühl herumtrampelt? ... Die russische Revolution begeht Greuel; sie ruiniert das Land; in ihrer wahnwitzigen Raserei vernichtet sie Menschenleben ... Sie muß sich totlaufen.«

So ähnlich sah Kropotkin auch schon die Französische Revolution, nämlich als »Erschöpfung des revolutionären Geistes« (S. 179), weil der terroristische Zentralstaat siegte und der anarchische »Gemeindesozialismus« unterlag.

So (ibidem) »kam die Revolution zum Stillstand. Die Masse des Volkes wollte wohl weitergehen; aber die Personen, die die Revolution an die Spitze der Bewegung gebracht hatte, wagten es nicht. Sie wollten nicht, daß die Revolution die Vermögen des Bürgertums ebenso antastet, wie sie es mit denen des Adels gemacht hatte ... Sie arbeiteten daran, eine *starke, zentralisierte Regierung* zu bilden, deren Organe ihnen blind gehorchten.«

Diesem Zentralstaat der Besitzbourgeoisie stellt Kropotkin die *»Anarchisten«* gegenüber – Wort und Begriff kamen während der Französischen Revolution erstmals in allgemeinen Gebrauch (S. 181).

»Sie versuchen«, meint Kropotkin von den damaligen »Anarchisten«, »*Frankreich als eine Körperschaft von 40000 Gemeinden* zu konstitutieren; sie sollen, in dauernder Verbindung miteinander, *lauter Mittelpunkte der weitestgehenden Demokratie* sein.«

Kropotkin nennt dies »Keime des *Gemeindekommunismus*«.

Die Dezentralisierung in kleine überschaubare Einheiten, die sich selbst regieren und die seither genossenschaftliche Wirtschaft betreiben – dieses Ziel der Revolution von »unten« kommt bei den bürgerlichen wie bei den marxistischen Geschichtsschreibern kaum vor. Ein früher Revolutionshistoriker bürgerlicher Richtung, François Auguste Mignet (1824), meint immerhin:

»*Die Gemeinde war das letzte Wort der Revolution* ... Zum Wohlfahrtsausschuß völlig im Gegensatz wollte sie an Stelle der Diktatur des Konvents die *weitestgehende lokale Demokratie*« (zitiert bei Kropotkin, S. 180).

Kropotkin fügt hinzu: Bei diesem zentralen Modell ging es um »Tätigkeit der lokalen Kräfte an Ort und Stelle ... ohne zu verabsäumen, auf die direkte Verbindung der 40000 Gemeinden hinzuwirken« (S. 190).

Heute würde man dies auf grün-alternativ *»Vernetzung«* nennen; autonome kleine Einheiten unter einem von ihnen selbst getragenen gemeinsamen Dach.

Der Übersetzer der Revolutionsgeschichte Kropotkins, der deutsche Sozialist und Anarchist Gustav Landauer, ermordet im Mai 1919 nach Beseitigung der Münchner Räterepublik, in der er Minister war, fand in seinem Werk »Beginnen« (1907) hierfür die klassische Formulierung:

»Gesellschaft ist eine Gesellschaft von Gesellschaften von Gesellschaften; ein Gemeinwesen von Gemeinschaften von Gemeinden; *eine Republik von Republiken von Republiken.* Da nur ist Freiheit und Ordnung, da nur ist

Geist; ein Geist, welcher Selbständigkeit und Gemeinschaft, Verbindung und Unabhängigkeit ist.«

Bezeichnenderweise gehören Landauer wie Kropotkin, die beide bedeutende Theoretiker der Demokratie waren, zu den konsequent nie Erwähnten in der bürgerlichen wie linken Sozio- und Politologie – aus einem einfachen Grund: Bürger wie Linke gleichen sich darin, daß sie vom Staat fasziniert sind und mit Anarchisten – im Wortsinn *»Staatsfreie«* – nichts anzufangen wissen.

In der Theorie mißachtet, landen Anarchisten in der politischen Praxis, bürgerlicher wie kommunistischer Staaten, in den Gefängnissen oder auf dem Schafott.

Kropotkin verlegt den Ursprung des modernen Starkstaates – ob bürgerlicher, faschistischer oder kommunistischer Spielart – in die Geschichte der Französischen Revolution:

Der »Wohlfahrtsausschuß«, eine Art revolutionärer Ministerrat, ist für Kropotkin bereits der Inbegriff von *»Zentralgewalt«* des totalen Staates (S. 209). Der Zentralstaat der Bürgerrevolutionäre schafft sich durch 8000 Jakobinerklubs in der Provinz »Pflanzstätten, aus denen sich *die zahlreichen Beamten der neuen Bürokratie* rekrutierten, und eine *Polizeimacht,* deren sich die Zentralregierung bediente, um ihre Feinde zu entdecken und zu vernichten« (S. 210).

Die *»Staatler«* – so übersetzt Landauer Kropotkins Ausdruck »étatistes«, »Anhänger eines starken Staates« – schaffen zusätzlich zum »Wohlfahrtsausschuß« einen »Sicherheitsausschuß«. Kropotkin definiert ihn als »düstere Macht der *Geheimpolizei*«, die neben dem Wohlfahrtsausschuß immer mehr heranwuchs, um ihn zu verschlingen (S. 214).

Die »revolutionäre Zentralregierung« und ihre »revolutionäre Bürokratie« (S. 215) sind sowohl Schöpfer der »Konzentration der Funktionen der Polizei« (S. 231) wie gleich darauf schon die Opfer ihres Geschöpfes. Die Polizei frißt die Regierung. Regierung und Polizei werden identisch.

Die Pariser »Sektionen« und die »Wohlfahrtsgesellschaften« in den Provinzen, beide zunächst selbständige »Organe des Gemeindelebens«, die eigentlichen Träger der Revolution, erledigen schon seit dem 14. Juli 1789 Aufgaben der Polizei und der Geheimpolizei, aber immerhin im autonomen Wirkungskreis, dezentral.

»So hatte« – bemerkt Kropotkin kritisch – »die aus der Revolution entsprungene Gemeindeverwaltung eine der schlimmsten Traditionen aus der Zeit der Feudalmonarchie übernommen« (S. 231).

Im März 1793 werden diese dezentralen Gemeindeorgane degradiert zu, wie es Kropotkin nennt, bloßen »Polizeiabteilungen«, zu »untergeordneten Organen« des zentralen Sicherheitsausschusses. Aus der Revolution wächst blitzschnell der Polizeistaat.

Er kann schon alles, was später Stalin kann. Nicht dieser, sondern schon der bürgerlich-revolutionäre Polizeistaat von 1794 erfand das *»Amalgam«:* die infame Methode, ehrliche Revolutionäre und irgendwelche Kriminelle in einem Prozeß zusammenzuspannen und gemeinsam hinzurichten.

»La Grande Terreur«, der »Große Schrecken« – Massenhinrichtungen von Tausenden Menschen binnen weniger Tage –, findet für Kropotkin, den Anarchisten, die logische Erklärung in dem Satz: *»Der Schrecken ist immer eine Waffe der Regierung«* (S. 235).

Insgesamt verwandelt die Pariser Zentralregierung die am Beginn der Revolution selbständigen Gemeinden in, wie Kropotkin es nennt, *»Räder des Staatsmechanismus«,* die in ihnen tätigen Revolutionäre in *»bezahlte Beamte«.*

»Der Staat also suchte, wie es die Monarchie schon im 17. Jahrhundert getan hatte, alles in seinen Händen zu zentralisieren ... Das war der Tod der revolutionären Gemeindeverwaltungen. Der Staat hatte sie verschlungen. Und ihr Tod war der Tod der Revolution« (S. 232).

»Napoleon brauchte sich der *zentralisierten Gewalt,* die von den jakobinischen Revolutionären eingerichtet worden war, nur zu bemächtigen, um Konsul und später Kaiser zu werden« (S. 181).

So verlängert Kropotkin die Geschichte des Zentralstaates sowohl nach rückwärts bis in die Monarchie wie nach vorwärts bis in die Diktatur. Für ihn ist die Revolution nur eine Etappe in der üblen Geschichte vom starken und immer stärkeren Staat.

Das Schlimme an der Französischen Revolution war nicht, daß sie eine Revolution war, sondern daß sie *zuwenig Revolution* war. Sie blieb beim Zentralstaat stecken, statt weiterzuschreiten zu dauerhaften Gemeinden, in denen die Bürger ihre eigenen Angelegenheiten auch hauptsächlich selber erledigen und sich größerer Zusammenschlüsse nur dann bedienen, wenn eine Aufgabe ihre Kräfte übersteigt.

Das aber ist das genaue Gegenteil des bürokratischen Staates, den die Französische Revolution produzierte; dieser Staat wird überall dort tätig, wo die Bürger es selber besser wüßten und könnten; wo aber im großen gemeinsamen Interesse ein weitblickendes übergreifendes Handeln nötig wäre, genau dort bleibt der bürokratische Zentralstaat untätig und unfähig.

Die Geschichte der Französischen Revolution ist die Geschichte der Unfähigkeit und Unmenschlichkeit des Starkstaates.

IV. Revolution als Kreislauf vorwärts, zurück zum Guten

Bruno Kreisky, der Erzreformist, sagte mir dieser Tage: »Nenning, wir brauchen eine gewaltlose Revolution. Die gewaltsamen Revolutionen sind ja alle gescheitert.«

Kreiskys Lieblingsautor Robert Musil ist seiner Meinung (im »Mann ohne Eigenschaften«): *»Nur Dummköpfe denken an blutige Revolution.«* Kreisky ist kein Dummkopf. Waren alle seine Genossen Revolutionäre einst Dummköpfe?

Revolution ist zu Beginn der Neuzeit kein historischer Fachbegriff, sondern ein astronomischer. *»De revolutionibus orbium coelestium«* (1543) hieß das Hauptwerk des Kopernikus. Schon Kopernikus setzt neben dem Umschwung auf dem Himmel den irdischen, die »revolutio mundana«. Galileo Galilei (gestorben 1642) meinte, die astronomischen Umschwünge seien Ursache der weltlichen: »Die Revolutionen des Globus, den wir bewohnen, bewirken die Unfälle und Zufälle des Menschenlebens.« Kepler hingegen warnte vor einer solchen Primitiv-Astrologie.

Seither mischen sich im Revolutionsbegriff sowohl Kopernikus wie Galilei. Man kann leicht die Revolutionshistoriker danach einteilen, ob sie Revolution für zufällige Wirrnis halten, die geradesogut hätte ausbleiben können, oder für gesetzmäßige Umschwünge. Viele Historiker wechseln von Kapitel zu Kapitel; geht's besonders arg zu, halten sie's für Zufall – ergibt sich majestätischer Fortschritt, halten sie's für gesetzmäßig.

Davor warnte schon ein Kollege von Kopernikus und Galilei, der große Astronom der menschlichen Affären, Johann Nepomuk Nestroy; 1849, ein Jahr nach der mißglückten deutschen Revolution, schreibt er (in einer Skizze zum Lustspiel »Höllenangst«):

»Da droben ist kein Fortschritt zu erwarten, denn der Fortschritt is' a gerade Linie, die Himmlischen aber gehen alle rundum als wie a Ringelspiel.«

Wir haben viel zu vorschnell angenommen: Geschichte machen die Menschen selbst, daher kann ihr ewiger wirrer Kreislauf vernünftig *geradegebogen werden zum ewigen*

Fortschritt nach vorwärts und nach oben. Lächerlich ist nicht, worüber man lachen kann oder auch nicht, sondern worüber man lachen muß, es geht gar nicht anders. Also Fortschritt ist jetzt nur noch lächerlich.

»Nestroy geniegt. Sie missen nicht alle Bicheln lesen iber die Revolution«, übte unter sorgsamer Vermeidung jedweden Umlauts mein böhmischer Buchhändler in der Wiener Lindengasse Zensur über mich. »Ginstig wer'«, fuhr er fort, »wenn Sie dieses Bichel teten lesen« – er hielt mir ein minimes gelbes Reclam-Heftchen hin, keine 100 Seiten.

Aber *»Dantons Tod«* von Georg Büchner ist schon lang mein Liebling. Er bietet die Essenz aller bisherigen Revolution. Das Stück beginnt mit dem Ruf »Es lebe der König!«, und nach vier blutigen Akten endigt es mit dem Ruf »Es lebe der König!«. Büchner begreift den Kreislauf der Revolution, am Ende ist alles wie vorher, nur schlimmer.

Dabei ist Büchner kein Reaktionär. Ein halbes Jahr vor dem »Danton« schreibt er das Flugblatt »Der Hessische Landbote. Darmstadt, im Juli 1834. Friede den Hütten! Krieg den Palästen!« Er riskiert Kopf und Kragen für den Umsturz. Knapp vor der Verhaftung gelingt ihm die Flucht aus dem reaktionären Deutschland ins freiere Frankreich, das inzwischen im Kreislauf der Revolution schon die nächste Umdrehung hinter sich hat.

Auf die große Französische Revolution 1789 bis 1794 *folgt* die Diktatur Napoleons und die Rückkehr des bourbonischen Königshauses – *folgt* die kleine Französische Revolution vom Juli 1830 und, inzwischen stirbt Büchner 1837, 24jährig, die noch etwas kleinere vom Februar 1848 – *folgt* der Rückschwung zur Monarchie unter Napoleon III. – *folgt* die republikanische Revolution 1870, der fast schon sozialistische Aufstand der Pariser Kommune 1871 – *folgt* die Rückkehr zur bürgerlichen Demokratie.

Erst fast 100 Jahre später, Mai 1968, folgt die nächste, bisher kleinste französische Revolution; nur für ein paar Stunden muß der Staatschef General de Gaulle ins Hauptquartier der französischen Armee in Deutschland flüchten, dann ist alles vorbei. Nicht die kleinste französische Revolution ist seither in Sicht, sondern im Gegenteil.

Als die Opernsängerin Hélène Delavault im Pariser Theater »Bouffes du Nord« im Januar dieses Jahres republikanische Lieder aus der Französischen Revolution singt, stürmen vermummte Royalisten die Bühne und attackieren sie unter dem Ruf *»Es lebe der König!«*

Georg Büchner, rotiere im Grabe, das war einst *dein* Regie-Einfall bzw. jener der Weltgeschichte!

Daß die Revolution ein Kreislauf sei, ist schon antike und mittelalterliche Vorstellung. Der Historiker Polybios (um 150 v. Chr.) glaubt an eine naturgesetzliche Aufeinanderfolge von Adelsherrschaft (Oligarchie), Pöbelherrschaft (Demokratie), Diktatur (Tyrannis) usw. usf. Der heilige Augustinus nennt das schon *»revolutio saeculorum«,* kreisförmige Wiederkehr der Zeiten.

Der Kirchenvater glaubt nicht daran, sondern an die einmalige Bewegung der Geschichte vorwärts und aufwärts, vom irdischen zum göttlichen Reich. Subtrahiert man von diesem linearen christlichen Fortschritt den lieben Gott, hat man schon den modernen Fortschrittsbegriff.

Bei Machiavelli (gestorben 1527) ist dann aus dem ewigen Kreislauf der Staatsformen ein bloßes Durcheinander geworden. »Rivoluzioni« sind für ihn dasselbe wie »mutazioni, variazioni« – Veränderungen ohne Ende und Sinn.

Durcheinander ist eine sehr präzise Revolutionsdefinition; es ist aber auch an der Kreislaufvorstellung viel dran. Daß nach all dem Durcheinander alles wieder ist wie zuvor, nur schlimmer – drängt sich heftig auf. Jacques Roux, ein Linksextremer in der Französischen Revolution, meinte, als diese fast schon zu Ende war: »Unter der

Republik leidet das Volk mehr als unter dem Königtum« (zit. b. Kropotkin, S. 204).

Er sollte dafür guillotiniert werden, brachte sich aber vorher selber um.

Georg Büchner baute sein Drama »Dantons Tod«, das beste Geschichtsbuch der Französischen Revolution und aller Revolution, genau nach dem antiken Kreislaufschema.

Oder, wie Nestroy das Prinzip aller Revolution formulierte, sowohl deren Ursache wie deren Ergebnis: »Die Schweinerei muß eine andre werden.« Nämlich die gleiche.

Revolution als Kreislauf – beschreibt aber nicht nur die Resignation angesichts faktischer Rückkehr zum Zustand wie vorher; Revolution als Rückkehr zum Ausgangspunkt – beschreibt auch das innerste und höchste Ziel aller Revolution: eine böse, verdorbene Zeit zurückzuführen nach vorwärts zum ursprünglich Guten.

Ernst Schulin, in seiner neuen »Geschichte der Französischen Revolution«, nennt dies das »Mitschwingen der politischen Kreislauftheorie des Polybios ... die schon mittelalterliche Vorstellung einer rückläufigen Bewegung zur Wiederherstellung eines geordneten Zustandes«, und zwar in einem »übermenschlichen, kosmischen Bezug des Geschehens«.

Revolution ist Restauration.

In der Tat kommt den Engländern des 17. Jahrhunderts beides, weil letztlich identisch, durcheinander. Die Revolutionäre und Königsmörder nennen ihre Revolution *»restoration«,* die Königstreuen und Revolutionsmörder nennen ihre Wiederherstellung der Monarchie *»revolution«.* Der Abschluß der englischen Revolution, nach vollzogenem Kreislauf Monarchie–Republik–Monarchie, war dann die republikanische Monarchie oder monarchische Republik, die die Engländer heute noch haben. Das hieß

1688 und seither »Glorious Revolution«, die wahre Revolution – nämlich, definiert Schulin, »der Anspruch der Umstürzler, daß dies, mehr noch als die (republikanische) Revolution von 1660, eine rühmliche, legitime Wiederherstellung des echten und richtigen Staatszustandes sei«.

Die perfekte Revolution als perfekter Kreislauf zurück zum Zustand wie gehabt – dies schließt auch die selbstkritische Definition in sich: *Alle Revolution ist zu wenig Revolution.* Der Kreislauf vom Bösen zurück zum Guten wird nicht vollendet, er bleibt stecken in Blut und Schrecken – das war die Kritik des Zeitgenossen Edmund Burke (1790), für den die heimische »Glorious Revolution« eine perfekte Rückkehr zum alten Guten war, die Französische Revolution aber ein Steckenbleiben im radikal Neuen.

Das läuft darauf hinaus, daß die durchdringende, vollendete Revolution nicht die gewaltsame ist, sondern, wie dies Voltaire und Rousseau verstanden, die geistigen Väter der Französischen Revolution, welche dem Rate ihrer Väter aber nicht folgten, *»une révolution des esprits«* – eine unblutige geistige Revolution.

Das ist der Hintergrund des berühmten Wortwechsels zwischen Ludwig XVI. und seinem Garderobemeister, dem Grafen Rochefoucault-Liancourt, am Abend des Bastillesturms, 14. Juli 1789. *»C'est une révolte«,* sagte der König – ein gewaltsamer, blutiger, wirrer Aufstand und Zufall. *»Non, Sire«,* sagte der aufgeklärte Aristokrat, *»c'est une révolution«* – ein geistiger Umschwung im Sinne Voltaires und Rousseaus.

Ironischerweise bekam der König ebenso recht wie der Aufklärer. Es gab sehr viel Blut, und doch einen geistigen Umschwung. Es gab einen geistigen Umschwung, und doch sehr viel Blut.

Geschichte besteht nicht nur aus Vergangenheit. In Geschichtswerken guten Stils muß auch zu finden sein das Konjugieren im Konjunktiv und im Futurum. Was wäre gewesen, wenn? … ist eine wesentliche historische Frage. Was wird sein? … ist ein ebenso unentbehrlicher Ausblick nach der Irrfahrt durch die Vergangenheit.

Auf beide Fragen ist im Falle der Französischen Revolution dieselbe Antwort zu geben:

Konjunktiv: Die Französische Revolution *wäre* eine gewesen, wenn *mehr* Revolution gewesen wäre. Es war zuwenig Revolution. Zu wenig Revolution ist gar keine Revolution; sie verkehrt sich rasch in ihr Gegenteil.

Futurum: Inskünftig also *wird* mehr Revolution sein müssen – d. h. gewaltfreie Umwälzung der Köpfe und Herzen –, auf daß überhaupt und erstmals Revolution gewesen sei. Daß bisher keine Revolution in der Geschichte geglückt ist, heißt nur: sie wird immer wieder neu versucht werden müssen.

Oder wie Marx ausrief, nach der Revolution 1848 (in: »Klassenkämpfe in Frankreich«) und vor der langen Pause bis 1917, der letzten von ihm wirklich noch inspirierten Revolution, und vor der noch längeren Pause bis 1968, von welcher kleinen Revolution wir heute noch zehren – »Die Revolution ist tot! Hoch lebe die Revolution!«

Hans Crepaz, Das Leben ist ein Wetterhäuschen

Janos Perényi

Die Französische Revolution im Denken des 19. Jahrhunderts

1. Einleitung

In den Mittelpunkt meiner Überlegungen über das politische Denken des 19. Jahrhunderts möchte ich den Begriff Revolution stellen, nicht als bloße lexikalische Tatsache, sondern vielmehr als ein komplexes ideengeschichtliches Phänomen. Es geht hier in erster Linie um die Entwicklung der ideologischen Sprache und um die politischen Mentalitäten. Erst wenn es gelingt, das semantische Feld des Begriffes Revolution zu rekonstruieren, kann die wahre Bedeutung der Französischen Revolution für das politische Denken verstanden werden.

Um 1840 bemerkte Edgar Quinet, daß die ganze Sprache der Revolution völlig unbekannt geworden war.[1)] Im April 1789 erschien »Histoire de la Révolution en France« von Lescene de Maison. Durch diesen Titel sind wir mit einer Sprache konfrontiert, deren paradoxe Wirkung durch den Zeitabstand bedingt ist, der unsere Sprache von der des 18. Jahrhunderts trennt. Aber auch unsere Sprache ist ein historisches Produkt, und die geschichtliche Anschauung bedeutet eine bewußte Anstrengung, von unserem sprachlichen Horizont loszukommen und die Sprache von damals wieder zu erlernen.

2. Revolutionsbegriff

Obwohl Matteo Vilani schon 1355 in seiner Chronik über den Aufstand von Siena den Begriff »Revolution« benützt hat, bleibt dieser bis zum 17. Jahrhundert von der politischen Sprache ausgeschlossen. Ursprünglich ist der Terminus »Revolution« ein Teil des astronomischen Vokabulars. Kopernikus' »De revolutionibus orbium caelestium« war sicher wichtig für die Einführung dieses Wortes in den allgemeinen Sprachgebrauch. »Revolution« versteht sich hier als der regelmäßige Umlauf der Himmelskörper.

Die spätere Verbreitung des Wortes »Revolution« als politischer Begriff ist sicherlich damit zu erklären, daß dieser Umlauf der Planeten etwas Unwiderstehliches an sich hat. Als politischer Begriff taucht das Wort »Revolution« im 17. Jahrhundert auf. Er war mit der zyklischen Auffassung der Geschichte verknüpft und bedeutete alle möglichen kriegerischen und politischen Umstürze, die sich in alle Ewigkeit perpetuieren, ganz im Sinne der Auffassung Polybios'.[2)] Man sprach nie von »Revolution« im Singular, sondern immer im Plural. Daher der Ausdruck »Révolutions des États«. Diese Bedeutung blieb in der politischen Sprache des 18. und teilweise auch des 19. Jahrhunderts strukturell verankert. Um nur ein Beispiel zu nennen: Turgot schrieb in seiner »Histoire Universelle« (1751):

»Despotism gives birth to revolutions but all that these bring about is the exchange of one tyrant for another.«[3)]

Das heißt, eine Revolution ist nicht imstande, etwas grundlegend Neues zu schaffen.

Die innere Logik der politischen Sprache erschien deutlich während der Diskussion über die Restauration des Hauses Stuart 1660, diese Ereignisse wurden von den Zeitgenossen als Revolution beschrieben.

Ein Bedeutungswandel ist erst im Zusammenhang mit der »Glorious Revolution« 1688/89 zu bemerken. Die Anfänge dieser Veränderungen sind in der hugenottischen Emigrationsliteratur zu registrieren. Hier wird der Verbündete Ludwigs XIV., Jakob II., als Tyrann bezeichnet, während Wilhelm von Oranien als Verteidiger der Freiheiten Englands gelobt wird.[4)]

Demzufolge verknüpfte man den Begriff »Revolution« mit Freiheit und dem Kampf gegen den Despotismus. Freiheit allerdings versteht sich hier als Restauration der alten Freiheiten Englands und nicht als die Schaffung einer freien Gesellschaft im modernen Sinne. Die Revolution von 1688 unterscheidet sich auch sprachlich von anderen als Revolution bezeichneten Ereignissen. Der Ausdruck »La Révolution d'Angleterre« wird geprägt. In der großen »Encyclopédie« steht:

»Quoique la Grande-Bretagne ait éprouvé de tous temps beaucoup de révolutions, les anglais ont particulièrement consacré ce nom à celle de 1688.«[5)]

Die Revolution von 1688 hat dazu beigetragen, den Begriff »Revolution« populär zu machen. In der Folge wurden zahlreiche Bücher über Revolutionen veröffentlicht.[6)] Zur Zeit der amerikanischen Revolution haben sich dann zwei verschiedene Bedeutungen gebildet:

a) eine zyklische im Sinne des bereits Erwähnten, und
b) Revolution als Restauration der ursprünglichen Freiheiten.

Die Emanzipation der amerikanischen Kolonien wurde in ganz Europa mit größtem Interesse verfolgt. Diese Ereignisse wurden von den Amerikanern als Restauration interpretiert. Der Krieg gegen England wurde von allen Zeitgenossen als eine Rückkehr zu der ursprünglichen – von König und Parlament verletzten – Verfassung von 1688 verstanden.[7)] Die amerikanische Revolution selbst brachte aber keine wesentliche Veränderung des Begriffsinhaltes »Revolution«. In diesem Zusammenhang ist darauf hinzuweisen, daß der in der französischen Übersetzung von Machiavellis »Discorsi« von 1691 nicht erwähnte Begriff »Revolution« in der Version von 1782 insgesamt 25mal vorkommt.[8)]

Nun möchte ich zu dem am Anfang zitierten Werk von Lescene de Maison zurückkommen. Mit dem Terminus »Revolution« bezeichnete Lescene die königlichen Beschlüsse zur Einberufung der Generalstände 1788. Daher wurde, wie Proudhon viel später seine Landsleute erinnerte, Ludwig XVI. von den Franzosen als »... restaurateur des libertés publiques ...« begrüßt.[9)]

Die Zeitgenossen haben auf die universelle Botschaft (und den Charakter) der Revolution sofort reagiert. Ausdrücke wie »première révolution philosophique« oder »révolution du genre humaine« zeigen, daß es sich hier um etwas anderes handelt als bei früheren Revolutionen.

Edmund Burke, unter dem Eindruck der Oktobertage von 1789, schrieb in seinen »Reflections on the Revolution in France«:

»... the most important of all revolutions, which may be dated from the day, I mean a revolution in sentiments, manners and moral opinions.«[10)]

Diese Bemerkung beinhaltet die Einsicht in die ideologische oder sogar religiöse Natur der Revolution, und Burke gewann später nahezu prophetisches Ansehen, als die weitere Entwicklung seinen Pessimismus bestätigte. Die Ansicht, daß die Französische Revolution etwas Außergewöhnliches darstellt, wird auch von ihren Anhängern betont.

Thomas Paine, der berühmte Gegner Burkes, schreibt in seinen »Rights of Man: Being an answer to Mr. Burke's attack on the French Revolution« (zwei Jahre später als das Buch von Burke erschienen) über den Revolutionsbegriff:

»What we formerly called Revolution, were little more than a change of persons, or an alteration of local circumstances ... But what we now see in the world, from the Revolution of America and France, are a renovation of the natural order of things and the exsistence of man.«[11)]

Noch deutlicher ist folgendes Zitat, das Paine im Zusammenhang mit der Eröffnung der Nationalversammlung 1791 schrieb:

»... a scene so new, and so transcendentally unequaled by anything in the European world, that the name of a Revolution is diminutive of its character, and it rises into regeneration of man.«[12)]

Daraus können wir ersehen, daß die Idee von einem Neubeginn betont wird. Diese Vorstellung ist von fundamentaler Bedeutung, weil sie Grundlage für den modernen Revolutionsbegriff ist. Und diese Idee eines Neubeginns ist unvereinbar mit der im 18. Jahrhundert typischen zyklischen Geschichtsauffassung.

Nun möchte ich kurz auf einige Ursachen ihrer Entstehung hinweisen.

Der langsame Prozeß der Ausbreitung der aufgeklärten Gedanken, die um 1770 in der öffentlichen Meinung die Macht eroberten, hat völlig neue Vorstellungen über die Natur des Menschen, der Gesellschaft und der Geschichte gebracht. Besonders wichtig in diesem Zusammenhang scheint mir die Entstehung der modernen Fortschrittsidee zu sein. Die Arbeiten von Turgot, Helvetius und vor allem Condorcet stellen die Formulierungen eines kompletten, allumfassenden Fortschrittsglaubens dar. Fortschritt bedeutet nunmehr Perfektibilität sowohl im moralischen als auch im politischen Sinne. Geschichte ist als teleologischer, notwendiger Prozeß verstanden und setzt voraus, daß der Idealzustand der Gesellschaft in der historischen Entwicklung zu erreichen ist. Diese Wandlung geht mit beispielhafter Klarheit in der utopischen Literatur vor. Bis 1770 wird die ideale Gesellschaft als geographische Fiktion dargestellt: Utopia ist das Land Nirgendwo. Mit der Publikation von »L'an 2440« von Sebastian Mercier (1770) sehen wir aber die Umwandlung von Utopia in »Ukronie«, d. h., die räumliche Dimension ist durch die zeitliche ersetzt.[13)]

Der Revolutionsbegriff blieb von diesen Entwicklungen nicht unberührt. 1765 hat Voltaire den Ausdruck »Révolution de l'esprit« geprägt, als er die Erfolge der Aufklärung schilderte. Die für alle Gesellschaften entscheidende Frage von Transzendenz hat sich also in eine Frage von emanzipatorischer Geschichte umgewandelt; die Überwindung des Bösen findet im historischen Prozeß statt. Das praktische Beispiel läßt sich gerade in der Französischen Revolution beobachten. Edgar Quinet, der sich in seiner »La Révolution Française« (1865) mit dem religiösen Aspekt der Revolution auseinandersetzte, schrieb:

»Pour la première fois dans le monde, la philosophie dut tenir lieu d'instruction, de croyance et d'archives.«[14)]

Ich habe dargelegt, daß eine Analyse des Terminus »Revolution« die semantische Umgebung dieses Begriffs berücksichtigen muß. Zur Verdeutlichung einige Beispiele:

Wir haben schon die Verbindung zwischen der/den Revolutionsidee(n) und der/den Fortschrittsidee(n) nachgewiesen. 1797 schrieb Madame de Staël in »Des circonstances actuelles qui peuvent terminer la Révolution et des principes qui doivennent fonder la république«:

»... que l'opinion publique était la puissence réelle au commencement de la Révolution.«[15)]

In der Sprache des späten 18. Jahrhunderts bedeutet öffentliche Meinung die Ausbreitung der Vernunft. Diese Meinung von einer vernünftigen Revolution finden wir (später) im Liberalismus. In »Sur le sens du mot révolutionnaire« (1793) schrieb Condorcet: »Un esprit révolutionnaire est un esprit propre à produire, à diriger une révolution en faveur de la liberté.«[16)]

Nun ist die Revolution nicht mehr so wie früher als Restauration von ursprünglichen Freiheiten zu sehen, sondern als Schaffen von neuen Werten.

Zuletzt soll aber noch die soziale Dimension des Revolutionsbegriffes erwähnt sein: Der Aufstand der Massen in der Französischen Revolution, die Gewalt und die völlig neue Idee, daß Armut nicht zur ewigen Ordnung der Dinge gehört, haben der Auffassung von Revolution einen Charakter von Dynamismus, Unberechenbarkeit und Unkontrollierbarkeit verliehen.[17)]

3. Die Entstehung moderner Ideologien

3.1 Konservativismus

Es ist natürlich kein Zufall, daß das grundlegende Buch des modernen Konservativismus Edmund Burkes bereits erwähnte »Reflections on the Revolution in France« (1790) ist.

Ein zentrales Thema bei Burke ist der Vergleich zwischen der Glorreichen Revolution in England 1688 und den Tendenzen der Französischen Revolution. Burke äußerte sich über die Bedeutung der englischen Revolution:

»The revolution was made to preserve our ancient indisputable laws and liberties, and the ancient constitution of government, which is our only security for law and liberty.«[18)]

Der Begriff »Revolution« bedeutet hier Restauration von Freiheiten, wie ich schon vorher gesagt habe. Freiheit ist für Burke ein historisch gewachsenes Erbteil der Engländer, das vom König beeinträchtigt und von der Revolution wiederhergestellt wurde. Dieser Freiheitsbegriff unterscheidet sich vollkommen von dem der Französischen Revolution. Für die Französische Revolution stammen Freiheitsidee und bürgerliche Rechte aus einem abstrakten Naturrecht. Diesbezüglich meint Burke, daß die Verwirklichung solcher Ideen zum Zusammenbruch der Gesellschaft führen würde. Der Gegensatz Tradition–Abstraktion, d. h. einerseits konkret historisch, andererseits rationell ahistorisch, ist nicht nur auf die gegenläufigen Tendenzen des britischen Empirismus und des französischen Rationalismus zurückzuführen, sondern auf verschiedene politische Mentalitäten. Burke schrieb über die gefährlichen Folgen einer Ideologie mit universellen Ansprüchen und einer ikonoklastischen Einstellung zu Vergangenheit und Tradition, die mit politischem Fanatismus verbunden sind. Darin besteht Burkes Originalität, wie gleichzeitig der werdende Konservativismus zeigt. Burke schrieb:

»The pretended rights of these theorists are all extrems; and in proportion as they are metaphysically true, they are morally and politically false.«[19)]

Die Kritik der abstrakten Naturrechtstheorie ist bei Burke, und später für den ganzen Konservativismus, ein grundlegendes Thema. Ein sehr interessanter Aspekt im Denken Burkes ist die Ideologiekritik. Durch seine Untersuchung verschiedener Verfassungsentwürfe der konstituierenden Nationalversammlung konnte Burke einen Gegensatz zwischen Ideen und politischen Realitäten nachweisen. Dieser Gegensatz entspricht dem Kern naturrechtlichen Denkens, das Grundlage für die Menschenrechtserklärung war. Besonders aufschlußreich ist folgende Beobachtung Burkes:

»You order him to buy the right, which you before told him nature has given him gratuiously at his birth, and of which no authority could lawfully deprive him.«[20)]

Burke meint, die Ursache dafür liege in der Heterogenität der Motive der Revolutionäre: ideellen und materiellen. »Men of letters« und »moneyed interest«, wie Burke schrieb. Beim modernen Konservativismus handelt es sich also um einen Traditionalismus, der sich seiner Werte und Aufgaben durch die Bedrohung der Französischen Revolution bewußt geworden ist.

Folgende Punkte gelten als wichtige Bestandteile für den gesamten europäischen Konservativismus:

a) Die Konspirationstheorie (Abbé Augustin Barruel): Die Revolution wurde durch eine Verschwörung von Intellektuellen verursacht.
b) Die Ursache der Französischen Revolution waren die falschen Ideen der Aufklärung.
c) Die Revolution wurde in allen ihren Phasen als Übel betrachtet.[21)]

Zuletzt möchte ich auf die zyklische Revolutionsauffassung noch einmal hinweisen, welche sich im konservativen Denken durch den konkreten Verlauf der Französischen Revolution sogar verstärkte. Um ein Beispiel zu nennen: In der ersten komparativen Revolutionsgeschichte aus dem Jahr 1797, »Essai historique, politique et moral sur les révolutions anciennes et modernes«, von René de Chateaubriand, findet man folgendes:

»... déjà la majorité des choses qu'on voulait faire passer pour nouvelle dans la révolution française se trouve presque à la lettre dans l'histoire des Grecs d'autrefois, que l'homme faible dans ses moyens et dans son génie ne fait que se répéter sans cesse, qu'il circule dans un cercle dont il tache en vain de sortir.«[22)]

3.2 Liberalismus

Das Verhältnis zwischen Liberalismus und Französischer Revolution ist aus verschiedenen Gründen ambivalenter als beim Konservativismus. Die Liberalen, die die Ideen der Aufklärung übernommen hatten, wirkten im postnapoleonischen Zeitalter unter teilweise schwierigen Verhältnissen. Sie waren gezwungen, die Revolution zu verteidigen, ohne den Eindruck zu erwecken, Revolutionäre zu sein. Der Liberalismus ist wie der Konservativismus keine einheitliche Ideologie, er hat sich aber gewisse Thesen über die Revolution zu eigen gemacht, die einen gesamteuropäischen Charakter besitzen. Die liberale Auffassung der Französischen Revolution wurde 1796 bis 1797 durch Benjamin Constant und Germaine de Staël entwickelt. Madame de Staël faßte diese Thesen in ihren einflußreichen, 1818 posthum veröffentlichten »Considerations sur les principeaux événements de la Révolution Française« zusammen. Nach Madame de Staël war die Revolution 1789 notwendig und legitim, auf Naturrecht gegründet und mit der Verfassung von 1791 beendet. Die Radikalisierung der Revolution war eine Abweichung von den richtigen Prinzipien und absolut verwerflich. Ihre Ursachen sind einerseits der Widerstand von Hof und Adel gegen die Reformen, andererseits die politische Unreife des Volkes. Die Trennung zwischen der guten Revolution 1789–1791 und der schlechten 1792–1793 ist von großer Bedeutung für den europäischen Liberalismus. Diese Kluft hat der bekannte liberale Historiker Guizot frappierend ausgedrückt: »Quel éspace quel abîmes de 1789 à 1793.«[23)]

Die Konservativen lehnten diese Trennung stets ab. Vicomte de Bonald, einer der bedeutendsten französischen konservativen Denker, schrieb in seiner Kritik über das Buch von Madame de Staël:

»... j'ose dire qu'il n'y a pas un princip politique posé en 1789, dont une dialectique rigoreuse ne fit sortir toute la révolution.«[24)]

Die Konservativen bestritten also die Idee von zwei Revolutionen und meinten, daß es sich um einen einheitlichen revolutionären Prozeß handelte. Obwohl die Trennung sicherlich auch taktisch bedingt war, weist sie trotzdem auf ein für den Liberalismus grundlegendes Dilemma hin. Das Ausmaß der Gewalt in der Revolution widersprach den liberalen Ideen von Vernunft, Rationalität und von der Ausbreitung der öffentlichen Meinung. Die liberalen Theoretiker des 19. Jahrhunderts zweifelten in immer zunehmenderem Maße – besonders nach 1848 – an den Möglichkeiten der Aufklärung. Ein noch tieferer Grund für die liberale Ambivalenz liegt in ihrer Geschichtsphilosophie. Auch das hängt mit der Interpretation der Französischen Revolution zusammen.

Schon in den neunziger Jahren des 18. Jahrhunderts erschienen mehrere vergleichende Arbeiten über die englische und die Französische Revolution, zum Beispiel das in Lübeck publizierte Werk von Villiers »Cromwell et Robespierre«. Diese vergleichenden Untersuchungen änderten aber in den zwanziger Jahren des 19. Jahrhunderts ihre Richtung. Die Analyse über die englische und die Französische Revolution wurde zum erstenmal in einem geschichtsphilosophischen Sinne durchgeführt. 1826 erschien Guizots Geschichte über die Ereignisse von 1642 bis 1648 (immer Great Rebellion genannt), wobei diese zum erstenmal als »Revolution« bezeichnet wurde. Hier wird die Revolution als historischer Prozeß geschildert, die Idee vom Klassenkampf eingeführt. Dank der Französischen Revolution konnte Guizot die englische besser verstehen und beide Revolutionen als zwei verschiedene Phasen des gleichen historischen Prozesses betrachten. Guizot schrieb:

»... the analogy of the two revolutions is such, that the first would never have been thoroughly understood had not the second taken place.«[25)]

Noch hofften Guizot und andere liberale Theoretiker auf ein Ende des revolutionären Prozesses und auf die endgültige Entstehung einer vernünftigen Gesellschaftsordnung, aber 1848 bedeutete für den Liberalismus das Ende seines historischen Optimismus. Alexis de Tocqueville, sicherlich einer der größten Denker des vorigen Jahrhunderts, schrieb unmittelbar nach 1848:

»1830 me semble avoir clos cette première période de nos révolutions ou plutôt notre révolution car il n'y en a qu'une seule révolution toujours la même à travers des fortunes et des passions diverses, que nos pères ont vu commencer et que suivant toutes vraisemblance nous ne verrons pas finir.«[26)]

Diese Meinung ist von der ursprünglichen liberalen Vorstellung sehr entfernt. Madame de Staël war noch davon überzeugt, daß die Revolution beendet ist, wenn sich die revolutionären Prinzipien in heilige Dogmen verwandelt und sich dann in allen sozialen Klassen durchgesetzt haben:

»C'est alors que la révolution est terminée.«[27)]

3.3 Sozialismus und Feminismus

Die Wurzeln von Sozialismus und Feminismus im modernen Sinne sind die liberale oder eher aufklärerische Geschichtsphilosophie und die Erklärung der Menschenrechte. Der Grund ihrer Entstehung ist das Erlebnis einer verratenen und unvollendeten Revolution, nämlich der Französischen Revolution. Die Idee einer verratenen Revolution war sowohl für den Frühsozialismus als auch für den Feminismus grundlegend. Margret Fuller, amerikanische Feministin und Anhängerin von Schellings Philosophie, schrieb 1843 in »The Great Lawsuit. Man versus Man. Woman versus Woman«:

»The French Revolution, that strangely disguised angel, bore witness in favour of women, but interpreted her claims no less ignorantly than those of man.«[28)]

Mit der Entwicklung des Sozialismus und des Feminismus findet eine Umwandlung der Fortschrittsidee statt. Beispielsweise meint Fourrier, daß es keinen Fortschritt ohne Emanzipation der Frauen gebe. Der Glaube an die Befreiung der Menschen und an die Emanzipation der Frauen wird zu einer notwendigen Folge der historischen Entwicklung und bleibt ein Kernpunkt in Sozialismus und Feminismus.

Das hat natürlich auch Konsequenzen für den Begriff »Revolution« gehabt. Eine zusätzliche Umwandlung desselben vollzog sich nach den 1848er Ereignissen. Marx schrieb in seinem »Klassenkampf in Frankreich 1848–1850«:

»Erst nachdem die Trikolore mit dem Blut der Junirevolutionäre gefärbt worden ist, wird sie zur Fahne der europäischen Revolution – die rote Fahne, und wir rufen: Die Revolution ist tot. Es lebe die Revolution.«[29]

Mit der Entstehung des historischen Materialismus bedeutete Revolution den Übergang von einer Gesellschaftsformation zu einer anderen. Doch bezeichnete Marx die gewalttätige Machtübernahme auch als Revolution. In diesem Sinne versteht er die englische und die Französische Revolution als bürgerliche Revolutionen. Jedenfalls muß die endgültige Befreiung der Menschen durch eine sozialistische Revolution kommen, weil erst die Abschaffung des Privateigentums zur wahren Freiheit führen kann.

Auch die russische Revolution wurde von vielen Intellektuellen als verraten und unvollendet betrachtet. Einige Beispiele dafür möchte ich kurz erwähnen:

Isak Deutscher, der Biograph Stalins, schrieb zum 50jährigen Jubiläum ein Büchlein mit dem Titel »Die unvollendete Revolution«. Am Anfang der siebziger Jahre schrieb die Radikalfeministin Shulamit Firestone, beeinflußt von Wilhelm Reich und Marcuse, in »The Dialectic of Sex. A Case for the Feminist Revolution«:

»The failure of the Russian Revolution is directly traceable to the failure of its attempts to eliminate the family and sexual repression. – By the same token all socialist revolutions to this date have been or will be failures for precisely these reasons.«[30] Die Ursachen des Mißerfolges haben laut Firestone biologische Grundlagen. Das ist die emanzipatorische Geschichtsphilosophie in absurder Konsequenz.

Zusammenfassend möchte ich sagen, daß der Mythos der Französischen Revolution und gleichermaßen der Revolutionsmythos als solcher ein Mythos im anthropologischen Sinne ist.

Vor dem 100jährigen Jubiläum war die Französische Revolution eine lebendige Ideologie, jetzt am Vorabend des 200jährigen Jubiläums ist sie endlich Geschichte geworden. Die Enthüllung dieses Mythos hängt nicht von einer überlegenen Methode ab, sondern von der Tatsache, daß wir nicht mehr an diesen Mythos glauben.

Literatur

1) E. Schulin, Die Französische Revolution, München 1988, 29.

2) Nach E. Griewank, Der neuzeitliche Revolutionsbegriff, Suhrkamp-Taschenbuch, 1973, und J. M. Goulemot, Le mot »Révolution« et la formation du concept de révolution politique (fin XVIIe siècle), in: Annale historique de la Révolution Française Nr. 190, 1967.

3) A. J. Turgot, Sur l'Histoire Universelle (1750), in: R. L. Meek (Hg.), Turgot on Progress, Sociology and Economics, Cambridge 1973, 79.

4) Darüber vor allem Goulemot.

5) Encyclopédie où Dictionnaire raisonné ... XIV, Paris 1765, 237.

6) Beispielsweise Abbé R. Vertot d'Anbœuf, Les révolutions de Suède, 1695, Histoire des révolutions de Hongrie, 1739.

7) Dazu L. H. Cohen, The American Revolution and Natural LawTheory, in: Journal of the History of Ideas, Nr. 3, 1978.

8) Nach H. Arendt, On Revolution, Penguin Books 1973.

9) P. J. Proudhon, Idée générale de la révolution au XIXe siècle, in: Proudhon, Choix d'études sur la pratique révolutionnaire et industrielle, Paris 1851, 8.

10) E. Burke, Reflections on the Revolution in France (1790), Penguin Books 1974, 175.

[11] Th. Paine, Rights of Man: Being an answer to Mr. Burkes attack on the French Revolution (1791–1792), Penguin Books 1976, 166.

[12] Paine, 136.

[13] Hierzu J. Trousson, Voyage aux pays de nulle part. Histoire littéraire de la pensée utopique, Bruxelles 1975; B. Baczko, Lumière de l'utopie, Paris 1978.

[14] E. Quinet, La Révolution, Paris 1865.

[15] G. de Staël, Des circonstances actuelles qui peuvent terminer la révolution et des principes qui doivent fonder la république en France (1797), Paris 1979, 364.

[16] M. de Condorcet, Sur le sens du mot révolutionnaire (1793), in: Œuvres de Condorcet XII, Paris 1847, 615.

[17] Darüber J. Baskiewicz, La Révolution Française aux yeux des révolutionnaires, in: Acta Poloniae Historica Nr. 37, 1978.

[18] Burke, 117.

[19] Burke, 153.

[20] Burke, 288.

[21] Über Französische Revolution und Konservativismus vgl. F. Baldenspenger, Le mouvement des idées dans l'émigration française (1798–1815) I–II, Paris 1924. P. H. Beik, The French Revolution seen from the Right. Social Theories in Motion, 1789–1799, in: Transactions of the American Philosophical Society, vol. 46, 1956. J. Droz, L'Allemagne et la Révolution Française, Paris 1949. K. Epstein, The Genesis of German Conservatism, Princeton Univ. Press 1966. J. Godechot, The Counter-Revolution. Doctrine and Action, London 1972.

[22] F. R. de Chateaubriand, Essai historique, politique et moral sur les révolutions anciennes et modernes ... in: Œuvres complètes de Chateaubriand I, Paris 1859, 623.

[23] F. Guizot, Trois générations 1789-1814-1848, in: Guizot, Histoire parlementaire de France. Receuil complète des discours prononcés dans les Chambres de 1819 à 1848 l., Paris 1863, 27.

[24] L. G. A. de Bonald, Observations sur l'ouvrage de Madame la baronne de Staël: ayant pour titre Considération sur les principaux événements de la révolution française, Paris 1818, 132.

[25] Zitiert nach R. C. Richardson, The Debate on the English Revolution, London 1977, 65.

[26] Œuvres complètes d'Alexis de Tocqueville XII, Souvenirs, Paris 1964, 30.

[27] G. de Staël, 42.

[28] M. Fuller, The Great Lawsuit, Man versus Man, Woman versus Woman (1843), in: A. Rossi (Hg.), The Feminist Papers from Adams to de Beauvoir, New York 1973, 159 f.

[29] K. Marx, Klasstriderna i Frankrike 1848–1858, Stockholm 1971, 63, 97.

[30] S. Firestone, The Dialectic of Sex. The Case for Feminist Revolution, 1971, 240.

ANHANG

Heinrich Schuschnigg

Die Österreichischen Akademien

Die Österreichischen Akademien, veranstaltet von der »Österreichischen Landsmannschaft« (Akademischer Bund katholisch-österreichischer Landsmannschaften) – dem Rechtsvorgänger des Akad. Bundes K. Ö. L. – im Zusammenwirken mit der »Österreichischen katholischen Liga« und der »Österreichischen Gesellschaft für Kunst und Wissenschaft«, gehen bereits auf eine mehr als 50jährige Tradition zurück.

I. Österreichische Akademie (19. bis 26. Juli 1936)

Die erste, damals noch nicht numerierte Österreichische Akademie wählte die ehrwürdige Bischofsstadt Salzburg zum Tagungsort.

Zum Ziel setzte man sich: die Vertiefung in die österreichische Idee, das Studium der sich um sie gruppierenden Probleme und ihre wissenschaftliche Fundierung. Das Programm konnte sich sehen lassen, wenn man bedenkt, daß alles praktisch ohne Budget und ohne öffentliche Unterstützung organisiert werden mußte. Allerdings übernahm der Fürsterzbischof von Salzburg, Dr. **Sigismund Waitz**, den Ehrenschutz, und so konnte man sich zumindest auf die kirchliche Autorität und Mithilfe stützen. Waitz, der gewesene Religionslehrer Kaiser Karls, war Ehrenmitglied der K. Ö. L. »Austria Salzburg«, so wie der damalige Erzabt von St. Peter, Dr. Petrus Klotz OSB, Ehrenmitglied der K. Ö. L. »Maximiliana«.

Eine tägliche Missa recitata begleitete die gemeinsame wissenschaftliche Arbeit: Das Thema kann in seiner Brisanz und seiner Aktualität nur verstanden werden, wenn man sich die allgemeinen politischen Umstände im Rahmen der Zeit (1936) vergegenwärtigt.

1. Rechts- und staatsphilosophische Reihe:

Der Rektor der Österreichischen Akademie, Hochschul-Prof. Dr. Hans Karl Frh. v. Zessner-Spitzenberg (Phil.-x »Maximiliana«): »Die rechtsphilosophischen Grundlagen des österreichischen Staatsgedankens«.

Der Kirchenrechtler DDr. Willibald Plöchl (A. H. »Maximiliana«, »Starhemberg«), damals Dozent: »Der österreichische Staatsgedanke und der Nationalismus«.

Univ.-Prof. Dr. Ludwig Adamovich: »Die österreichische Staatsidee, Länderföderalismus und Ständeföderalismus«.

Nach dem Bericht über die Österreichische Akademie 1936 in den Österreichischen Akademischen Blättern (ÖABl 1936/1, 11 ff.) wurde dieser Vortrag von dem Wiener Vizebürgermeister, Dr. Ernst Karl Winter (A. H. »Maximiliana«), gehalten.

2. Historische Reihe:

Prof. Dr. Julius Wolf: »Die Reichsidee als Fundament des Abendlandes«.

Dr. Konrad Josef Heilig: »Die Reichsidee und die österreichische Staatsidee in der Entwicklung vom Mittelalter bis in die Neuzeit«.

Dr. Hermann Matthias Görgen (A. H. »Austria« Salzburg): »Die Reichsidee und der österreichische Staatsgedanke von 1806 bis zur Gegenwart«.

Dr. Wolfgang Pauker, Chorherr von Klosterneuburg: »Das Österreich des hl. Leopold«.

3. Kulturphilosophische Reihe:

Univ.-Prof. Dr. Dietrich v. Hildebrand (A. H. »Starhemberg«): »Österreich und der italienische Kulturkreis«.

Comte Jean de Pange (Archiviste paleogr. Licencié en lettres et en droit, Paris): »Österreich und der französische Kulturkreis«.

N. N. (nicht eruierbar): »Österreich und der deutsche Kulturkreis«.

Rektor Rev. C. F. Hrauda, Brighton: »Österreich und der slawische Kulturkreis«.

Doz. Dr. Tewrewk-Palaghy, Budapest: »Österreich und der ungarische Kulturkreis«.

Prof. Richter und Prof. Ströck, beide aus Wien, sprachen über die Eigenständigkeit und Eigenartigkeit der österreichischen Kultur als Mischform und zugleich veredelte Hochblüte abendländischer Kultur.

Doz. Dr. Balduin Schwarz, Fribourg, Schweiz: »Das Abendland und die Erneuerung des Geistes«.

Univ.-Prof. Dr. Egon Wellesz (A. H. »Maximiliana«), Wien (Ehrendoktor der Universität Oxford): »Musik als Ausdruck österreichischer Kultur in Geschichte und Gegenwart«.

Josef August Lux (A. H. »Austria« Salzburg): »Der österreichische Staatsgedanke in den Dramen Grillparzers«.

Den Abschlußvortrag hielt Univ.-Prof. Leon van der Essen, Generalsekretär der Universität Löwen: »Grundlagen und Ziele einer katholischen Universität«.

Als Begleitprogramm gab es eine Buchausstellung, Exkursionen und Besichtigungen. Am 23. Juli 1936 feierten die Österreichischen Landsmannschaften einen Festkommers zur Österreichischen Akademie.

Der Philistersenior der K.Ö.L. »Austria« Salzburg, Josef August Lux, hielt die Festrede.

Unter anderem wehrte sich der Redner vehement gegen die Bezeichnung Österreichs als »zweiter deutscher Staat«. Das »ewige Österreich« könne sich niemals mit diesem Begriff zweiter Güte decken. »Die Geschichte der letzten drei Jahre hat uns gelehrt, daß Österreich, wenn es sein muß, ... ohne Deutschland leben kann, wie so oft in ähnlicher Lage, ... bei um so engerem Anschluß Österreichs an den lateinischen Kulturkreis, wodurch ja Österreich zur höchsten Entfaltung emporgestiegen ist, zur Monarchia latina trionfante, zur triumphierenden lateinischen Weltmonarchie unter Einschluß (mancher) deutscher Lande. ... Die Österreichische Akademie hat bewiesen, was dieses ewige Österreich ist. ... Auch in seiner derzeitigen Kleinheit: das Reich, in dem *geistig* die Sonne nicht untergeht. ... Die Kleinheit hindert wahre Größe nicht, wenn wir bedenken, daß hinter uns die großen Toten stehen, die lebendiger sind als manche Lebende in ihrer *eisernen* Schwäche.«

Bei dem Kommers erhielt Dr. Elemer Dsida aus Györ das Ehrenband der K.Ö.L. »Austria« Salzburg. Dr. Walter Breitenfeld, Austrias Philisterconsenior, hielt die Laudatio. Der Sekretär der »Foederatio Stéphanea«, Dr. Rado, gratulierte im Namen des Sankt-Stephans-Verbandes ungarischer Hochschüler und erklärte die Sankt-Stephans-Idee und den Begriff der ungarischen Nation: »Für uns bedeutet Nation keinen anthropologisch-rassistischen, sondern einen historisch-geographisch-politischen Begriff. Anstatt einer anthropologischen ›Bluteinheit‹ bedeutet im Ungarischen der Begriff Nation eine psychologische Einheit – der ungarische Nationsbegriff in diesem Sinne deckt sich also mit der österreichischen *übernationalen* Idee. Das ist in der Tat die großungarische Sankt-Stephans-Idee, entgegengesetzt der kleinungarischen Idee, die sich nur um die *ungarisch* sprechenden Völkergruppen kümmert.«

Die Resultate:

Erich Thanner (A. H. »Starhemberg«, »Maximiliana«) schreibt in den Österreichischen Akademischen Blättern: »Während vor Jahren das Wort ›Österreich‹ noch nicht einmal im Stande war, im Gehirn eines Staatsbürgers zeitgemäßen Durchschnitts nur irgendwelche Assoziationen hervorzurufen, ist man heute auch in fernstehenden Kreisen doch wenigstens schon geneigt, vaterländisches Denken als Diskussionsbasis für möglich zu halten. ... Innerhalb der christlich-abendländischen Gesamtaufgabe Österreichs stellt dessen deutsche Sendung nur ein Teilproblem dar. Gegen die Vernichtung des Ganzen zugunsten eines Teiles, gegen die Preisgabe einer weltweiten Idee zugunsten eines lächerlichen alldeutschen Provinzialismus ...« (ÖABl 1936/9+10, 129). Dr. Walter Breitenfeld in derselben Nummer (131 f.) über die Österreichische Akademie: »Es ist dringendes Gebot der Stunde, dem verführerischen, verwirrenden und oberflächlichen Phrasenschwall unserer Zeit die mit tiefem Ernst erkannten, geprüften und erhärteten Wahrheiten – wie es sein soll, im Rechte, wie es kam und wurde, in der Geschichte, und wie es sein muß und ist, in der geistig kulturellen Ebene – gegenüberzustellen. ... Die österreichische Renaissance – die Wiedererweckung und Wiederbelebung österreichischen Bewußtseins nach einer beschämenden Epoche engstirniger Entösterreicherung – ist bisher ... als Volksbewegung ... vor sich gegangen und empfing ihre gestaltenden Kräfte vornehmlich aus emotionalen Quellen. Diese Erneuerungsbewegung bedarf der ernsten geistigen und wissenschaftlichen Fundierung ... Es ist nicht allein das bloße *Sein* Österreichs, dessen das Abendland, wie ja heute bereits sogar politisch anerkannt, bedarf, sondern auch – und das wird noch nicht genügend verstanden – das *Sosein* Österreichs, das für das Abendland bestimmend ist ... Einzig und allein ... die Idee Österreichs und des Abendlandes ermöglicht überhaupt erst die Herstellung der göttlichen, wahren und gültigen Weltordnung, ein nationales Sein, ein Volkstum und damit erst eine abendländische Völkergemeinschaft als ›Einheit in wohlgegliederter Vielheit‹. Die Vorlesungen wollen ... helfen, auch gestaltende Kräfte auszulösen zum Segen des Abendlandes und des Vaterlandes Österreich, das ohne Abendland ebenso unvorstellbar ist wie ein Abendland ohne Österreich.

Wenn die Überschrift der Veranstaltung ›Österreichische Akademie‹ lautet, so ist nach dem eben Dargelegten damit wohl nicht zuviel gesagt.«

Soweit Breitenfeld im Jahr 1936, und es ist geradezu verblüffend, wie genau diese Aussage heute für Österreich in der Diskussion über den allfälligen Beitritt zur Europäischen Gemeinschaft wieder zutrifft.

Der Komponist Egon Wellesz zitiert in dem Buch »Egon und Emmy Wellesz, Leben und Werk« (hrsg. v. F. Endler, Wien-Hamburg 1981, 238 f.) Dr. Erich Thanner, den langjährigen Herausgeber der »Österreichischen Akademischen Blätter« und späteren Chefredakteur der »Furche«: »Es dürfte in den ersten Monaten des Jahres 1936 gewesen sein, als in unserem Kreis von dem Plan einer österreichischen Akademie gesprochen wurde, die als eine Art von geistiger Kampfansage gegen die heraufziehende, ganz Europa beherrschende Barbarei in Salzburg stattfinden sollte. ... Wir, das war ein Kreis von führenden Köpfen, Hochsch.-Prof. Hans Karl Zessner-Spitzenberg, Univ.-Prof. Dietrich von Hildebrand, Dr. Walter Breitenfeld, der Kirchenrechtler Dr. Willibald Plöchl. Wir, das war aber auch ein Kreis österreichischer Studenten, die sich in der ›Österreichischen Landsmannschaft‹ zusammengefunden hatten, der damals einzigen Vereinigung farbentragender Verbindungen, die nicht das Wort ›deutsch‹, sondern ›österreichisch‹ in ihrem Namen führten und in ihren Programmen zu verwirklichen suchten. ... Die ›Alten Herren‹ diskutierten den Plan einer ›Österreichischen Akademie‹, wir jungen Studenten hörten zu. ... Sie beklagten es, keinen Musiker für die Akademie finden zu können. ... Hier riefen wir Jungen ... wie aus einem Mund dazwischen: ›Aber es gibt doch noch Egon Wellesz! Er setzt in seiner sehr persönlichen Art die über Bruckner und Mahler bis in unsere Zeit führende Linie fort. Er hat Hugo von Hofmannsthal vertont. Und er ist einer der ganz wenigen Menschen, die zur Stunde etwas über byzantinische Musik wissen!‹« (Dieses Thema sollte schon von der III. Österreichischen Akademie aufgegriffen werden.)

Die I. Österreichische Akademie fand noch Niederschlag in einem Buch von Julius Wolf, Konrad J. Heilig und Hermann M. Görgen, Österreich und die Reichsidee, Wien 1937.

II. Österreichische Akademie

Die »Österreichische soziale Akademie« vom 18. bis 20. März 1937 wählte Linz zum Tagungsort und stand unter dem Generalthema: »Der Weg zur sozialen Erneuerung«. Den Ehrenschutz hatte der Linzer Diözesan-Bischof Dr. Johannes Maria Gföllner übernommen.

Das Programm:

Heiligengeistamt in der Minoritenkirche. Danach Eröffnung und Tagung im Redoutensaal. Begrüßung durch den bereits damals amtierenden Landeshauptmann Dr. Heinrich Gleißner und den Bürgermeister Dr. Wilhelm Bock sowie den Rektor der Österreichischen Akademie Hochsch.-Prof. Dr. Zessner-Spitzenberg.

Die Vorträge:

Prof. Dr. Josef Grosam (Linz): »Sozialphilosophische Grundlegung«.

Univ.-Prof. Dr. Ferdinand Graf Degenfeld (A. H. »Starhemberg«), (Wien): »Entproletarisierung«.

BM a. D. Univ.-Prof. Dr. Josef Dobretsberger (Graz): »Wirtschaftspolitische Aufgaben des neuen Staates«.

Dr. Erich Hula (Graz): »Demokratischer, autoritärer und totaler Staat«.

Univ.-Prof. DDr. Johannes Messner (Wien): »Berufsständische Ordnung«.

Univ.-Prof. Dr. Ludwig Adamovich (Wien): »Staatsrechtliche Probleme der Gegenwart«.

In einem Artikel der Österreichischen Akademischen Blätter (ÖABl 1937/7, 167 f.) heißt es: »Wenn es noch eines Beweises bedurft hätte, vor aller Welt zu zeigen, daß die Bewegungen, die in der Wiederaufrichtung der Monarchie ihr Ideal erblicken, ... voll und ganz in der Gegenwart stehen, daß sie nicht das Ewiggestrige, sondern aus dem Schatze des Ewigen ... das Wahre für die Zeit von heute wollen, ... die Linzer Tagung hätte den Beweis erbracht.

Am Orte, wo so manches sozialistische Programm der Vergangenheit verkündet wurde, wo der Aufstand des Feber 1934 begann, wurde ein zeitgemäßes, auf den Fundamenten ... der österreichischen sozialen Schule begründetes Programm entwickelt ... Vor allem war die akademische Jugend und die Arbeiterjugend vertreten, um dieser ... Veranstaltung, die der kommenden sozialen Monarchie wie dem heutigen Ständestaat Österreich vieles zu sagen hatte, mit gespannter Aufmerksamkeit beizuwohnen ...«

Dr. Erich Hula führte aus, daß »sowohl *Bolschewismus wie Faschismus und Nationalsozialismus* mit ihrem Anspruch des totalen Staates letzten Endes sich als *Vollstrekker der Französischen Revolution* (Hervorhebung des Verfassers) fühlen, den Staat als letzte Quelle des Rechtes betrachten und jeglichen Föderalismus religiöser, häuslicher, politischer und ständischer Art als Störung ihrer vermeintlichen Rechtssphäre betrachten«.

Zessner-Spitzenberg zum Abschluß: »So ist die soziale Akademie mit großen Erfolgen verlaufen – ein neuer wichtiger Schritt zum großen Ziele der sozialen Monarchie und dem sozialen Kaiser.«

Die III. Österreichische Akademie

in Salzburg vom 26. Juli bis 1. August 1937 stand unter dem Motto: »Rom und der Orient, opus dei«. Das in drei Vortragsreihen gegliederte Programm kann man nur als opulent bezeichnen:

1. Reihe: Ost- und Westkirche in der Theologie, Liturgie und Philosophie

Univ.-Prof. Dr. P. Thomas Michels OSB (A. H. »Austria« Salzburg): »Rom und der Orient«.

Univ.-Prof. Dr. P. Bernhard Schultze SJ (Rom), 1. Referat: »Zur Theologie der Ostkirche«. 2. Referat: »Philosophie und Mystik der Ostkirche«.

Univ.-Prof. Dr. Wladimir v. Zaloziecky (Lemberg): »Zur Geistesgeschichte Osteuropas«.

2. Liturgisch-musikwissenschaftliche Reihe:

Univ.-Prof. Dr. Egon Wellesz (Wien-Oxford): »Die Musik der Ostkirche und der gregorianische Choral«.

Akademie-Prof. Dr. Franz Kosch (Wien): »Der gregorianische Choral und die Schule von Solesmes«.

Univ.-Doz. DDr. P. Erhard Drinkwälder OSB (Salzburg): »Die Formen des Chorals«.

Dom Gregorio Sunol OSB (Mailand): »Die ambrosianische Liturgie«.

Dr. P. Vahan Inglisian (Wien): »Die armenische Liturgie«.

Univ.-Prof. Dr. P. Thomas Michels OSB (Salzburg): »Die byzantinische Liturgie«.

3. Historische Reihe:

Dr. Konrad J. Heilig (Wien): »Österreich und die kirchliche Union«.

Univ.-Doz. DDr. Willibald Plöchl (Wien): »Die Unionsidee am Florentiner Konzil«.

Univ.-Prof. Prälat Dr. Franz Grivec (Laibach): »Die Heiligen Cyrill und Method als Verkünder der christlichen Einheit«.

P. Teodosio Halucsynskyj OSBM: »St. Josaphat, Apostel der Union«.

Univ.-Prof. Dr. P. Wilhelm Schmidt SVD (Wien): »Una sancta ecclesia«.

Neben den Vorträgen gab es insgesamt sechs feierliche Hochämter: in römischer, byzantinisch-slawischer, armenischer und ambrosianischer Liturgie, unter musikalischer Mitwirkung des Salzburger Mozarteumchores unter der Leitung von Prof. Dr. Bernhard Paumgartner, Mitgliedern des Staatsopernchores, der Schola der hochw. PP Mechitaristen, Wien, der Schola des erzbischöflichen Aluminates, Wien, und des Salzburger Domchores.

In dem Resümee, das im Oktoberheft der Österreichischen Akademischen Blätter (ÖABl 1937/1, 17 ff.) gezogen wird, heißt es: »... Und nicht zuletzt wurde uns der Blick geöffnet, und wir konnten in eine Schicksalssphäre der Welt- und Kirchengeschichte hineinschauen, die an Bedeutung nur von wenigen Problemen unserer Gegenwart übertroffen wird ...«

Der Vorsitzende der »Österreichischen Gesellschaft für Kunst und Wissenschaft«, Hochschul-Prof. Dr. Freiherr v. Zessner-Spitzenberg, kündigte abschließend für 1938 eine große »Österreichische Akademie« an, die dem österreichischen Barock gewidmet sein sollte.

In dem bereits erwähnten Buch »Wellesz, Leben und Werk« wird weiter Erich Thanner zitiert: »So kam es, daß der völlig unpolitische Egon Wellesz unfehlbar auch in den Kreis von uns jungen, der nationalsozialistischen Bedrohung wegen recht aufgeregten Studenten geriet. ... Wir hingen an den Lippen des Professors mit dem ewig jungen Herzen, erhielten von ihm Antwort auf viele Fragen, erfuhren von ihm immer wieder Neues über die Quellen, aus denen wir geistig schöpften: über Christentum, Synagoge, griechische Antike ...« Egon Wellesz: »Der ganze Kreis stand auf der schwarzen Liste der Nationalsozialisten. P. Thomas Michels, Professor v. Hildebrand und wenigen anderen gelang es, rechtzeitig über die Grenze zu entkommen. Baron Zessner-Spitzenberg wurde zu einem der ersten österreichischen Opfer der nationalsozialistischen Machthaber. Er wurde sofort festgenommen und am 1. August 1938 in Dachau ermordet. Auch die ›Jungen‹ wurden nicht übersehen: Erich Thanner ist wie durch ein Wunder aus den Gefängnissen, Zuchthäusern und vor dem Tod errettet worden. Unter den anderen, die dazugehörten, ist wohl Alexander Auer, der spätere Mitbegründer und langjährige Mitleiter des ›Internationalen Forums Alpbach‹, der Bekannteste.«

Außer den genannten Referenten und Teilnehmern mußten noch viele in Gefängnisse und Konzentrationslager, wenn es ihnen nicht – wie zum Beispiel Plöchl oder Görgen – gelang, auf teilweise abenteuerlichen Wegen zu entkommen.

Zu der für 1938 angekündigten IV. Österreichischen Akademie in Salzburg ist es dann natürlich nicht mehr gekommen.

Aber man kann mit Befriedigung und Stolz sagen, daß in den beiden Städten Salzburg und Linz – einige Jahre nach dem Wiedererstehen Österreichs – Universitäten im Sinne der Österreichischen Akademien gegründet wurden.

Die nunmehrige IV. Österreichische Akademie 1989 fand in der ehrwürdigen Abtei Göttweig Gastrecht, und es ist sicher ein Zufall, daß es in der unweit gelegenen Stadt Krems bereits ernsthafte Bestrebungen zur Gründung einer Donauuniversität gibt.

Programm

Mittwoch, 3. Mai 1989

17.45 Uhr	Ankunft, Begrüßung durch den Abt.
18.00	Vesper, Stiftskirche.
18.45	Abendessen.
	Anschließend Konzert: Roland Horvath und Werner Pelinka: Musikalischer Abriß von 1789 bis 1989.

Donnerstag, 4. Mai 1989

6.00	Laudes, Stiftskirche.
8.00	Frühstück.
8.30	Prof. Thomas Chaimowicz: Edmund Burke und die Französische Revolution.
10.00	*Hochamt* zu Christi Himmelfahrt, Stiftskirche.
11.30	Statt des erkrankten Prof. Gaal spricht Dr. E. v. Kuehnelt-Leddihn über die gegenwärtige Situation der iberoamerikanischen Länder.
13.00	Mittagessen.
14.30	DDr. Günther Nenning: Zuviel Revolution? – Nein, zuwenig! »Ein Frankreich aus 40000 Gemeinden!«
16.00	Doz. Janos Perényi: Die Französische Revolution im Denken des 19. Jahrhunderts.
18.00	Vesper, Stiftskirche.
18.45	Abendessen.

Freitag, 5. Mai 1989

6.00	Laudes, Chorkapelle.
8.00	Frühstück.
9.00	Dr. Mario Graf von Ledebur-Wicheln: Gedanken zum Bicentenoire: Mißverständnisse über die Menschenrechte.
11.00	Prof. Mario Laserna Pinzon: Die Zerstörung des Bonum commune durch den Individualismus.
12.30	Hl. Messe.
13.00	Mittagessen.

14.30 Dr. Clemens Lashofer OSB: Die Französische Revolution und die Kirche: Einfluß der Kirche auf die Revolution – Einfluß der Revolution auf die Kirche.
16.00 Prof. Norbert Leser: Die Französische Revolution und die russische Revolution im Vergleich.
18.00 Vesper.
18.45 Abendessen.
19.30 Kneipe.

Samstag, 6. Mai 1989

6.00 Laudes, Chorkapelle.
8.30 Frühstück.
9.30 Erik von Kuehnelt-Leddihn: Sade, Robespierre und die Folgen.
11.00 *Pontifikalrequiem* für die Opfer der Französischen und der dadurch inspirierten Revolutionen, Stiftskirche.
12.00 Mittagessen.

13.00 Stiftsführung.

Während der gesamten Tagung:
Ausstellung: Zeichnungen und Ölbilder zum Thema von Hans Crepaz.

Zwischen den Vorträgen Musik: R. Horvath, Horn, und W. Pelinka, Klavier.

Teilnahme an den Stundengebeten ad libitum:

6.00 Laudes, Chorkapelle oder Krypta.
11.45 Sext (anschließend hl. Messe an Werktagen), Stiftskirche.
18.00 Vesper, Stiftskirche.
20.00 Komplet, Krypta.

Wegen einer schweren Erkrankung mußte der Vortrag von Prof. Hermann M. Görgen: Französische Revolution und christliches Menschenbild entfallen. Der Vortrag wurde uns jedoch schriftlich übermittelt und ist daher in der Publikation der IV. Österreichischen Akademie enthalten.

Editorische Notiz

Der vorliegende, dem Gedächtnis der Opfer der Französischen und der durch diese inspirierten Revolutionen gewidmete Berichtsband über die IV. Österreichische Akademie des Akademischen Bundes K. Ö. L. enthält die überarbeiteten und teilweise erweiterten Referate der Vortragenden. Für einen Kostenbeitrag zur Drucklegung dankt die KÖL Maximiliana Herrn Prof. Hermann M. Görgen (Bonn), dem Grafen Mario v. Ledebur (Bern) und der Vereinigung Österreichischer Industrieller (Wien).

Es entspricht der Tradition der Österreichischen Akademien, der Kunst neben der Wissenschaft ihren gebührenden Platz einzuräumen. Mit der Aufnahme der eigens aus diesem Anlaß entstandenen bildnerischen Darstellungen von Hans Crepaz erfährt der sonst naturgemäß nüchterne Inhalt einen Kontrapunkt.

Auch in der aus Anlaß des 130-Semester-Festes Maximilianae erschienenen Fest- und Gedenkschrift »MAXIMILIANA (I) - Zeichen des Widerstandes 1922–1987« war dies geschehen.

Ebenso bewußt wurde die Musik einbezogen, und so ist es uns ein besonderes Anliegen, die von Walter Pelinka eigens zu diesem Anlaß komponierte »Canzona« einem größeren Publikum vorzustellen.

Dem Gastgeber Pater Abbas (Clemens Lashofer OSB) und allen anderen Referenten und Mitwirkenden gebührt unser besonderer Dank.

Dieter Gutsmann

Referenten und Mitwirkende der IV. Österreichischen Akademie 1989

CHAIMOWICZ, Thomas, DDr. phil., B.A., Hon.-Prof. (Universität Salzburg).

Geboren 1924 in Wien; 1938 aus der Schule wegen »rassischer Gründe« ausgeschlossen. 1939 fluchtartige Emigration über Prag und Amsterdam nach Bogotá, Kolumbien. 1944 Externistenmatura, Studium der Latinistik, der Staats- und Wirtschaftswissenschaften an der Escuela Normal Superior de Colombia und der Universität des Jesuitenordens in Bogotá sowie Studienaufenthalt in den Vereinigten Staaten (Bachelor of Arts in Economics and the Social Sciences). 1949 Promotion in Filosofia y Letras (Pontificia Universidad Catolica Javeriana, Bogotá). Ab 1949 Studium der Klassischen Philologie und Geschichte in Wien und Innsbruck. 1953 Promotion (Diss.: Natürliche Ordnung und Kontinuität im politischen Denken Burkes, Universität Innsbruck). 1954 Fellow an der Vanderbilt University zum Studium des neuen amerikanischen Konservativismus. Persönliche Freundschaft mit Russell Kirk und Peter J. Stanlis, den bedeutendsten Exponenten des Neokonservativismus in den Vereinigten Staaten.

Seit 1965 Lektor an den Instituten für Klassische Philologie und Alte Geschichte sowie für Rechtsphilosophie der Universität Salzburg. 1985 Honorarprofessor für Antike Staatslehre und Römisches Staatsrecht am Institut für Römisches Recht (Juridische Fakultät der Universität Salzburg), antiguo profesor de la Pontificia Universidad Catolica Javeriana, Bogotá.

Veröffentlichungen: Zahlreiche Artikel in Zeitschriften und Zeitungen; Bücher und Beiträge in Sammelbänden (Auswahl): La Estabilidad del Gobierno Romano, Dos Ensayos, Bogotá 1949; – Edmund Burke y el problema de la continuidad, Bogotá

1958; – Die Wiederentdeckung Burkes, in: G.-K. Kaltenbrunner (Hg.), Rekonstruktion des Konservativismus, 2. Aufl., Freiburg 1973; – Freiheit und Gleichgewicht im Denken Montesquieus und Burkes, Wien-New York 1985; – Das republikanische Experiment, in: Gerhard Fritz/Gottfried Arnegger/Norbert Fürstenhofer (Hg.), MAXIMILIANA – Zeichen des Widerstandes 1922–1987 = FS 130 Semester Mx (Wien 1987), 116–119.

Referat: Edmund Burke und die Französische Revolution.

GÖRGEN, Hermann Matthias, Dr. phil., DDr. h. c., em. Univ.-Prof. (Universität Juiz de Fora/Minas Gerais, Brasilien).

Geboren in Wallerfangen/Saar am 23. Dezember 1908. Nach Absolvierung der Fächer Philosophie, Psychologie, Pädagogik, Theologie und Geschichte: Promotion mit Dissertation über die »Geschichte der ethischen Bewegung« (Bonn 1933). 1933–1935 Assistent bei Friedrich Wilhelm Foerster mit Sitz in Bonn, Foerster selbst lebte in Paris. Gleichzeitig in der katholischen Opposition (journalistisch) tätig, was ihm schwere Verfolgung eingebracht hat: Verhinderung der Habilitation, Aberkennung der Staatsbürgerschaft und des Doktortitels, Beschlagnahme seines Vermögens, Verfolgung – auch der Geschwister (vgl. MAXIMILIANA – Zeichen des Widerstandes 1922–1987 = FS 130 Semester Mx [Wien 1987], 74 ff.). 1935 Flucht nach Österreich, Ass. d. Forschungsinstituts f. dt. Geistesgeschichte in Salzburg (Ltr.: Univ.-Prof. Dr. P. Virgil Redlich OSB), 1936 Dozent und Senator der **Österreichischen Akademie**/Österreichische Gesellschaft für Kunst und Wissenschaft, 1937 Aufnahme in die K. Ö. L. **»Austria«**-Salzburg, 1937/38 Katalogisierung des Nachlasses von Erzherzog-Thronfolger Franz Ferdinand, 1938 Berufung durch Fürsterzbischof Waitz auf einen Lehrstuhl der vor ihrer Gründung stehenden Katholischen Universität Salzburg. Nachdem es Nacht geworden war über Österreich, Flucht in die ČSR, von dort in die Schweiz. Hier Organisierung der Auswanderung deutscher Emigranten nach Brasilien mit Unterstützung des Vatikans. 1941 Emigration nach Brasilien. Ab 1950 Lehrtätigkeit an der wirtschaftswissenschaftlichen Fakultät der Universität Juiz de Fora/Minas Gerais. Nach der Rückkehr ins Saargebiet Gen.-Dir. des Saarländischen Rundfunks.

1957–1961 MdB (CSU Saar/CDU). Von 1958 an (während zwölf Jahren) Beauftragter der Bundesregierung (Presse- und Informationsamt) für Sonderaufgaben in Lateinamerika. Seit 1960 bzw. 1961 Präsident der Deutsch-Brasilianischen Gesellschaft e. V. und des Lateinamerika-Zentrums e. V. in Bonn, Herausgeber der Deutsch-Brasilianischen Hefte.

Veröffentlichungen: Friedrich Wilhelm Foerster - Leben und wissenschaftliche Entwicklung bis zum Jahr 1904, Zürich 1933; - Die österreichische Reichsidee von 1804 bis zum Ende des Weltkrieges, in: J. Wolf/K. Heilig/H. M. Görgen, Österreich und die Reichsidee (= Berichtsband zur I. Österreichischen Akademie 1936), hg. mit einer Einleitung v. H. K. Zessner von Spitzenberg, Wien 1937; - Brasilien (auf 2 Bde. berechnete Monographie) Bd. I, Nürnberg o. J., 400 S.; Brasilien - Impressionen und Erlebnisse, Innsbruck-Frankfurt/Main o. J., 160 (tw. Farb-) S.; Über das Prinzip Freundschaft, NBl 1988/2, 1 ff.

Zahlreiche Beiträge in den **»Österr. Akad. Blättern« (ÖABl),** hg. v. Bundesconvent (BuC) d. »Österr. Landsmannschaft - Akad. Bund kath.-österr. Landsmannschaften« (Oe. L.), Wien 1935–1938, und anderen Sammelwerken, zuletzt in: Gerhard Fritz/Gottfried Arnegger/Norbert Fürstenhofer (Hg.), MAXIMILIANA - Zeichen des Widerstandes 1922–1987 = FS 130 Semester Mx (Wien 1987) mit detaillierten Angaben zur Person. Bibliographie in: Caltofen-Segura (Hg.), Dados biograficos et bibliograficos de Prof. Dr. DDr. h. c. H. M. Görgen, o. O. 1963.

Referat: Französische Revolution und christliches Menschenbild.

IGÁLFFY-IGÁLY, Ludwig, Prof. Dr. phil.

Geboren am 25. November 1924 in Wien, aus alter Offiziersfamilie stammend, 1934–41 Landstraßer Gymnasium, 1941–45 politische Haft, 1945–49 Universität Wien (Geschichte, alte und neue Philologie, Lehramt, Dr. phil.). 1953–63 Gymnasium Albertgasse, dann bis 1983 Theres. Akademie, dort auch Bibl. Dir., wohnhaft in Wien, Mitarbeiter des Corning Museum of Glass, NY, Rr. d. Souv. Malt. Ritter-Ordens, Komtur des kgl. spanischen, des bundesdeutschen u. a. Verdienstordens. Zahlreiche in- und ausländische Auszeichnungen für wissenschaftliche Arbeiten, insbesondere über Maria Theresia, Theresianum, Genealogie und Heraldik, Kunstgeschichte, Mähren und Schlesien, Biographien, Ritterwesen etc. (ca. 150 bis dato). Diverse Beiträge in Jahrbuch der Theres. Akademie, Manuscripta (Mazal-Irblich), Biblos (ÖNB), Maria Theresia und ihre Zeit (Residenz Verlag 1980), Gesellschaft Adler (Wien) und Verein Herold (Berlin).

Referat: Zwei österreichische Juden und ihr Weg zur Guillotine.

KUEHNELT-LEDDIHN, Erik Rr von, Dr. rer. pol.

Geboren am 31. Juli 1909. Studium beider Rechte in Wien und der Politikwissenschaften in Budapest. Mitarbeiter und Korrespondent zahlreicher deutsch- und fremdsprachiger Zeitungen und Periodika; beherrscht acht Sprachen in Wort und Schrift und verfügt über Lesekenntnisse in weiteren elf Sprachen. Lehrtätigkeit an der Georgetown University (1937), am St. Peter's College (Jersey City) 1942/43, an der Fordham University und von 1943–1947 am Chestnut Hill College (Philadelphia). Seit 1987 Ehrenmitglied der K. Ö. L. **Ostaricia** Innsbruck. Von 1955 an ausgedehnte Reisetätigkeit in fast alle Staaten der Welt, wobei Studienphasen mit Reiseperioden wechselten. Die hierdurch gewonnenen authentischen Kenntnisse fanden ihren literarischen und journalistischen Niederschlag in zahlreichen Publikationen.

Veröffentlichungen (Auswahl): Liberty or Equality? (London and Caldwell 1952, Madrid 1962, Rom 1966); – Zwischen Ghetto und Katakombe (Salzburg 1960); – Luftschlösser, Lügen und Legenden (Wien 1972); – Leftism – From de Sade and Marx to Hitler and Marcuse (New Rochelle 1974, 2. Auflage: Leftism – From de Sade and Marx to Hitler and Pol Pot, Greenwich, USA 1989); – Narrenschiff auf Linkskurs (Graz 1977); – Rechts, wo das Herz schlägt (Graz 1980); – Austria Infelix oder die Republik der Neidgenossen (Wien-Köln 1983); – Die falsch gestellten Weichen. Der rote Faden 1789–1984 (Wien-Köln 1985); – Gleichheit oder Freiheit? (Tübingen-Zürich-Paris 1985); – Der »mündige Bürger«: Verwirrung und Verführung, in: Gerhard Fritz/Gottfried Arnegger/Norbert Fürstenhofer (Hg.), MAXIMILIANA – Zeichen des Widerstandes 1922–1987 = FS 130 Semester Mx (Wien 1987), 110–115; Die rechtgestellten Weichen (Wien 1989).

Referat: Sade, Robespierre und die Folgen.

LASERNA PINZON, Mario, Dr. phil., Univ.-Prof. (Ludwig-Maximilians-Universität München), (bevollmächtigter Sonder-)Botschafter Kolumbiens in Österreich.

Geboren in Paris 1923. Studien (Mathematik, Politikwissenschaften, Philosophie) an der Columbia University, New York (B. A. 1948), Princeton University, Fordham University, Oxford University, Dr. phil (Freie Universität Berlin).

Lehraufträge (für Mathematik, Politikwissenschaften und Philosophie) am Smith College (1958) zu Lateinamerika (Konflikte der Gegenwart als Folge von Entscheidungen in der Vergangenheit), Paul-Lorenzen-Seminar, Erlangen (Kantian Geometry and Experience) an der Columbia University, New York (Kantian Geometry between Frege and Hilbert) und am Philosophischen Institut der Universität Wien 1986–1987. (Gast-)Professor für Politikwissenschaften und Philosophie der Ludwig-Maximilians-Universität München (Lobkowicz-Lehrstuhl), Geschwister-Scholl-Institut.

Gründer der Universidad de los Andes, Bogotá, Kolumbien, 1949. Präsident der Universidad Nacional de Colombia, Bogotá 1958–1960. Dr. jur. h. c. Brandeis University.

Zeitungsherausgeber in Kolumbien (El Mercurio; La Republica; Semana), politische Tätigkeit (City Counsellor Bogotá 1972–1974; Ibagué 1974–1976), kolumbianischer Botschafter in Frankreich 1976–1979, ständiger Vertreter Kolumbiens bei den internationalen Organisationen in Wien, Mitglied des Board of Governors der International Atomic Energy Agency (Colombian Governor) in Wien.

Zahlreiche Veröffentlichungen zu Belangen politischer Institutionen sowie zu sozialen und wirtschaftlichen Entwicklungen. Bücher: Estado fuerte o Caudillo, Bogotá 1962; – Estado, desarrollo, consenso y democracia, Bogotá 1986; – Bolivar, un Euroamericano frente a la Ilustracion, Bogotá 1986.

Referat: Die Zerstörung des Bonum commune durch den Individualismus.

LASHOFER OSB, H. H. Clemens (Anton), Dr. theol., GR., 64. Abt von Göttweig, Abtpräses der österreichischen Benediktinerkongregation.

Geboren am 2. Februar 1941 in St. Veit an der Gölsen. Gymnasium in Krems, Sängerknabe in Göttweig. Einkleidung 1959. Theologiestudium in Salzburg 1960–1965. Priesterweihe 11. Juli 1965. Magister der Novizen und Klerikerdirektor 1972–1973. Mitglied der Liturgischen Kommission der Österreichischen Benediktinerkongregation 1969–1981. Zum Abt geweiht am 14. August 1973 (Wahlspruch »Obviam Christo Domino«). Abtpräses der Österreichischen Benediktinerkongregation 1982. Promotion in Theologie 1982 (Universität Salzburg). Präsidiumsmitglied der Salzburger Hochschulwochen. Unter Abt Clemens wurden zahlreiche Renovierungen in den über 30 Stiftspfarren und am Stift selbst durchgeführt; durch viele Eintritte wurde der Konventsmitgliederstand erhöht. Die 1969 wiederbelebte Wallfahrt in Maria Roggendorf und die nach Pyhra erleb(t)en eine neue Blüte. Ehrenmitglied der K. Ö. L. **Maximiliana** seit 1986.

Veröffentlichungen (Auswahl): Zahlreiche ordensgeschichtliche Beiträge in Sammelwerken; Morgenbetrachtungen und Geistliche Stunde im ORF; – Leben heißt Leiden. Göttweig 1967; – Die Besetzung der Ämter in der Benediktinerabtei Göttweig ab 1083 (Diplomarbeit Universität Salzburg 1978); – Ihr seid das Salz der Erde, ihr seid das Licht der Welt (1979); – Benedikt von Nursia, Salterrae, Maria Roggendorf (4. Auflage) 1980; – Die Benediktiner in Dokumentation/Österreich anläßlich der Wiederkehr des 1500. Geburtstages des hl. Benedikt, (Hg.), Haugsdorf 1980; – Die Professen des Benediktinerstiftes Göttweig von seiner Gründung bis zur Gegenwart (1083–1981) (Diss. Theol. Universität Salzburg, 1981); – Profeßbuch des Benediktinerstiftes Göttweig – Zur 900-Jahr-Feier der Gründung des Klosters, St. Ottilien 1983.

Referat: Die Französische Revolution und die Kirche: Einfluß der Kirche auf die Revolution – Einfluß der Revolution auf die Kirche.

LEDEBUR-WICHELN, Mario Graf von, Dr. phil., Diplomat des Fürstentums Liechtenstein.

Geboren am 28. Juli 1931 als ältester Sohn des Dr. jur. et Dr. med. Karl Graf v. L.-W., aufgewachsen in Alkoven (OÖ) und in der Schweiz. Dort Besuch des Gymnasiums. Studium der Soziologie, Nationalökonomie und politischen Philosophie in Zürich, München, Stanford (USA) und Paris. 1965 Promotion in Philosophie (Universität Fribourg). 1968 Eintritt in den Liechtensteinischen Staatsdienst als außenpolitischer Mitarbeiter. Liechtensteinischer Delegierter an der KSZE seit 1972.

Veröffentlichungen: Die Begründung des Staates und seiner gerechten Verfassung nach Aristoteles (Diss. Universität Fribourg, 1965); – Die optimale Dimension – Ein Problem der politischen Philosophie, Vaduz 1976; – Licht und Schatten über der KSZE, Vaduz 1984; Beiträge zu den Liechtensteinischen akademischen Schriften.

Referat: Gedanken zum Bicentenaire: Mißverständnisse über die Menschenrechte.

LESER, Norbert, Dr. jur., o. Univ.-Prof. (Universität Wien).

Geboren am 31. Mai 1933 in Oberwart/Burgenland – Dr. jur. (Universität Wien 1958). Habilitation für Rechts- und Staatsphilosophie an der Universität Graz 1969. Ab 1. Februar 1971 Ordinarius für Politikwissenschaft an der Rechts- und Staatswissenschaftlichen Fakultät der Universität Salzburg. Seit 1977 Honorarprofessor für Politikwissenschaft an der Sozial- und Wirtschaftswissenschaftlichen Fakultät der Universität Wien. Pen-Club-Mitglied, Vizepräsident des Internationalen Hans-Kelsen-Institutes. Zahlreiche Veröffentlichungen, darunter 13 Bücher. Forschungsschwerpunkte: Geschichte der politischen Ideen, besonders Marxismus- und Sozialismusforschung, österreichische Zeitgeschichte (Gesellschaftsphilosophie).

1961, 1963 und 1968 Auszeichnung mit dem Theodor-Körner-Förderungspreis, 1962 mit dem Förderungspreis für Wissenschaften der Stadt Wien, 1967 mit dem Karl-Renner-Preis für Publizistik. 1976 großes Ehrenzeichen für Verdienste um das Land Burgenland. 1978 Verleihung des Österreichischen Ehrenkreuzes für Wissenschaft und Kunst 1. Klasse. 1987 Ehrenmitglied der K. Ö. L. **Maximiliana.** Seit 1. März 1980 Ordinarius für Gesellschaftsphilosophie an der Grund- und Integrativwissenschaftlichen Fakultät der Universität Wien.

Veröffentlichungen: Begegnung und Auftrag. Beiträge zur Orientierung im zeitgenössischen Sozialismus. Wien-Frankfurt-Zürich 1963; – Zwischen Reformismus und Bolschewismus. Der Austromarxismus als Theorie und Praxis. Wien-Frankfurt-Zürich 1968 (2. Auflage 1985); – Die Odyssee des Marxismus. Auf dem Weg zum Sozialismus. Wien-München-Zürich 1971; – Sozialismus zwischen Relativismus und Dogmatismus. Aufsätze im Spannungsfeld von Marx und Kelsen. Freiburg i. Br. 1974; – ... mit Österreich verbunden. Burgenlandschicksal 1918–1945, Wien 1975 (zusammen mit Richard Berczeller); – (ebenfalls mit dem Koautor Richard Berczeller) Als Zaungäste der Politik. Österreichische Zeitgeschichte in Konfrontationen. Wien 1977; – Gottes Spuren in Österreich. Mein Verhältnis zum (politischen) Katholizismus. Wien 1978; – Marx und Freud als Sozialphilosophen. Studien zur politischen Anthropologie. Wien 1981; – Grenzgänger. Österreichische Zeitgeschichte in Totenbeschwörungen, Band I, Wien 1981; – Das geistige Leben Wiens in der Zwischenkriegszeit (Hg.). Protokoll eines während der Wiener Festwochen 1980 veranstalteten Symposiums. Wien 1981; Grenzgänger, in: Gerhard Fritz/Gottfried Arnegger/Norbert Fürstenhofer (Hg.), MAXIMILIANA – Zeichen des Widerstandes 1922–1978 = FS 130 Semester Mx (Wien 1987), 24–27; – Salz der Gesellschaft. Wesen und Wandel des österreichischen Sozialismus. Wien 1988.

Referat: Die Französische Revolution und die russische Revolution im Vergleich.

NENNING, Günther, Dr. phil. et Dr. rer. pol., Journalist.

Geboren 1921 in Wien, 1940–1945 in der deutschen Wehrmacht, dann Journalist, Studium der Sprach-, Religions- und der Staatswissenschaften in Graz (Promotion in Philosophie 1949 und in Staatswissenschaften 1961). 1965–1986 Herausgeber des von Friedrich Torberg begründeten FORVM, Fernsehmoderator (»Club 2«, »drei nach neun«), 1960–1985 Vorsitzender der Journalistengewerkschaft, wegen Teilnahme an der Besetzung der Hainburger Au aus der SPÖ und der Gewerkschaft ausgeschlossen. Derzeit als freier Schriftsteller tätig.

Veröffentlichungen: Zahlreiche Artikel in Zeitschriften u. a. die Bücher: Anschluß an die Zukunft (1963); – Sozialdemokratie (1965); – Öffnung oder Untergang (1966); – Jugendrevolte (1970); – Rot und realistisch (1973); – Carl Grünberg und der Austromarxismus (1973); – Realisten oder Verräter? (1976); – Elefantenhochzeit (Theaterstück, 1980); – Erzherzog Johann (1982); – Vorwärts zum Menschen zurück (1983); – Grünkraft (1985); – Grenzenlos deutsch (1988); – Komm zurück, lieber Gott. Die Wiedergeburt der Religion aus der verbotenen Lust (1989).

Referat: Zuviel Revolution? Nein, zuwenig! »Ein Frankreich aus 40000 Gemeinden.«

PERÉNYI, Janos Baron, Dr. phil., Univ.-Doz. (Universität Stockholm).

Geboren 1949 in Budapest, 1956 Emigration nach Schweden, 1969 Rückkehr nach Ungarn, dort 1969 Matura. 1969 zweite Emigration nach Schweden, Studium der modernen Sprachen und Geschichte an der Universität Uppsala, 1978 Promotion in Philosophie. 1981 Universitätslektor für Ideengeschichte an der Universität Stockholm. Ebendort Habilitation 1983, Dozent für Ideengeschichte. 1985 Übersiedlung nach Wien. 1987 Aufnahme in die K. Ö. L. **Maximiliana.**

Veröffentlichungen: Zahlreiche Artikel in verschiedenen Fachzeitschriften; – Ein magyarischer Landsmannschafter, in: Gerhard Fritz/Gottfried Arnegger/Norbert Fürstenhofer (Hg.), MAXIMILIANA – Zeichen des Widerstandes 1922–1987 = FS 130 Semester Mx (Wien 1987), 8; – Hauptwerk: »Revolutionsuppfattningens anatomi 1848 ars revolutioner i svensk debatt« (Anatomie der Revolutionsauffassungen: Die Revolution 1848 in der Debatte Schwedens), Stockholm 1983.

Referat: Die Französische Revolution im Denken des 19. Jahrhunderts.

CREPAZ, Hans, Mag.art., akad. Maler.

Geboren 1938 in Hall/Tirol; Studium an der Akademie der bildenden Künste in Wien, 1960–1965 bei Prof. Albert Paris v. Gütersloh und Herbert Boeckl, Diplom 1965; lebt als freischaffender Künstler in Wien.

Ausstellungen im In- und Ausland (bisher 25 Einzelausstellungen, u. a. »Im Zeichen des Doppeladlers«, ca. 100 Beteiligungen). Werke im Besitz des Tiroler Landesmuseums Ferdinandeum, des Bundesministeriums für Unterricht und Kunst, des Kulturamtes der Stadt Wien, der fürstlichen Kinskyschen Sammlung, der Tiroler Sparkasse, des Raiffeisenverbandes, der Bundeskammer der gewerblichen Wirtschaft, des österr. Fremdenverkehrsverbandes, der Ersten österr. Spar-Casse sowie vieler in- und ausländischer Privatsammlungen.

Literatur: Rudolf Schmidt, Österreichisches Künstlerlexikon; – Heinrich Fuchs, Die österreichischen Maler des 20. Jahrhunderts; – Erich Egg, Kunst in Hall/Stadtbuch Hall 1982; – Who's who in the arts, Kataloge der Einzel- und Gruppenausstellungen. Publikationen: Ein bunter Bilderbogen durch 1977 und 1978, Wandkalender, Univ.-Prof. G. S. Barolin, »Der Kopf und sein Weh«/Illustrationen.

HORVATH, Roland, Mag. rer. nat., Prof.

Geboren 1945 in Wien; Studium der Mathematik und Musikerziehung in Wien. Lehramtsprüfung 1967/70 und Sponsion zum Mag. rer. nat. 1957–1975 Hornstudium an der Musikhochschule in Wien bei den Professoren Freiberg, Kainz und Veleba. 1966 Reifeprüfung aus Horn. 1975 Lehrbefähigungsprüfung aus Horn. 1965/66 Hornist im Großen Wiener Rundfunkorchester (ORF). Seit 1966 Hornist an der Staatsoper Wien sowie seit 1981 Mitglied der Wiener Philharmoniker, ebenso ab 1981 Präsident des Wiener Waldhornvereins. 1987 Mitglied des Advisory Council der Internationalen Horngesellschaft. Ehrenphilister der K. Ö. L. **Josephina** Wien.

Seit 1967 neben dem Orchesterdienst regelmäßige solistische Tätigkeit im In- und Ausland. Rundfunk- und Schallplattenaufnahmen.

Roland Horvath ist einer der wenigen Hornisten, die an dem

technisch weitaus schwierigeren, aber klangschöneren Wiener Horn in F festhalten.

PELINKA, Werner, Dr. phil. et Mag. art.

Geboren 1952 in Wien; Studien am Konservatorium der Stadt Wien (Klavier, Orgel, Dirigieren), an der Hochschule für Musik und darstellende Kunst (Vokalbegleitung, Kammermusik) und an der Universität Wien (Musikwissenschaft, Kunstgeschichte). 1985 Promotion zum Dr. phil. und Sponsion zum Mag. art. Seit 1975 pädagogische Tätigkeit an den Musiklehranstalten der Stadt Wien. Als Interpret, Komponist und Musikwissenschaftler tätig. Seit 1986 Mitglied der Komponistengruppe »Harmonia Nova« und des Vorstands der Österr. Gesellschaft für Musik.

Konzerte im In- und Ausland, Rundfunk- und Schallplattenaufnahmen, Kompositionen und Publikationen.

Bibliographie zum Tagungsthema

Barruel, Abbé Augustin (1741–1820), Mémoires pour servir à l'histoire du Jacobinisme (réimpression de l'édition de 1797), 2 vol., Diffusion de la Pensée Française, Vouillé 1974.

Blanc, Olivier, Der letzte Brief. Die Schreckensherrschaft der Französischen Revolution in Augenzeugenberichten (Paul Zsolnay Verlag), Wien-Darmstadt 1988.

Burke, Edmund, Reflections on the Revolution in France, (Introduction by C. C. O'Brien), Penguin Books 1968–1982.

–, Betrachtungen über die Französische Revolution. Nach dem Englischen des Herrn Burke, neu bearbeitet mit einer Einleitung, Anmerkungen, politischen Abhandlungen etc. von Friedrich v. Gentz, 2 Bde., Berlin 1793.

–, Betrachtungen über die Französische Revolution. Aus dem Englischen übersetzt von Friedrich v. Gentz (Manesse Verlag), Zürich 1987. (Diese Ausgabe enthält nicht die Einleitung von F. v. Gentz.)

Cassirer, Ernst, Die Philosophie der Aufklärung, Tübingen 1932.

Chaimowicz, Thomas, Die Wiederentdeckung Burkes, in: Rekonstruktion des Konservativismus, 2. Auflage, hg. von G.-K. Kaltenbrunner, Freiburg 1973, 389–406.

–, Freiheit und Gleichgewicht im Denken Montesquieus und Burkes: ein analytischer Beitrag zur Geschichte der Lehre vom Staat im 18. Jahrhundert (Springer-Verlag), Wien-New York 1985. (Beinhaltet umfangreiche Bibliographie.)

–, Die Idee der Erblichkeit und die gemischte Verfassung in Burkes »Reflections on the Revolution in France«, in: D.

Mayer-Maly / P. M. Simons (Hg.), Das Naturrechtsdenken heute und morgen, Gedächtnisschrift für René Marcic (Verlag Duncker & Humblot), Berlin 1983, 23–43.
–, Edmund Burke y el problema de la continuidad. La renovacion del pensiamento monarquico, in: Universitas, Bogotá 1958.

Cousseran, Abbé René, Situation du Catholique aujourd'hui. Évolution ou Révolution?, 2me édit. (Courrier des A.F.B.), Chiré-en-Montreuil 1978.

Cretineau-Joly, Jacques, L'Église Romaine en face de la Révolution, 2 vol., Chiré-en-Montreuil 1976.

Drimmel, Heinrich, Vom Fortschritt zur Revolution / Vaterlos, antiautoritär, totalitär / Die Revolution und der Glaube, in: Idem, Der konservative Mensch und die Revolution (Verlag Herold), Wien-München 1970.

Furet, François, Penser la Revolution Française (Éditions Gallimard), Paris 1978.

Gentz, Friedrich v., The French and American Revolutions Compared (Introduction by R. Kirk) (Regenery), Chicago 1955.

Gérard, Alice, La Révolution Française, mythes et interprétations (1789–1970) (Flammarion), Paris 1970.

Haupt, Jean, Le Procés de la démocratie. Une réponse à »Democratie Française«, 2. Auflage (Éditions de Chiré), Vouillé 1977.

Huyn, Hans Graf, Ihr werdet sein wie Gott – Der Irrtum des modernen Menschen von der Französischen Revolution bis heute (Universitas Verlag), München 1988.

Kirk, Russell, Edmund Burke, A Genius reconsidered (Arlington House), New Rochelle-New York 1967.
–, The Conservative Mind from Burke to Santayana, Chicago 1953 (= The Conservative Mind from Burke to Eliot).
–, Burke and the Natural Rights, in: The Review of Politics. vol. 13, No. 4, 441–456, October 1951.

Kuehnelt-Leddihn, Erik v., Demokratie als Tabu, in: Idem, Luft-

schlösser, Lügen und Legenden (Verlag Herold), Wien-München 1972, 50–56.
–, Die Französische Revolution, in: Idem, Die falsch gestellten Weichen: der rote Faden 1789–1984 (Verlag Böhlau), Wien-Köln-Graz 1985, 14–28 und passim.
–, Ist die Demokratie unsterblich? in: Idem, Rechts, wo das Herz schlägt: ein Panoptikum für garantiert unmoderne Menschen (Verlag Styria), Graz-Wien-Köln 1980, 77–86.
–, Freiheit oder Gleichheit? Die Schicksalsfrage des Abendlandes (Otto Müller Verlag), Salzburg 1953.

Maine, Henry Sumner, The Nature of Democracy, Essay No. II. in: Idem, Popular Government – An inquiry into conditions necessary for the success of representative government (Liberty Classics), Indianapolis 1976, 75–136.

Maîstre, Joseph de, Considerations sur la France (1797), Œuvres I, Geneve 1980.

Messner, Johannes, Die Demokratie, in: Idem, Der Funktionär – seine Schlüsselstellung in der heutigen Gesellschaft (Tyrolia-Verlag), Innsbruck-Wien-München 1961, 140–215 und passim.
–, Das Naturrecht: Handbuch der Gesellschaftsethik, Staatsethik und Wirtschaftsethik (bis 6. Auflage Tyrolia-Verlag), Innsbruck-Wien-München 1950–1966, 7. Auflage (= unveränderter Nachdruck der 6. Auflage; Duncker & Humblot), Berlin 1984.
–, Moderne Demokratie und naturrechtliche Prinzipien/Europas Aufgabe für die Rechtskultur der Welt, in: Idem, Moderne Soziologie und scholastisches Naturrecht (Ruf und Antwort Bd. 2), eingel. v. Alfred Verdross-Drossberg (Verlag Herder), Wien 1961.

Olive, Marius, Cathéchisme Anti-Révolutionnaire, Marseille 1829.

Ortega y Gasset, José, La rebelion de las masas[5](Revista de Occidente en Alianza Editorial), Madrid 1984.
–, Der Aufstand der Massen (La rebelion de las masas, dt.) (Rowohlt), Hamburg 1956. (Diese Ausgabe enthält nicht den »Prólogo para franceses« und den »Epílogo para ingleses«.)

Ousset, Jean, Die Methoden der Revolution, in: Ch. Thienen-Adlerflycht (Hg.), Aktion – Praxis der christlichen Gesellschaftslehre (Verlag Pustet), Salzburg-München 1976, 32 ff.

Hl. Papst Pius X., Apostolische Konstitution LAMENTABILI SANE EXITU (= Verwerfung des Modernismus als Sammelbecken aller Irrlehren), 3. Juli 1907, in: Brixener Diözesanblatt 3/1907.

Papst Pius XII., Enzyklika HUMANI GENERIS (Über einige falsche Ansichten, die die Grundlagen der katholischen Lehre zu untergraben drohen), Rom (12. August) 1950.

Ploncard d'Assac, Doctrines du nationalisme (Drumont, Barrès, Pétain, Hitler, Mussolini etc.), 3me édit. (Éditions de Chiré), Vouillé 1979.

–, La Iglesia y la revolucion, Chiré-en-Montreuil 1970.

Ritter, Gerhard, Machiavelli und der Ursprung des Nationalismus / Wesen und Wandlungen der Freiheitsidee im politischen Denken der Neuzeit / Die Menschenrechte und das Christentum, in: Idem, Vom sittlichen Problem der Macht, 2. Auflage (Franke Verlag), Bern-München 1961.

–, Dämonie der Macht^{6}, München 1948.

Schulin, Ernst, Die Französische Revolution (Beck-Verlag), München 1988.

Silagi, Denis, Jakobiner in der Habsburger-Monarchie – Ein Beitrag zur Geschichte des aufgeklärten Absolutismus (Verlag Herold), Wien-München 1968.

Somary, Felix, Die Französische Revolution, in: Idem, Krise und Zukunft der Demokratie, 2. Auflage, eingel. v. Otto von Habsburg, mit Nachworten v. Carl J. Burkhardt u. Wilhelm Röpke (Verlag Herold), Wien-München 1971.

Staël-Holstein, Germaine de, Rettet die Königin! Aufruf zur Verteidigung von Marie-Antoinette und andere Dokumente zur Französischen Revolution (Manesse Bücherei Bd. 22, Manesse Verlag), Zürich 1989.

Stanlis, Peter J., Edmund Burke and the Natural Law (University of Michigan Press), Ann Arbor 1958 (Pb. 1965).

Weaver, Richard M., Ideas Have Consequences (University of Chicago Press), Chicago 1948.

Weinstock, Heinrich, Absolute Demokratie? in: Idem, Die Tragödie des Humanismus – Wahrheit und Trug im abendländischen Menschenbild, 2. Auflage (Quelle & Meyer Verlag), Heidelberg 1954, 281 ff.

Arbeiten bezüglich Österreichische Akademie

Breitenfeld, Walter, Österreichische Akademie, ÖABl 1936/9 + 10, 131 f.

Görgen, Hermann Matthias, (sc I.) Österreichische Akademie – Vorlesungen zur österreichischen Idee (in Salzburg v. 19.–26.7.1936), in: Idem, Odyssee eines konservativen Emigranten, in: Gerhard Fritz/Gottfried Arnegger/Norbert Fürstenhofer (Hg.), MAXIMILIANA – Zeichen des Widerstandes 1922–1987 (zit FS 130 Semester Mx), (Amalthea-Verlag) Wien-München 1987, 77 f. und passim.

–, Plan zu einer Österreichischen Akademie, in FS 130 Semester Mx (1987), 90–93.

Heilig, Konrad Josef, Österreich und der Osten, ÖABl 1937/9, 197.

Österreichische Akademische Blätter (1935–1938), Neudruck hg. v. Heinrich Schuschnigg i. A. des Akad. Bundes K. Ö. L., Wien 1985 (zit ÖABl Jahr, Nummer und Seite). Zur

I. Österreichischen Akademie (in Salzburg vom 19.–26.7.1936) bzgl.
»Österreichische Idee« vgl ÖABl 1936/7, 110; 1936/8, 124; 1936/9 + 10, 131 f.; 1936/1, 11 ff.; 1938/5, 122 f.

II. Österreichischen Akademie (in Linz vom 18.–20.3.1937) betreffend
»Der Weg zur sozialen Erneuerung« vgl ÖABl 1937/6, 135 f.; 1937/7, 164 f.

III. Österreichischen Akademie (in Salzburg vom 26.7.–1.8.1937) über
»Rom und Orient« vgl ÖABl 1937/9, 197; 1937/10, 237; 1937/1, 17 f.

Wolf, Julius, *Heilig,* Konrad J., *Görgen,* Hermann M., Österreich und die Reichsidee (= Berichtsband zur I. Österreichischen Akademie 1936), hg. und eingel. v. Hans Karl Zeßner-Spitzenberg (Österreichischer Verlag für Kunst und Wissenschaft), Wien 1937.

Die vorstehende Bibliographie erhebt keinen Anspruch auf Vollzähligkeit. Zu zahlreich und zu unterschiedlich in ihrer Qualität sind die zum Thema der *IV. Österreichischen Akademie* erschienenen Veröffentlichungen. Aus Platzgründen wurden daher in die Auswahl der Titel in erster Linie ideengeschichtlich bedeutsame Werke aufgenommen.
Umfassendere Bibliographien finden sich in:

Chaimowicz, Th., Freiheit und Gleichgewicht, 184–193.

Geiss, I. (Hg.), Tocqueville und das Zeitalter der Revolution (Nymphenburger Texte zur Wissenschaft Bd. 4), München 1972.

Tocqueville, Alexis de, Œuvres complètes, publ. par Mme de Tocqueville, IX vol., Paris 1864–1867.
–, Das Zeitalter der Gleichheit (Klassiker der Politik Bd. 4), (Westdeutscher Verlag) Köln-Opladen 1967.

Verdross-Drossberg, Alfred, Statisches und dynamisches Naturrecht (Rombach-Hochschul-Paperback 20), Freiburg i. Br. 1971.